Dominique Perrault

Direction éditoriale : Anne Zweibaum-Longérinas
Coordination éditoriale : Soline Massot
Création graphique : Caroline Keppy, Sandrine Roux
Révision-correction (français) : Sylvia Bonafos
Photogravure : l'Exprimeur, Paris

Editorial Director : Anne Zweibaum-Longérinas
Commissioning Editor : Soline Massot
Layout : Caroline Keppy, Sandrine Roux
Translation : Gammon Sharpley
Copy Editor (English) : Kate van den Boogert

Dominique Perrault

Gilles de Bure

Portrait de couverture/Cover portrait

Jean Ber

architecture TERRAIL VILO

Remerciements
L'auteur tient à remercier tout particulièrement
Gaëlle Lauriot dit Prévost
et Aude Perrault sans lesquelles...
Ainsi que Nina Grigorieva.

Acknowledgements
The author would particularly like to thank
Gaëlle Lauriot dit Prévost
and Aude Perrault without whom...
And Nina Grigorieva as well.

à/to Aïna, Basile et Églée

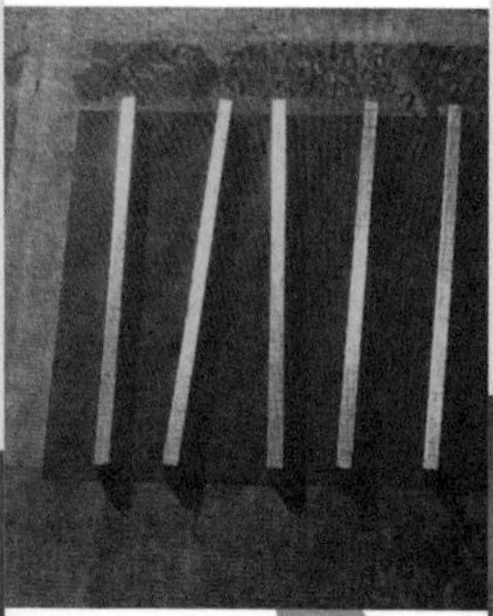

1

vite
speed

En 1989, à tout juste 36 ans, Dominique Perrault remporte le concours portant sur la TGB (Très Grande Bibliothèque), devenue depuis la BnF (Bibliothèque nationale de France) François-Mitterrand.

In 1989, Dominique Perrault, barely 36, wins the competition for the TGB (Très Grande Bibliothèque, or Very Big Library), since christened the BnF, or Bibliothèque nationale de France, François Mitterrand.

Éloge de la fulgurance
In praise of lightening speed

Emmanuel Leroy-Ladurie guide Dominique et Aude Perrault au fil des coursives de la Bibliothèque nationale de la rue de Richelieu.
Emmanuel Leroy-Ladurie guides Dominique and Aude Perrault through the stacks of the Bibliothèque Nationale in the rue de Richelieu, Paris.

Il existe, dans l'univers de la bande dessinée, des mangas et des jeux vidéo, un nombre incalculable de personnages dont la rapidité, la vitesse, semblent être le trait de caractère essentiel. À commencer par Lucky Luke dont on sait qu'il « tire plus vite que son ombre ».
Ce trait récurrent fait-il de Dominique Perrault un personnage de bande dessinée ? Certes non ! Mais force est de constater que l'observer en train de vivre, de penser, de travailler, de voyager, de se distraire, de se nourrir, procure la même sensation que de regarder un film projeté en accéléré. Non pas vingt-quatre images/seconde, mais bien plutôt quarante-huit, quatre-vingt seize, cent quatre-vingt douze...
Quoique, plus encore que la bande dessinée , les mangas ou le cinéma, c'est le jeu video qui s'impose ici. Parce que le jeu video est presque entièrement fondé sur la maîtrise du temps envisagé comme une matière physique et souple. Les meilleurs jeux sont ceux qui tirent tous les partis de la plasticité inouïe du *chronos* virtuel. C'est semble-t-il ce que Perrault s'attache à transposer à chaque acte, à chaque action qu'il entreprend. Ce «speed», qui ne relève en rien du stress ni de la fuite en avant, on va le retrouver tout au long de la trajectoire de Dominique Perrault.
On l'imagine bien venant au monde, en 1953 à Clermont-Ferrand, à la vitesse d'un supersonique. Son père est ingénieur chez Michelin, il développe, met au point une génération nouvelle de pneus spécialement destinés au métro. Ce détail a son importance lorsque l'on sait l'absolue maîtrise tout autant que la totale indifférence à la performance technique qui caractérisent

In the world of cartoons, mangas and video games there are innumerable characters whose essential trait seems to be speed. The first of these that comes to mind is Lucky Luke, who shoots "faster than his shadow".
Does this characteristic which is so central to Dominique Perrault's life and work make a cartoon character out of him? Indeed not! But one can't help noticing his style of living, thinking, working, traveling, entertaining or eating produces the same effect as watching a film shown at high speed: not at twenty-four frames per second, but more like forty-eight, ninety-six, one hundred and ninety-two...
But even more than cartoons, mangas or movies, the most relevant analogy is the video game. Because video games are almost entirely based on controlling time, which is envisaged as a malleable physical material. The best video games take full advantage of time's unimaginable plasticity and Perrault seems to insist on adapting this to every action he undertakes. This speed – which is not due to stress or to any sort of blind pursuit – is evident throughout Dominique Perrault's entire trajectory.
One can easily picture him, in 1953 in the town of Clermont-Ferrand in France, arriving in this world at the speed of a supersonic jet. His father, an engineer at Michelin, developed and perfected a new generation of tires specifically designed for the French metro. The importance of this detail becomes clear when one is aware of the architect's absolute control of, as much as his utter indifference to, technical performance.

l'architecte. D'autant que cette maîtrise et cette indifférence participent grandement à sa vitesse de conception et d'exécution. À deux ans, il quitte Clermont-Ferrand et part, avec sa famille, s'installer à Lille, puis à Nanterre et, enfin, à Savigny-sur-Orge, dans la banlieue sud de Paris. Années de collège et de lycée parfois perturbées, souvent indisciplinées, toujours irréverencieuses. Il n'a que quinze ans lorsqu'advient mai 68. C'est à ce moment-là qu'il commence à peindre. Une peinture assez proche de l'expressionnisme abstrait, qui le désinhibe de la page blanche et constitue, peut-être, une sorte d'«autothérapie» à l'adolescence. Une peinture nerveuse, rapide, fulgurante déjà. Il acquiert là une réelle virtuosité à effacer, à reprendre, à penser en faisant, qui ne le quittera plus.

On pense soudain à ce que John Dos Passos disait de Fernand Léger : « J'avais l'impression qu'il abordait la peinture comme un boucher : avec violence, adresse et précision. » Ou encore, plus proche, au jazzman Matthew Ship : « Comme le free-jazz, la boxe est directe, viscérale. Un jazzman qui improvise raconte une histoire. Un boxeur qui combat aussi. Même s'il n'utilise pas de mots ni de notes, mais un langage spécifique, corporel, qui peut se révéler tout aussi agressif. »

À l'issue du chantier de la Bibliothèque nationale de France, Dominique Perrault racontera : « Chaque chantier est émouvant. C'est sale, c'est moche, un chantier, c'est pénible, c'est désagréable, c'est tout ce qu'on veut, mais c'est incroyablement vivant, c'est de la chair qui palpite, c'est vraiment inégalable. Les gens qui travaillent sur un chantier arrivent le matin et, le soir, lorsqu'ils s'en vont, ils voient le travail qu'ils ont fait. Lorsque le chantier a ce rythme, cette vitesse, on est porté par lui. Deux mille personnes, tous corps de métier confondus, ont travaillé chaque jour sur ce chantier pendant trois ans : des expériences inoubliables. Alors, quand cela s'arrête – parce que très curieusement cela s'arrête – c'est horrible. Moi, je ne voulais pas y croire. Pourtant nous nous étions préparés à la décrue,

Le chantier terminé,
à la veille de céder les lieux,
toute l'équipe de l'agence
Perrault pose aux fenêtres
de la BnF.
*With construction completed,
the eve of delivery, Perrault's
entire team pose in
the windows of the BnF.*

And it is this which plays an integral role in the alacrity of his design and its execution.
He left Clermont-Ferrand at age two, taking his family with him, to live in Lille, then Nanterre, to arrive finally at Savigny-sur-Orge, in the southern suburbs of Paris. His secondary school years were sometimes a bit wild, often undisciplined and always irreverent. Only 15 years old when the May 1968 uprising exploded, he began painting in a style close to abstract expressionism. This helped him lose his inhibitions with regard to the blank page, and perhaps also served as a sort of adolescent's self-administered therapy. His painting already had a nervous, swift and lighting-stroke quality. This too is when he acquired his virtuosity in the art of erasing, of modifying and rethinking projects while working, which he has never lost.
One is reminded of what John Dos Passos said of Fernand Léger: "I had the impression he approached painting like a butcher: with violence, dexterity and precision". Or even closer, the jazzman Matthew Ship: "Like free jazz, boxing is direct, visceral. A jazzman who improvises tells a story. So does a boxer in the ring, even if he doesn't use words or notes but a specific, physical language, which can come off just as aggressive..."
After completing the French national library, the BnF, Dominique Perrault would recount: "Every construction site is an emotionally moving place. A site is dirty, ugly and unpleasant, it's all that, but it's also incredibly alive, it's palpitating flesh – there's nothing like it. The people working on a construction site arrive in the morning and, in the evening, when they leave they can see what they've accomplished. When a site has this rhythm, this speed, it buoys you up. Two thousand people, from all trades, worked on this site every day for three years: so many unforgettable experiences. So, when it ends – because curiously it does end – it's awful. I didn't want to believe it. And yet we were prepared for the subsiding floodwaters,

Exposition des peintures de Dominique Perrault « Prospectives XXIᵉ siècle »

Dominique Perrault est un jeune lycéen de 19 ans. Il voudrait se consacrer plus tard à l'architecture. L'interview qu'il a accordée à un responsable de la discothèque à propos de cette exposition témoigne de ses préoccupations aussi bien dans le domaine de la peinture, de la sculpture, de l'architecture, voire même de la musique. Son œuvre reflète bien cette volonté de synthèse de ces diverses disciplines traditionnellement réunies sous le vocable de Beaux Arts.

Pouvez-vous me parler de votre technique de peinture ?

A vrai dire, j'ai toujours été frappé par les traces laissées par les objets, les hommes, les éléments naturels. Donc mes recherches se sont orientées dans ce sens là. En frottant, en traînant divers objets sur mes toiles, je crée des rythmes, des formes, des volumes. C'est un peu la métamorphose. de l'objet utilitaire.

Vous avez des toiles très sculpturales...

Ces toiles sont issues du conflit qui existe entre la sculpture et moi. C'est un conflit temporel. Lorsque j'ai une impulsion pour créer, c'est instantané, elle ne durera pas deux ou trois jours afin que je la fixe sculpturalement, alors je la peins.

Pensez-vous que vos toiles de « rythme » pourraient s'intégrer à l'environnement ?

Certainement, et c'est un des buts que je me fixe. Le rythme est quelque chose d'omniprésent. Même lorsque vous naissez, vous avez tout de suite le rythme de votre oœur qui bat. Un ensemble architectural qui n'a pas de rythme est dénué de vie. Mes toiles de rythme sont des miniatures pour l'instant, mais j'espère que je pourrai en réaliser à l'échelle architecturale.

Avez-vous eu une période fantastique ?

Oui, il y a un phénomène curieux durant une très courte période, chaque année, je suis envahi par des couleurs, des formes, des mécanismes animaux fantastiques... Peut-être est-ce l'influence de certaines planètes qui repasseraient annuellement au même endroit ! Je ne sais...

Et puis, il y a ces « ouvertures » dans vos toiles, pourquoi ?

Ce sont des toiles de libération. La toile est une couche superficielle que les « ouvertures » permettent de traverser. Alors l'on arrive dans un monde nouveau que l'on crée soi-même, sans aucune contrainte. Les toiles permettent d'une part une action chez la personne qui vient à cette exposition et d'autre part un instant de liberté une fois que l'on est dans l'autre monde de la toile. J'espère que ces toiles provoqueront des instants de vie intense.

(Responsable
de la discothèque)

Nous espérons, quant à nous, que Dominique Perrault fera carrière dans l'architecture et l'urbanisme, et qu'il pourra s'y épanouir.

Encore lycéen, Dominique Perrault peint et expose. Le quotidien local en rend compte et conclut : « Il sera architecte. »
Still a teenager, Dominique Perrault paints and exhibits. The local paper understands and declares: "He'll be an architect".

Le 23 mars 1995, la Bnf est inaugurée officiellement et en grande pompe par le président de la République. De gauche à droite : Jacques Toubon, Jack Lang, Dominique Perrault, François Mitterrand et Jean Favier, président de la BnF.
March 23 1995, the Bnf is inaugurated with great fanfare by the President of the Republic. From right to left Jacques Toubon, Jack Lang, Dominique Perrault, François Mitterrand and Jean Favier, president of the BnF.

à la marée basse. Le bâtiment, nous l'avons inauguré avec François Mitterrand, le 23 mars 1995. Le matin, on était encore à s'agiter, le soir a eu lieu l'inauguration, le lendemain matin nous n'avions plus rien à faire sur ce chantier, plus rien. Il faut le vivre, pour le croire. Vous vous sentez franchement désoeuvré, perdu, perdus au pluriel. L'équipe, les gens, se regardent et se disent "salut !", "ça va ?", "bon, on va prendre un café ?", "d'accord". C'est vertigineux de passer d'un travail intense à cette situation où ça y est, c'est fini, c'est fait. Mais, à part cet aspect humain, il y a aussi que, tout à coup, on s'ennuie, on s'emmerde... » (*Le Bon Plaisir de... Dominique Perrault architecte*, émission de France-Culture, produite par Marion Thiba, réalisée par Anne-Pascale Desvignes et diffusée le 24 mai 1997.)

Fin d'équarrissage, fin de combat, fin de concert, fin de chantier... ? Le choix de Perrault est vite fait, il sera architecte. En 1973, il intègre l'UP4 (Unité pédagogique d'architecture), quai Malaquais, avec comme chef d'atelier Louis Schneider, dissident de chez Le Maresquier, l'un des derniers grands « mandarins » qui ont dominé l'architecture française des décennies durant.

Il a dix-neuf ans et déjà cette énergie, cet appétit, cette volonté de tout saisir. Il passera son diplôme avec cinq années de travail effectif en parallèle. En 1975, il quitte UP4 pour rejoindre

for low tide. We inaugurated the building with François Mitterrand on March 23, 1995. That morning we were all still abuzz with work, that evening the inauguration took place, and the following morning we had nothing further to do on the site, nothing at all. You have to live through it to believe it. You really do feel reduced to idleness, lost, in every sense of the word. The team, the people, look at each other and say "Hi", "How are you?", "OK, Let's go for a coffee.", "OK". It's dizzying to go from intense work to this situation once it's over and done with. But apart from the human aspect, all of the sudden, you're bored, really bored to tears..." (from *Le bon plaisir de Dominique Perrault, architecte,* a radio program produced by Marion Thiba, directed by Anne-Pascale Desvignes and broadcast May 24, 1997 on France-Culture).

The measuring, the combat, the performance and the construction site are finished? Perrault's choice was quickly made, he would be an architect. In 1973, he entered Paris' school of architecture on the quai Malaquais, with Louis Schneider as studio director, a Le Maresquier dissident and one of the last great "mandarins" who had dominated French architecture for decades.

At 19 he already had this energy, this appetite, this will to seize everything. He obtained his

UP6 à la Villette. Que reste-t-il de ces années-là ? Des souvenirs à foison, liés à l'alternatif, à l'énergie solaire, aux structures gonflables, à l'histoire de l'art qui le passionne de plus en plus.
Mais c'est avec l'architecte Martin Van Treck à l'école, et en dehors de l'école, que Perrault va apprendre son métier. Et notamment découvrir la manipulation de la pâte à modeler, histoire d'atteindre la masse volumétrique d'un projet. À UP6, il aura pour condisciples Odile Deck, devenue l'une des architectes phares de sa génération, François Chaslin, devenu critique, auteur et producteur d'une formidable émission consacrée à l'architecture sur France-Culture, Bertrand Lemoine, devenu historien, conseil et commissaire d'expositions, Philippe Tretiack, devenu critique, écrivain et grand reporter au magazine *Elle*, sans oublier Ann-José Arlot, fondatrice du Pavillon de l'Arsenal et devenue depuis peu directrice-adjointe de l'Architecture et du Patrimoine au ministère de la Culture...
Comme à son habitude, Perrault va vite. Il passe son diplôme tout en travaillant, intègre dans la foulée l'École des ponts et chaussées où, un an durant, il s'initiera au fonctionnement des « grands corps » (polytechniciens, mineurs, centraliens, géographes...) et de celui des réseaux, qu'ils soient relationnels ou d'influence. Dans le même temps, il intègre un groupe de travail qui se penche sur le devenir de Lille-Est. Là, il s'initie aux problèmes stratégiques, administratifs et urbains. Un an plus tard, il rejoint l'École des hautes études en sciences sociales et s'attaque à l'histoire urbaine. Et se frotte à ce moment-là, et comme par prémonition, aux archives, aux bibliothèques... De ces années d'études naîtront deux mémoires, apparemment antinomiques et même antagonistes, et qui pourtant font le tour de la question telle que Dominique Perrault se la pose. Le premier portera sur les mairies annexes, espaces extravertis par excellence, le second sur les couvents du faubourg Saint-Germain, lieux introvertis par essence.
Diplômes en poche, Perrault intègre l'APUR (Atelier parisien d'urbanisme) et prend conjointement en charge le CAUE (Conseil d'architec-

À Noisy le Grand, l'ESIEE (École Supérieure d'Ingénieurs en Electro nique et Electrotechnique) est, avec sa forme d'avion furtif, le premier coup d'éclat de l'architecte. Le long mât métallique du sculpteur Piotr Kowalski la fait émerger de la furtivité.
At Noisy le Grand, the ESIEE (Ecole Supérieure d'Ingénieurs en Electronique et Electrotechnique) is the architect's first dazzling work. In the shape of a stealth fighter, it is forced from its furtive posture by the long metallic mast by sculptor Piotr Kowalski.

diploma in parallel with five years of practical experience. In 1975, he continued post-graduate studies at the school's La Villette campus. What remains of those years? Rather confused memories, linked to the alternative scene, solar energy, inflatable structures and art history, which he was becoming increasingly passionate about.

But Perrault really learned his profession outside of school, as much as within it, with the architect Martin Van Treck. Importantly, he also discovered a way of getting at a project's volumetric mass by working with modeling clay. At La Villette his circle of classmates included Odile Deck, now one of the leading architects of her generation; François Chaslin, a critic, author and producer of a wonderful radio program dedicated to architecture on France-Culture; Bertrand Lemoine, historian, consultant and curator; Philippe Tretiack, critic, writer and major contributor to *Elle* magazine. And not forgetting Ann-José Arlot, founder of the Pavillon de l'Arsenal (the important, state-run architectural research and exhibition centre), and recently appointed Deputy Director of Architecture and Heritage for the Ministry of Culture.

As is his habit, Perrault moved swiftly. He obtained his diploma while working. And in the midst of all that he was accepted in to the *École des Ponts et Chaussées,* the elite national civil engineering school, where for a whole year he was initiated in the ways of the

ture, d'urbanisme et de l'environnement) de la Mayenne, à Laval.
Il fait des concours, en perd, en gagne, et commence à construire : l'usine Someloir à Châteaudun (1981) ; le poste de commandement du périphérique dans le XIIe arrondissement (1984), à quelques mètres de l'emplacement du futur hôtel industriel Berlier...
Mais c'est véritablement fin 1984 qu'il fait son entrée dans la « cour des grands » avec l'ESIEE (École supérieure d'ingénieurs en électronique et électrotechnique), qu'il édifie à Noisy-le-Grand, dans l'emprise de la ville nouvelle de Marne-la-Vallée. Un bâtiment où il impose d'emblée sa vision stratégique de l'architecture. Car à Marne-la-Vallée, il s'agit moins d'objectalité que d'icodynamisme. L'école, en forme d'aile déployée, signalisée par un grand mât métallique dû au talent du sculpteur Piotr Kowalsky, s'affirme, ou plutôt se « désaffirme » à la manière d'un avion furtif. L'invitation à participer à ce concours, c'est à Joseph Belmont, alors directeur de l'Architecture, qu'il la doit. Lors d'un concours portant sur le Laboratoire national de Montpellier, Belmont repère le tout jeune Perrault, le rencontre et l'initie aux arcanes de la commande publique. Plus tard, en 1991, Joseph Belmont écrira, dans *Dominique Perrault* (Institut français de l'architecture et Pandora éditions), que son poulain « cherche à remplacer un ordre imposé, rationnel et déterministe par un ordre spontané, aléatoire et indéterminé ou, plus exactement, qu'il cherche à combiner ces deux ordres.».
Le concours pour l'ESIEE gagné, il lui faut constituer une équipe. Diplômée de l'École Spéciale d'Architecture en 1981, une longue jeune femme blonde se présente et est engagée en 1984.
Pour Aude Lauriot-Prévost, il s'agit d'une halte temporaire. Sa vie et son avenir sont ailleurs, elle est «océane» avant tout.
Voyages et courses au large étaient sa principale occupation. Elle avait tenté la transat en double, et passait plus de temps sur l'eau que sur terre. Elle s'ancre donc, arrête la course, épouse Dominique. Ils ont trois enfants, Charles-

elite technocracy or "*grands corps*," as well as picking up networking skills. He simultaneously joined a working group focused on the future development of "Lille-Est". This allowed him to develop an awareness of strategic, administrative and urban issues. A year later, he entered the *École des hautes études en sciences sociales* to tackle the history of urban development. And in a sort of premonitory way, he had his first contact with the world of archives and libraries. These years of study resulted in two main theses, apparently paradoxical and even antagonistic and yet which present the problem as Dominique Perrault sees it. The first concerns city hall annexes, extroverted spaces par excellence; the second on the convents of the Faubourg Saint-Germain area in Paris, quintessentially introverted places.
Diplomas in hand, Perrault entered an urban planning association, the APUR (*Atelier Parisien d'Urbanisme*), while taking on responsibility for the CAUE (Council on architecture, urban planning and environment) in the regional department of la Mayenne at Laval.
He entered competitions, lost some, won others, and began building: the Someloir factory at Châteaudun (1981); the Paris beltway command post in the 13th arrondissement (1984), just a few meters from the future site of the Hôtel Industriel Berlier... But it was only at the end of 1984 that he really started "playing ball with the big guys" with his l'ESIEE (*École supérieure d'ingénieurs en électronique et électrotechnique*) which he built in Noisy-le-Grand, within easy reach of the new town Marne-la-Vallée in the Paris suburbs. For this building he immediately imposed his strategic architectural vision. For in Marne-la-Vallée, the building is less a question of object than of mirage. The school, in the form of an enormous outstretched wing, marked by a great metallic mast designed by the sculptor Piotr Kowalsky, asserts, or rather "disasserts" itself, as if it were a sort of a stealth fighter plane. Perrault owed his invitation to enter this competition to Joseph Belmont, then the government's Director of Architecture. Belmont spotted the young Perrault during a competition to design the national laboratory at Montpellier. They met and he initiated Perrault to the mysteries enshrouding public works commissions. Later, in 1991, Joseph Belmont wrote in *Dominique Perrault (Institut français de l'architecture* and Pandora éditions), that his protégé: "seeks to replace an imposed, rational and determinist order with a spontaneous, random and indeterminate one or, more precisely, that he seeks to combine these two orders."
After winning the ESIEE competition, putting together a team became an imperative. In 1984 a young woman, recently graduated from the *École spéciale d'architecture*, applied and

Octave, Aude, Charles-Antoine et Iseult Perrault à la maison.
Octave, Aude, Charles-Antoine and Iseult Perrault at home.

Á Bilbao en 2002, à l'Issue de la visite du Guggenheim de Frank O. Gehry.
In Bilbao in 2002, after visiting Frank O. Gehry's Guggenheim Museum.

Antoine, Octave et Iseult. Elle devient un rouage essentiel de la galaxie Perrault. Une galaxie composée de quatre entités. Outre Dominique et Aude, elle comprend Gaëlle Lauriot-Prévost (arrivée en 1989), sœur cadette d'Aude, architecte d'intérieur et designer issue de l'École Camondo, et Guy Morisseau (arrivé en 1992), brillant et rigoureux centralien. À Dominique la valse des concepts, à Aude la conscience, à Gaëlle la direction artistique et à Guy la sagesse de l'agence. Encore qu'il soit trop simple de distribuer ainsi les rôles, tant l'osmose est évidente entre ces quatre-là...

Mais déjà, en 1985, Dominique et Aude s'étaient associés pour créer « Perrault Projets », un bureau d'études qui perdurent.

Retour à l'agence : les concours s'enchaînent, se gagnent, se perdent le plus souvent, comme à l'accoutumée. En 1989, c'est l'embellie. À 36 ans, Dominique Perrault remporte le concours pour la Très Grande Bibliothèque voulue par François Mitterrand. Un projet colossal qui lui vaudra honneurs et opprobes, critiques, à l'instar de ce «plutôt que de raser la Bibliothèque de France, demander à d'excellents architectes – notre pays en compte quelques-uns – d'ériger, dans le vide planétaire qui se faufile entre les quatre tours, d'autres bâtiments, combler la béance» asséné

Pékin, 2002. Dominique Perrault prépare l'oral du concours portant sur la CCTV, veillé par Octave et assisté par Gaëlle Lauriot-Prévost.
Beijing 2002. Dominique Perrault prepares for the oral defense in the CCTV competition, Octave watches Gaëlle Lauriot-Prévost giving a hand.

Aparté avec Jack Lang, ministre de la Culture.
One on one with Jack Lang, minister of Culture.

was hired. For Aude Lauriot-Prévost, it was only to be a temporary stop-over. Her life and future were elsewhere: above all she is a "seafarer". She had already won numerous sailing competitions, attempted a two-person transatlantic crossing, and escaped to Brittany at the slightest opportunity. However she quickly rose from pencil-pushing draughtswoman to become an associate, a collaborator, and then what had to happen did. She dropped anchor, gave up racing and married Dominique. They have three children, Charles-Antoine, Octave and Iseult. In 1985 they formed the research and development group Dominique Perrault Projets. Aude soon became an essential star in Perrault's galaxy, a galaxy composed over time of four entities.

In addition to Dominique and Aude, there is Gaëlle Lauriot-Prévost, Aude's younger sister and an interior architect and designer trained at the École Camondo who joined the team in 1989. And last but not least Guy Morisseau, a brilliant and rigorous graduate of the presitigious *École Normale Supérieure* who arrived in 1992. For the firm, Dominique provides the waltz of concepts, Aude its conscience, Gaëlle the artistic direction and Guy the wisdom, though, because of the obvious osmosis between them, to separate their roles in this way is far too simplistic.

Competitions followed one another, were won but more often lost, as is typical in this profession. Then in 1989 his career took off. At 36, Dominique Perrault won the competition for the "very big library" commissioned by François Mitterrand. A colossal project, which would gain him both honors and opprobrium, criticism such as: "rather than demolishing the Bibliothèque de France, why not ask excellent architects – of which our country has a certain number – to raise, in the planetary void hovering between the four towers, other buildings to fill in the gaping hole..." pondered Philippe Tretiak, a former classmate, in *Faut-il pendre les architectes?*, or "Should we hang the architects?" (Le Seuil. 2001).

Barcelone, 1997. Perrault reçoit, dans le célèbre pavillon, le prix européen de la Fondation Mies van der Rohe pour la BnF (assis, en deuxième position, le maire Pasqual Maragall).
Barcelona 1997. Perrault receives the European Prize for the BnF from the Mies Van Der Rohe Foundation in the renowned pavilion, (the mayor Pasqual Maragall is seated second to the right).

par son ancien condisciple Philippe Tretiak dans *Faut-il pendre les architectes ?* (le Seuil, 2001). Louanges, à l'image de ce qu'en dit le philosophe Frédéric Migayrou, lequel est également conservateur en chef de l'architecture et du design au Centre Pompidou : « Voilà le plus grand bâtiment d'autorité qui se puisse imaginer et qui, pourtant, ne se lit pas comme tel. »

Au lendemain de l'inauguration de la bibliothèque, Perrault connaîtra une sévère traversée du désert. Toujours dans son *Bon Plaisir,* il raconte : «Les gens disaient : "Perrault avec la Bibliothèque, il est servi. Maintenant, il faut qu'il en laisse aux autres. Parce que ce garçon, il ne peut tout de même pas faire toujours des chantiers. Un gros chantier, ça suffit." L'ennui, c'est qu'à l'époque je n'avais que 40 ans. C'est tout de même un peu tôt pour arrêter. Et puis vous ne pouvez pas laisser des équipes et des gens de cette qualité tourner en rond. Lorsque vous rangez l'agence une première fois, vos collaborateurs comprennent. Deux mois plus tard, lorsque vous la rangez de nouveau, ils se disent : "Perrault devient vraiment maniaque". Mais lorsque vous la rangez une troisième fois, ils commencent à penser que vous ne tournez pas rond. Je me suis donc mis à courir beaucoup pour trouver des mandats...»

And praise, such as that from Frédéric Migayrou, chief curator of architecture and design at the Centre Pompidou, who said: "Here we have the most authoritative building one could imagine, and yet it doesn't read as such."

The day after the library's inauguration, Perrault spent some time in the wilderness. In the *Le Bon plaisir* radio program he recounts: "people were saying: 'With the library, Perrault's really had his share, now he has to leave something for the others. After all, this lad can't be awarded all the big projects. One big one – that's enough'. The problem with that was I was only 40 at the time , a bit too early to throw in the towel. Moreover, you cannot just leave people and teams of this caliber walking in circles. When you reorganize the firm the first time, your colleagues understand. When you do it again two months later, they think 'Perrault is really becoming a maniac..' And when you do it for a third time, they begin to think there's *really* something wrong with you. So, I started chasing commissions."

Layoffs followed, the firm was shrinking, then came a wave of existential and professional angst, and a series of competitions. Fortunately, there was the velodrome and Olympic swimming pool in Berlin competition, won in 1992, followed by the Grand Prix National d'Architecture, awarded in 1996, to compensate for this double angst.

Then, in 1997, Dominique Perrault received the European Prize from the Mies Van Der Rohe foundation for the BnF. An award already

Licenciements – l'agence rétrécit comme une peau de chagrin – angoisse existentielle et professionnelle, enchaînement des concours...
Heureusement, il y a la piscine olympique et le vélodrome de Berlin gagné en 1992, le grand prix national d'Architecture décerné en 1996 pour compenser la double angoisse.
Et puis, en 1997, Dominique Perrault se voit remettre le prix européen de la Fondation Mies van der Rohe pour la BnF. Récompense déjà décernée, entre autres, aux Britanniques Norman Foster et Nicholas Grimshaw, et au Portugais Alvaro Siza. Le prix est naturellement remis au cœur du pavillon édifié en 1929 à Barcelone par le grand architecte germa no-américain. À cette occasion, Perrault rencontre Pasqual Maragall, maire intellectuel et entreprenant de Barcelone. Lequel visite la Bibliothèque et en ressort emballé.
Drôle de ville que la capitale catalane. Dès la fin du XIXe siècle, Barcelone vibre. À la domination de Madrid répond une volonté d'identité et de singularité très affirmée. Barcelone et Madrid vont s'affronter au même titre que New York et Washington. À Madrid d'être la capitale aristocratique et politique, à Barcelone d'être la capitale intellectuelle et artistique. C'est cet élan et cette volonté qui permettront à Antoni Gaudi la carrière qu'on lui connaît. Mais cette attitude « catalaniste », bourgeoise et empreinte de religiosité, se transforme, après la guerre civile et par opposition au pouvoir central incarné par Franco, en une aspiration au socialisme.
Pour Pasqual Maragall, Barcelone est « une ville populaire mais pas vulgaire, fière mais pas arrogante, turbulente mais pas canaille ».
Durant son mandat, il y a attiré la fine fleur de l'architecture internationale : le Britannique Norman Foster (la tour de télécommunications qui domine le Tibidabo), le Portugais Alvaro Siza (centre des télécoms du village olympique) les Américains Frank O. Gehry (le centre commercial en forme de poisson posé sur le port) et Richard Meier (le Macba, musée d'Art contemporain de Barcelone). Il a su s'attacher les services de l'architecte Oriol Bohigas en tant que « cons-

Innsbruck, 2002. Dîner post-inauguration avec l'architecte anglo-irakienne Zaha Hadid.
Innsbruck 2002. Post-inaugural dinner with the Anglo-Iraqi architect Zaha Hadid.

Bordeaux 1994.
En compagnie de Jacques Chaban-Delmas au moment de la présentation de son projet de réaménagement des bassins à flot.

Bordeaux 1994. In the company of Jacques Chaban-Delmas for the presentation of his redevelopment project for the wet docks.

bestowed upon, among others; the two British architects Norman Foster and Nicholas Grimshaw, as well as the Portuguese architect Alvaro Siza. Naturally, he was presented with the prize in the Barcelona pavillon built by the great German-American architect in 1929. And it was on this occasion that Perrault met Pasqual Maragall, the very active and intellectual mayor of Barcelona who had come out filled with wonderment after visiting the BnF. The Catalonian capital is an odd city. It was already humming by the end of the 19th century. It responds to Madrid's domination by asserting and preserving its identity and singularity. Barcelona and Madrid will rival each other like New York and Washington. Madrid plays the role of the aristocratic and political capital, while Barcelona reigns over the artistic and intellectual domains. It was this élan and determination that enabled Antoni Gaudi to have the kind of successful career that he did.

But after the civil war this nationalistic and bourgeois attitude and deeply engrained religiosity transformed itself, by opposition to the centralized power as incarnated by Franco, into socialist aspirations. According to Pasqual Maragall, Barcelona is "a plebian city though not a vulgar one, proud but not arrogant, turbulent but not swarming with riffraff".
During his term of office he managed to attract the very finest caliber of international architects – the UK's Norman Foster (the telecommunications tower dominating the Tibidabo), Portugal's Alvaro Siza (Olympic village telecoms center), Frank O. Gehry (the fish-shaped shopping center beside the port) and Richard Meier (the Museum of Contemporary Art of Barcelona), to engage the services of the architect Oriol Bohigas as an "urban conscience", and discover the talents of Enric Miralès (archery range, cemetery...).
So, there was nothing very surprising about his fervor for the architect as much as the archi-

Paris, 14 octobre 2003.
En compagnie de Jean Nouvel et de Christian de Portzamparc lors du débat sur le thème de « Paris en hauteur » organisé par Dominique Alba au Pavillon de l'Arsenal.
Paris, October 14, 2003. With Jean Nouvel and Christian de Portzamparc during the debate organized on the theme "Paris en hauteur", or high-rise Paris, by Dominique Alba at the Pavillon de l'Arsenal.

Lorsque les supermarchés MPreis rendent hommage à leur architecte, ils posent sa tête dans un panier d'oranges.
When MPreis supermarkets pay homage to their architect, they place his head in a basket of oranges.

TIROL
Star baut Supermarkt

cience urbaine », et révéler le talent d'un Enric Miralès (stand de tir à l'arc, cimetière...).
Donc rien d'étonnant à le voir s'enflammer pour l'architecte tout autant que pour l'architecture. D'autant que, intellectuel et socialiste, Maragall voue la plus grande admiration au président Mitterrand, socialiste et intellectuel.
Trois ans plus tard, Dominique Perrault se retrouve architecte-conseil de Barcelone avec pour interlocuteur non plus Maragall, mais le nouveau maire Joan Clos. Au fil des ans, on retrou-vera Perrault souvent en Espagne, et notamment plusieurs fois à Barcelone et à Madrid, et encore à Saint-Jacques-de-Compostelle et aux Canaries.
D'autres honneurs et charges viendront ponctuer la trajectoire de Dominique Perrault, la Légion d'Honneur, l'Académie d'architecture, l'intronisation en tant que membre d'honneur de l'Association des architectes allemands et de l'Institut royal des architectes britanniques. Il sera même, de novembre 1998 à février 2001, président de l'Institut français d'architecture...
Les projets s'accumulent, les voyages se multi-

tecture. And all the more so as the intellectual and socialist Maragall greatly admired the intellectual and socialist President Mitterrand.
Three years later Dominique Perrault found himself as Barcelona's consultant architect but with a new interlocutor, no longer Maragall, but the new mayor Joan Clos who had replaced him. Over the years Perrault returned to Spain often, notably a number of times to Barcelona and Madrid, and back to Santiago de Compostela and the Canary Islands.
Other honors and responsibilities punctuate Dominique Perrault's trajectory: the Legion of Honor, membership to the Académie d'Architecture, his induction as an honorary member of the Association of German Architects and the British Royal Institute of Architects. From November 1998 to February 2001 he even served as president of the Institut Français d'Architecture.
And the projects began piling up and the trips multiplying, the firm grew. Perrault remembers an aside whispered to him by President

Paris, 1986. Jacques Toubon, député-maire du XIIIe arrondissement, pose la « première pierre » de l'hôtel industriel Jean-Baptiste-Berlier.

Paris 1988. Jacques Toubon, national assembly member and mayor of the 13th arrondissement, lays the first stone of the Hôtel Industriel Jean-Baptiste Berlier.

plient, l'agence grandit. Perrault se souvient du commentaire murmuré en aparté par le président Mitterrand : « Pour être un architecte, il faut avoir une âme bien trempée. » Il en sourit, mais adhère. L'agence est devenue pour lui un lieu de transit. Aude, Gaëlle et Guy en assurent la permanence alors que lui est plus souvent en vol qu'à terre. Il est devenu, lui, le navigateur au grand large du quatuor.

Pourtant, l'agence, il y tient. Une agence qui compte aujourd'hui 37 collaborateurs, dont 34 architectes, venus de France, d'Allemagne, d'Autriche, d'Espagne, des États-Unis et du Japon. Et qui possède des antennes à Barcelone, Berlin, Vienne et Luxembourg. Il l'a installée au septième étage de l'hôtel industriel Jean-Baptiste Berlier. C'est son manifeste, conçu et édifié en 1986. Un bâtiment brut et pourtant somptueux, un immeuble presque sauvage et étonnamment raffiné. « C'est un bloc de verre à densité variable. Cette densité, suivant la lumière, va croître ou décroître. C'est un bâtiment qui peut être parfaitement liquide à certains moments ou, au contraire, extrêmement solide à d'autres heures de la journée », s'en amuse Perrault. Et d'ajouter très sérieusement : « Coincé là, au cœur de cet infernal réseau de voies ferrées et de voies fluviales, d'autoroutes et d'échangeurs, il ressemble à un gros morceau de beurre posé sur une assiette de spaghetti. »

Du septième étage, sans cloison, la vue panoramique est époustouflante sur l'est et le sud parisien. Un ballet de lumières, un concert de

Mitterrand: "It takes a resolute soul to be an architect." He smiled but adhered.

The firm had become a kind of transit point for him. Aude, Gaëlle and Guy ensured the running of the office, while he was more often in flight than on the ground. He became the team's navigator of the high seas.

Yet he feels very close to the firm. Today it numbers 37 collaborators, of which 34 are architects – from France, Germany, Austria, Spain, the United States and Japan. And there are branch offices in Barcelona, Berlin, Vienna and Luxembourg. The agency is located on the seventh floor of the Hôtel Industriel Jean-Baptiste Berlier. Designed and built in 1986, it is his manifesto. A raw yet sumptuous building, almost wild and yet incredibly refined. "It's a glass block of variable density. This density increases or decreases, depending on the light. It's a building that at certain moments can appear perfectly liquid or, on the contrary, extremely solid at other times of the day" says Perrault, clearly amused. And he adds, in a more serious tone: "Wedged in the heart of this infernal mangle of railway networks, river, highways and overpasses, it resembles a huge slab of butter in the middle of a bowl of spaghetti."

The panoramic view of southern and eastern Paris from the open-plan seventh floor is breathtaking. A ballet of light, a concert of vanishing lines, a symphony of movements and buildings shaped like organ pipes, while in the

A la fin des années 1980, entre boulevards extérieurs et périphérique, émerge un objet brut et somptueux, sauvage et raffiné, l'hôtel industriel Jean-Baptiste-Berlier.

In the lates 80s, between the outer boulevards and the beltway, a raw and sumptuous object emerges, wild yet refined, the hôtel industriel Jean-Baptiste-Berlier.

lignes de fuite, une symphonie de mouvements et de bâtiments en forme de fûts d'orgue, tandis qu'au loin se dessinent la pelouse de Reuilly avec sa grande roue et le rocher du zoo de Vincennes.

« Pour moi, la plus belle avenue du monde, ce n'est pas les Champs-Élysées, mais le périphérique. Il est bordé, jalonné d'objets étranges et magnifiques qui témoignent de la vitalité, de la réalité de l'architecture contemporaine à Paris. De la Cité universitaire au parc de la Villette en passant par Charléty et le Parc des Princes, d'une usine en briques presque nostalgique jusqu'à une déchetterie qui ressemble à un vaisseau spatial, on va de découvertes en découvertes, d'émotions en émotions. C'est là que se trouve la mémoire fraîche de l'architecture, le génie du lieu, une fabuleuse guirlande de blocs de lumière, de signaux, de vibrations, de rumeurs, de sensations, de dissonances et de consonances, d'impalpabilité et de densité. »

On peine à suivre Perrault dans ce tour du propriétaire tant, une fois encore, il va vite, voit vite, montre vite, parle vite. Tout comme il traverse les idées, les villes, les situations. Enthousiaste et détaché tout à la fois. Ici revient en mémoire la question de Baudelaire à propos de Rimbaud : « Ardent certes, mais chaleureux ? »

Perrault est déjà ailleurs. Il n'y a pas de temps pour la nostalgie chez lui. Pas de regard en arrière. Il s'agit d'aller de l'avant, d'avancer. Vite. De penser en faisant. De parler bref mais clair, net, précis. À l'oral, Dominique Perrault est lumineux, incisif, simple, enthousiaste. La dimension esthétique apparaît peu dans ses projets ; ses plans sont comme lui clairs, nets, précis. Ses maquettes sont réduites au minimum et les films qui souvent les accompagnent, réalisés par son ami Richard Copans, auteur et réalisateur de documentaires, vont droit à l'essentiel. Ce sont les masses qui s'imposent. Les masses et leur articulation. Comme un jeu de cubes en quelque sorte, dont l'assemblage peut se modifier *ad libitum*, non pas au gré de l'humeur, mais à celui de la nécessité. « Rien ne bouge assez vite au bord de la mort. Le bord de la mort où

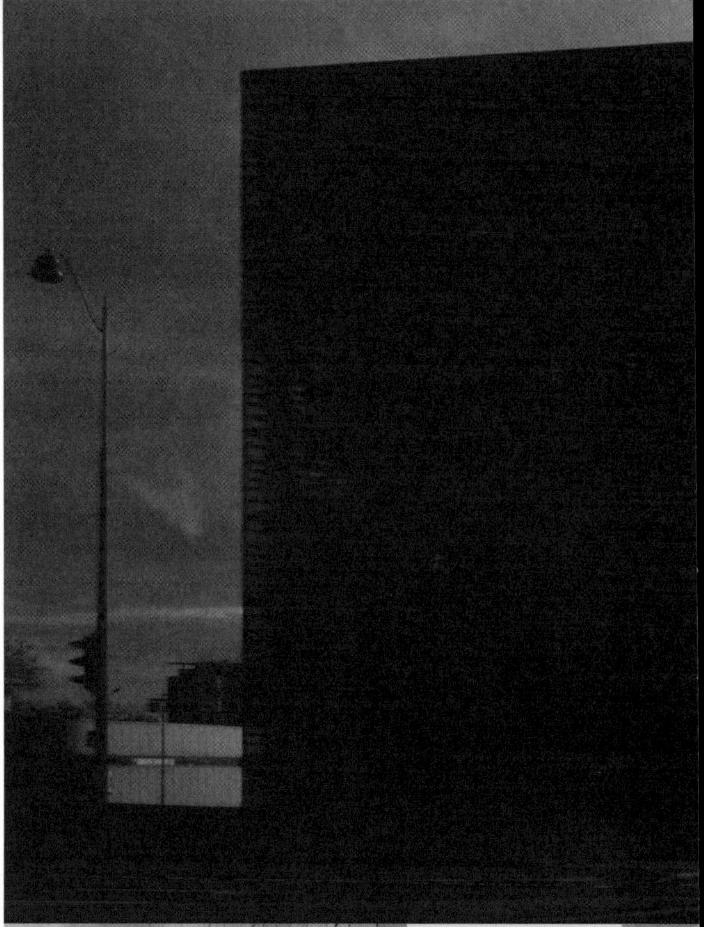

Bloc de verre à densité variable, tour à tour extrêmement solide et parfaitement liquide, l'hôtel Berlier, lové au cœur d'un inextricable réseau de voies ferrées, routières et fluviales, ressemble, selon son architecte, à « un gros morceau de beurre posé sur une assiette de spaghetti ».
A block of glass of variable density, at times extremely solid and at others perfectly liquid, the Hôtel Industriel Berlier is wedged in the heart of the rail, road and river networks and resembles, according to its architect, a "a huge slab of butter in the middle of a bowl of spaghetti."

distance one can make out the Reuilly gardens' great lawn with its huge Ferris wheel, and the big rock in the Vincennes wood.

"For me, the most beautiful avenue in the world isn't the Champs-Elysées, but the Paris beltway. It is bordered, staked out with strange and magnificent structures which testify to the vitality, the reality of contemporary architecture in Paris. From the Cité Universitaire to the Parc de La Villette, with the Charléty and Parc des Princes stadiums in between, from an almost nostalgic brick factory, to a garbage treatment center resembling a space ship, one goes from one discovery to another, from one emotion to another. Here is where you find architecture's recent memories, the spirit of place, a fabulous garland adorned with blocks of light, signals, vibrations, rumblings, sensations, dissonances and consonances, impalpability and density."

It is not easy keeping up with Perrault on this tour of his property. Once again he goes so fast, sees fast, demonstrates and talks fast. In the same way he crosses cities and situations: simultaneously enthusiastic and detached. Precisely at this instant one recalls Baudelaire's question regarding Rimbaud: "Ardent indeed, but warm?"

But Perrault has already moved on. He has no time for nostalgia. No looking back. He is always moving ahead, advancing, quickly. Thinking while doing, speaking clearly, briefly and precisely. When he speaks, Dominique Perrault is luminous, incisive, simple and enthusiastic. The aesthetic is discrete; his plans are clear, brief and precise. His models are reduced to the bare minimum and the films that often complement them, directed by his documentary filmmaker friend Richard Copans, go straight to the point. What stand out are the masses, and their articulation. They are a bit like a set of building blocks, which can be assembled and reassembled in an infinite number of combinations, not according to mood, but according to necessity. "Nothing moves fast enough when bordering on death. The edge of death where noth-

À chaque visite à l'hôtel Berlier, on en perçoit la magie : inchangé, immobile, et pourtant jamais le même, toujours différent.

With each visit to the Hôtel Industriel Berlier one perceives the magic: immobile and yet never the same, always different.

À l'intérieur, les grands plateaux vides où s'organise un étrange jeu de lumières, de lignes de fuite, de perspectives, d'irréalité.

Inside are huge open floors where a strange game of light, vanishing traces, perspective and unreality is perpetually in motion.

rien n'est assez vite... Mais comment expliquer cela à des mouches fascinées par du papier collant... », écrivait l'artiste Daniel Pommereulle en 1979, à une époque où Perrault n'en avait pas encore fini avec ses humanités.

Mortifère, cette compulsion à la vitesse chez l'architecte ? Certes non, et sans la moindre tentation d' élaborer, à partir de là, une doctrine. Non, plutôt un reflet de l'époque qui s'accommode de moins en moins de vitesse relative, à en croire l'architecte et philosophe Paul Virilio : « Avec la révolution de l'électronique dans les transmissions, on approche de la vitesse absolue : la vitesse des ondes. C'est une relativité physique et théorique qui est celle des trains d'ondes. La vitesse est constitutive de la réalité puisque nous sommes tous des ondes. Nous sommes constitués par des vitesses pures qui font qu'on est de la chair ou de la pierre, de l'air ou de l'eau. La révolution des transmissions, c'est la révolution des vitesses pures, c'est-à-dire des vitesses élémentaires. » (Catalogue de l'exposition *La Vitesse* à la Fondation Cartier, Flammarion, 1991).

Perrault va vite. Absolument. Élémentairement.

ing is fast enough... But how can one explain that to flies fascinated by fly paper?" wrote the artist Daniel Pommereulle in 1979, at a time when Perrault had not yet finished studying.

Can one detect some sort of death-wish in the architect's compulsion for speed? Certainly not, and he does not wish to elaborate any sort of doctrine based on it either. No, it's more a reflection of the times, which accommodate relative speed less and less. If one believes the architect and philosopher Paul Virilio: "With the revolution in electronic transmissions, we're approaching absolute speed: the speed of the airwaves. Wavelengths are a physical and theoretical relativity. Speed constitutes reality since we are all composed of waves. We are composed of pure rates of speed, which determine whether something is of flesh or of stone, air or water. The revolution in transmissions is a revolution of pure rates of speed, that is, elementary speeds..." (from the exhibition catalogue *La Vitesse*, Editions Flammarion, 1991).

Perrault goes fast: absolutely and elementarily.

Perrault a installé son agence dans son bâtiment.
De gauche à droite :
Dominique Perrault,
Mark Marten, Aude Perrault (de dos), Gaëlle Lauriot-Prévost et (à l'extrême droite) Ralf Levedag.

Perrault set up his offices in his building.
From right to left:
Dominique Perrault, Mark Marten, Aude Perrault (seen from behind), Gaëlle Lauriot-Prévost and (on the far right) Ralf Levedag.

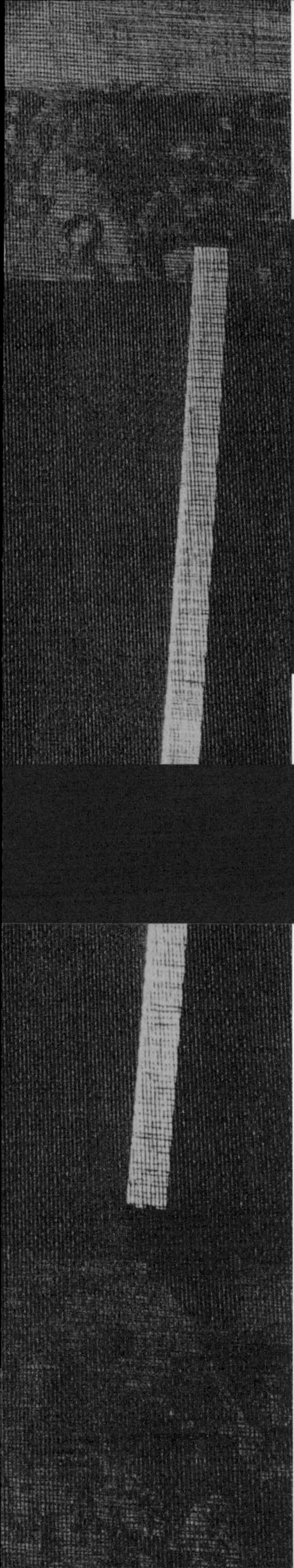

2

stratégie
strategy

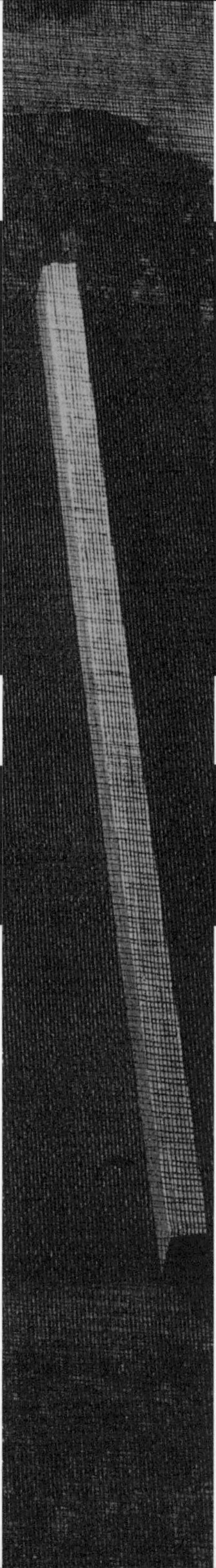

L'art et la manière
Art and style

« L'architecture est un art lent et lourd. L'inattendu lui donne de la fulgurance et du transport. Être transporté par le génie du lieu comme on pourrait l'être par la musique ou la littérature, ou encore par le formidable champ d'expérience émotionnel que l'art contemporain a défriché depuis un demi-siècle, voilà qui change singulièrement la relation culturelle et physique que nous entretenons avec l'architecture. »
Philosophie, pensée, art, musique, littérature, couture, scénographie, ingénierie, technologie, science, Perrault se nourrit de tout et nourrit lui-même une vie qui ne se vit plus en évolution, mais en mutation. De ces passerelles tendues jaillissent d'autres pratiques, d'autres regards, d'autres réseaux, d'autres correspondances...
Aujourd'hui, les architectes qui réinventent l'architecture l'élaborent hors de ses champs traditionnels. Mais, paradoxe des paradoxes, dans

"Architecture is a slow and heavy art. The unexpected gives it lightening speed and dizzying transport. To be enraptured by the spirit of a place, as one might be by a piece of music or a work of literature, or even more so by the fantastic field of emotional experience that contemporary art has opened up over the last half-century; this is what has singularly changed the cultural and physical relationship we have with architecture."
Perrault finds inspiration everywhere; philosophy, thought, art, music, literature, fashion, scenography, engineering, technology, science. He lives a life not of evolution but of mutation and from these connections spring other practices, regards, networks and relationships.
The architects who are reinventing architecture today are developing it outside of traditional fields. But, most paradoxical of all, they are work-

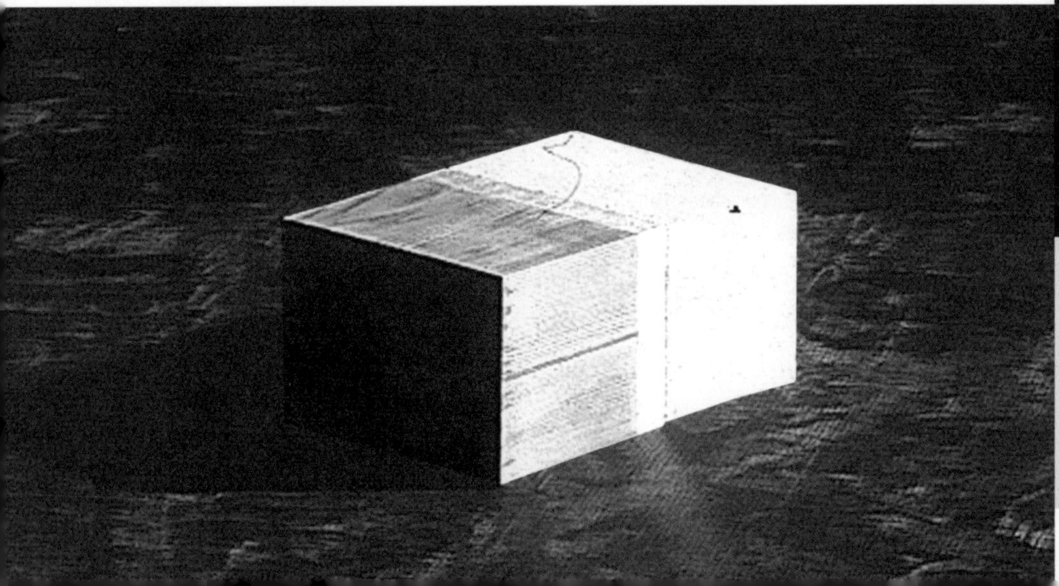

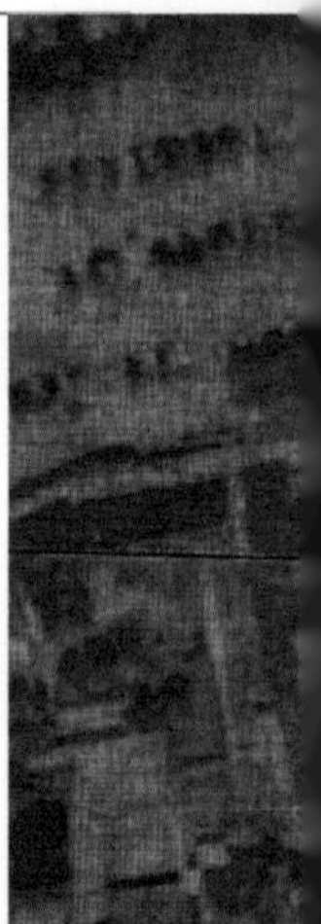

Archives Départementales de la Mayenne à Laval (1989-1993).
Mayenne Departmental Archives in Laval, France (1989-1993).

Paris, 11 octobre 1991. Vernissage de l'exposition à la galerie Denise René.
Paris, October 11, 1991. Exhibition opening at the Denise René Gallery.

la grande tradition des lumières, de la découverte, de l'organisation du monde, à la périphérie de la philosophie, de l'anthropologie. Il convient donc, dès lors, d'annexer les découvertes des uns, de s'emparer des avancées des autres, et de tout conjuguer pour mieux formaliser les mutations du monde. Retour en arrière. Juin 1972 : l'année et le mois du bac pour Dominique Perrault. Il peint et expose dans la banlieue sud de Paris, du côté de chez lui. Une peinture qui s'apparente vaguement à l'expressionnisme abstrait. Et pourtant, sans le savoir, il en est déjà très au-delà.

La gazette locale publie une interview du jeune peintre. Lequel ne parle ni de matières, ni de textures, ni d'émotions, ni de sensations, ni de supports, ni de techniques, mais de traces et de rythmes. Autant dire de stratégies.

Presque vingt ans plus tard, le 11 octobre 1991, Perrault vernit l'exposition de ses projets à la galerie Denise René. C'est un choc. Le landerneau de l'architecture s'interroge : Art ou architecture ? Art et architecture ? Art contre architecture ?, et se perd en conjectures.

Frédéric Migayrou se souvient : « Perrault ne correspondait en rien, formellement, à des points d'attraction sur la contemporanéité qui étaient essentiels pour moi. Je ne voyais rien de son travail, je croyais que c'était un moderne. Cette exposition m'a entrouvert les yeux. J'y ai donc regardé de plus près et j'y ai vu sa réelle immersion dans l'art contemporain. M'y attachant, je me suis rendu compte que jusqu'alors je n'avais vu que la forme chez lui. Alors que, pour lui, elle n'est en aucune manière primordiale. Parce que dans sa pensée, comme dans sa pratique, l'architecture ne se définit pas par la matérialisation, mais par le perceptif. À l'image de la musique, l'architecture Perrault ne relève pas du visuel, elle est phénomène cognitif. »

Toujours dans son mémorable *Bon Plaisir,* en 1997, Perrault enfonçait le clou : « J'aime que les

Institut français de mécanique appliquée à Clermont-Ferrand (1989).
French Institute of Applied Mechanics in Clermont-Ferrand (1989)

Université de droit et de lettres à Angers (1986).
University of Law and the Humanities in Angers (1986)

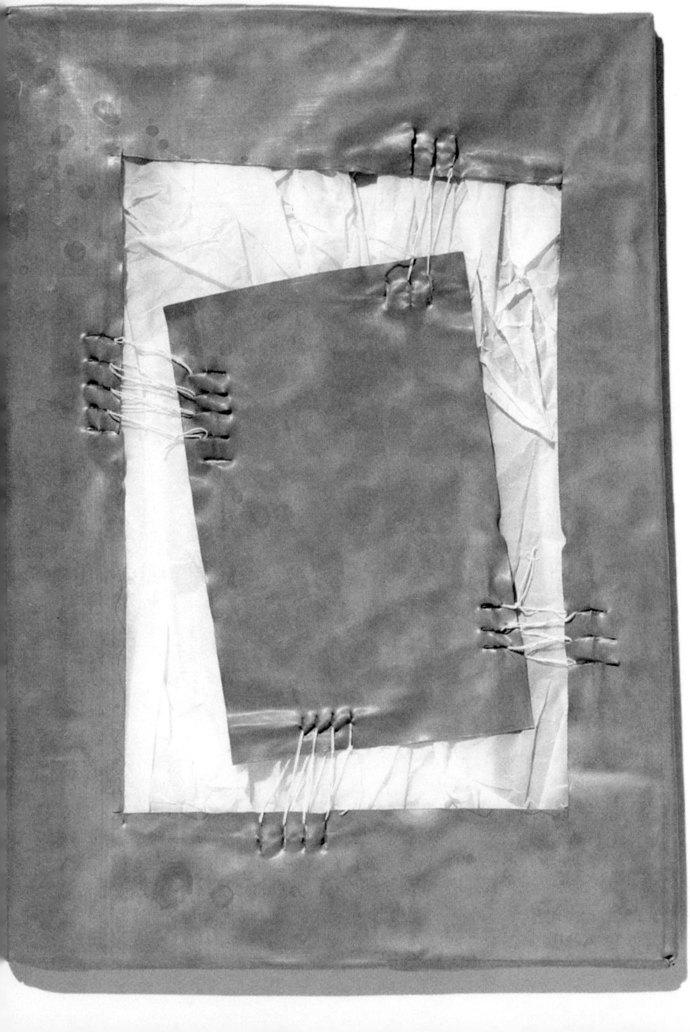

ing in the great tradition of Enlightenment thinkers, of discovery, of the organization of the world, on the edge of philosophy, anthropology. Therefore, the discoveries and advances of one and all must be seized upon and fused to better formalize the world's mutations. Flashback to June 1972: Dominique Perrault must sit the national exams to graduate from secondary school – the *baccalauréat*. He was painting and showing his work in suburban Paris, not far from home. It was vaguely related to abstract expressionism. And yet, unbeknownst to him, he had already gone way beyond that.

The local paper published an interview with him. It contains no mention of materials, nor of textures, emotions, sensations, media, or techniques, but of traces and rhythms. One might as well call them strategies.

Almost twenty years later, October 11, 1991, Perrault inaugurated an exhibition of his projects at the Denise René Gallery in Paris. The resultant shock sent ripples through the architectural world. Some wondered: art or architecture, art and architecture, or art versus architecture? And then they lost themselves in conjecture.

Frédéric Migayrou remembers: "Formally, Perrault did not correspond in any way to the points of attraction about contemporaneousness that were essential for me. I saw nothing of his work and thought he was a Modernist. This exhibition went a long way towards opening my eyes. So I looked a bit closer and saw his real immersion in contemporary art. Upon closer inspection, I realized that until then I had only seen form in his work, whereas for him, this is in no way primordial. This is because in his thinking, as in his practice, architecture is not defined through materialization, but perception. Like music, Perrault's architecture is not about the visual; it is a cognitive phenomenon."

Also from his memorable interview on France Culture in 1997, Perrault hit the nail on the head: "I like architects to build buildings that can mutate, be transformed without losing anything of what is essential. As one finds in con-

architectes réalisent des bâtiments que l'on puisse faire muter, qui se transforment sans rien perdre de ce qu'ils étaient. Comme dans les installations de l'art contemporain, on part d'un environnement qui n'a rien perdu de son énergie originelle mais a changé de sens. »
Autant dire que, pour Perrault, il s'agit bien de stratégie. Et qu'il s'y emploie, à l'image d'un Giordano Bruno, animé d'une volonté farouche de conquérir immédiatement une position stratégique qui lui permette de diffuser sa nouvelle philosophie visant à détruire toute forme de fanatisme religieux. Et pour Perrault, le fanatisme a pour noms historicisme, expressionnisme, formalisme, modernisme, narration...
Stratégie donc, d'abord et avant tout. Rien d'étonnant à cela de sa part, surtout si l'on tient compte de la définition qu'en donne Jean-Paul Charnay, directeur du Centre d'études et de recherches sur les stratégies et les conflits à l'université de Paris-Sorbonne : « Toute stratégie n'est que l'actualisation d'un désir. Impatiente de toute durée, elle recherche la plus extrême vitesse. »
Découlant de cette stratégie de stratégies, toute l'architecture de Perrault pose des questions d'une brûlante actualité, et notamment celles de la déréalisation, du leurre, de la prolifération des trajectoires. Avec Perrault, on assiste à un curieux effacement de l'architecture, « comme à la limite de la mer un visage sur le sable. » (Michel Foucault, *Les Mots et les Choses,* Gallimard, 1966). Et nous voilà, justement, déjà aux rives de l'art et aux modelages de sable réalisés sur la plage par l'artiste espagnole Ana Mendieta...
Pour autant, ce goût, cette science de la déréalisation, de l'effacement, de la disparition, de la mutation n'exclut pas l'expérimentation. Bien au contraire. Résonne en permanence dans la

temporary art installations, one begins with an environment that has lost none of its original energy but which has changed its meaning."
For Perrault this is tantamount to strategy. And he really engages in it, like Giordano Bruno and his fierce determination to immediately stake out a strategic position that would allow him to spread his new philosophy: to destroy all forms of religious fanaticism. And for Perrault, fanaticism has many names: historicism, expressionism, formalism, modernism, narration...
Strategy then, comes first and foremost. Nothing surprising about that on his part, especially if one takes into account the definition of it given by Jean-Paul Charnay, director of the Center for research and strategy and conflict resolution at the University of Paris-Sorbonne: "Any strategy is nothing more than the actualization of a desire. Impatient with any waiting, it seeks the most extreme speed."
Flowing from this strategy of strategies, all of Perrault's architecture tackles the burning issues of the day, and notably those of derealization, illusion and the proliferation of trajectories. With Perrault, we are observers of a curious vanishing of architecture, "like a face in the sand at the seashore" (Michel Foucault in *The Order of Things,* Vintage, 1970). And here we are, precisely, already at the edges of art and the figures made of sand by the Spanish artist Ana Mendieta.
For all that, this taste, this science, of strangeness, erasure, disappearance and mutation does not exclude experimentation. Quite the opposite is true. A little phrase by Luciano Berio always resonates in the architect's mind: "All music is experimental, otherwise it's not worth making."

Pont Charles-de-Gaulle
à Paris (1988).
Pont Charles-de-Gaulle
in Paris (1988).

tête de l'architecte cette petite phrase de Luciano Berio : « Toute musique est expérimentale, sinon ça ne vaut pas la peine d'en faire... ».
«[...] le formidable champ d'expérience émotionnelle que l'art contemporain a défriché depuis un demi-siècle[...]» : l'exposition chez Denise René était, à cet égard, symptomatique. C'est bien dans cette direction-là, et pas dans une autre, qu'il convient de positionner l'engagement, la pensée, l'écriture, l'identité, l'autonomie et la différence de Dominique Perrault. Dans l'histoire de l'art contemporain bien plus que dans celle de l'architecture.
« L'architecture doit préserver une part d'inachevé », confiait-il en 1998. Cette petite phrase, inachevée elle aussi, associée à sa préoccupation constante du territoire, du *topos*, pourrait, d'une certaine manière, l'apparenter aux artistes géographes, ceux du land art et du earth work.
Mais c'est plutôt du côté du conceptuel, de l'assemblage et du minimal qu'on se prend à

"...the fantastic field of emotional experience that contemporary art has opened up over the last half-century." The exhibition at Denise René's gallery was, in this respect, symptomatic. It is indeed in that direction, and no other, that one should situate Dominique Perrault's engagement, thought, writing, identity, autonomy and difference; in the history of contemporary art more than that of architecture.
"Architecture must keep an element of the unfinished," he confided in 1998. This little sentence, also unfinished, associated with his constant preoccupation with territory, *topos*, could link him, in a certain way, to the geographic artists, those of land art and earth work.
But one must look more on the conceptual side, of assembly and of the minimal, to better understand what drives Perrault, what most closely characterizes him. Like conceptual artists, he confers only limited impor-

Siège social de Technip
à Rueil-Malmaison (1989).
Technip headquarters in Rueil-Malmaison, France (1989).

Centre de conférences
Usinor-Sacilor (IRSID)
à Saint-Germain-en- Laye
(1989-1991).
Usinor-Sacilor conference center (IRSID) in Saint-Germain-en-Laye, France (1989-1991).

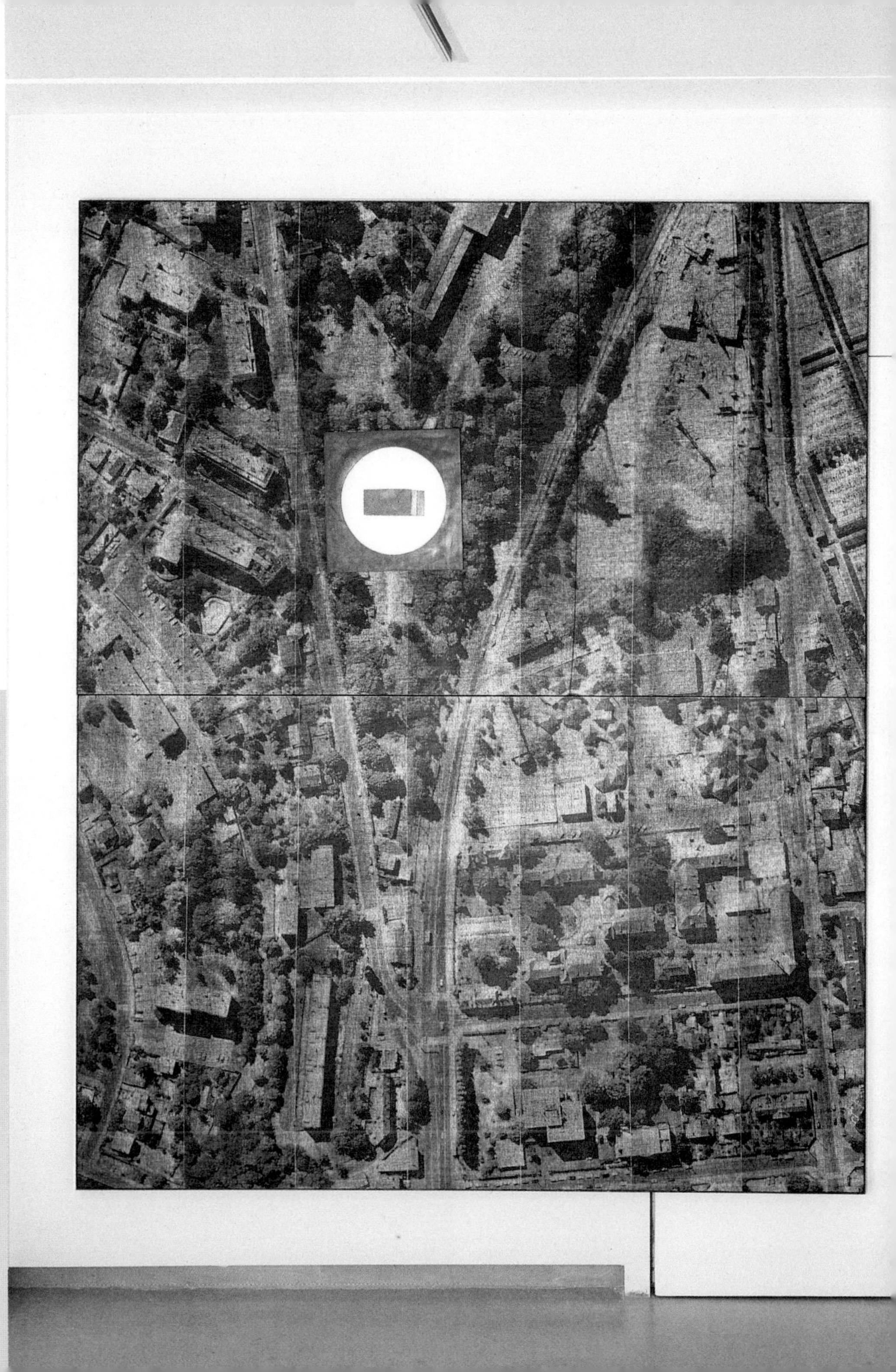

explorer pour mieux comprendre ce qui anime Perrault, ce qui le qualifie au plus près.
Comme les artistes conceptuels, il accorde une importance restreinte à la réalisation matérielle de l'œuvre pour s'intéresser plus à sa consistance en tant qu'idée.
Comme les artistes assembleurs, il aime associer deux réalités étrangères l'une à l'autre pour créer un effet de signification, faire image, sens et signe.
Comme les tenants du minimal art, il s'applique à choisir des matériaux modulaires simples et maniables, disposés dans l'espace de manière à jouer avec les déplacements du spectateur. Et à mettre en place un vocabulaire de formes simples (lignes, carrés, cube...) et de couleurs pures sans autre référence ou contenu que l'œuvre elle-même.
Lorsque l'on demande à Dominique Perrault de qui, dans le champ architectural, il se sent proche, il répond très vite Herzog et de Meuron. Puis, inhabituellement, hésite et enchaîne en riant : « Carl Andre pour la géométrie, Walter De Maria pour la mystique, Richard Serra pour la violence, Richard Long pour l'épure, le sens de l'échelle et la justesse du lieu. » Soit un couple d'architectes dont on connaît l'extrême économie et l'extrême plasticité de l'œuvre, et quatre artistes. Dont acte, les choses sont claires et clairement énoncées.

Maternité d'Albertville.
Albertville maternity hospital.

tance to the material realization of a work, focusing more on its consistency as an idea.
In the manner of collage artists, he likes to associate two realities that are unknown to each other to create an expressive effect, to create an image, meaning and sign.
Like the adherents of minimal art, he chooses simple and easy to handle modular materials, arranged in space in such a way as to play with the spectator's movements, and to implement a simple vocabulary of forms (lines, squares, cubes ...) and pure colors without other references or content other than the work itself.
When asked whom he feels closest to in architecture he answers quickly Herzog and de Meuron. Then he hesitates and adds, smiling: "Carl Andre for geometry, Walter De Maria for his mystique, Richard Serra for violence and Richard Long for his working drawing, sense of scale and accuracy of place." And there you have it: a couple of architects known for their economy and the extreme plasticity of their work, and four artists. Things are clear and clearly stated.
One could of course add Frank Stella, who in 1964, in an interview conducted by Bruce Glaser and in which Donald Judd was also participating, emphasized the literal aspect of his painting: "I've always disagreed with

On pourrait, bien sûr, y rajouter Frank Stella, qui, en 1964, dans l'entretien mené par Bruce Glaser et auquel participait également Don Judd, insistait sur l'aspect littéral de sa peinture : « J'ai toujours été en désaccord avec les gens qui veulent conserver les valeurs traditionnelles de la peinture : ces valeurs humanistes qu'ils découvrent toujours sur la toile. Si vous les poussez dans leurs retranchements, ils finissent tous par déclarer qu'il y a quelque chose en dehors de la peinture, là, sur la toile. Ma peinture est basée sur le fait que seul s'y trouve ce qui peut y être vu...
« Si la peinture était assez incisive, assez précise, assez exacte, il vous suffisait simplement de la regarder. La seule chose que je souhaite que l'on retire de mes peintures et que j'en tire pour ma part, est qu'on puisse voir le tout sans confusion...Tout ce qui est à voir est ce que vous voyez. » (cité par Michel Bourel *in Art minimal I*, catalogue de l'exposition organisée au CAPC de Bordeaux, du 2 février au 21 avril 1985.)
On a, effectivement, bien le sentiment que chez Stella comme chez Perrault, ce dont il s'agit, c'est de produire des visibilités qui épuisent l'image en faisant disparaître les effets de sens. Les effets à coup sûr, mais certainement pas le sens. Parce que, comme le souligne si évidemment le philosophe de l'art Georges Didi-Hübermann : « On demande trop peu à l'image quand on la réduit à une apparence. On lui demande trop quand on y cherche le réel lui-même. Ce qu'il faut, c'est découvrir en elle une capacité à nous faire repenser tout cela. »
D'ailleurs, dans le texte introductif à l'exposition, en 1991, Dominique Perrault, avec Gaëlle Lauriot-Prévost, en donnait, partiellement, les clés : « L'amateur, voyant de loin l'œuvre, ne distingue qu'un objet posé sur une toile noire. Cette émergence solitaire change de sens lorsque celui-ci s'approche et découvre sous la toile la profondeur d'une photo aérienne. Puis, avec une attention particulière, la lecture du lieu s'opère : fleuve, route, morceau de ville,

those who want to preserve painting's traditional values: these humanist values they discover on the canvas. If you push them a bit further, they always end up declaring there's something beyond paint there on the canvas. My painting is based on the fact that the only thing in it is what can be seen.
"If painting were incisive, precise, and exact enough, all you would have to do would be to look at it. The only thing I want people to get out of my paintings, and that I get out of them, is that one can see everything without confusion... All there is to see is what you in fact see." (cited by Michel Bourel in *Art Minimal 1*, the catalogue of the exhibition organized at the contemporary art museum in Bordeaux, France, 1985).
Actually, one has the feeling that with Stella and Perrault it is all about exhausting the image with visibilities, which make the effects of meaning disappear: the effects without a doubt, but certainly not the meaning. For, as the philosopher of art Georges Didi-Hübermann emphasizes so obviously: "One is asking too little of an image when one reduces it to an appearance. One asks too much of it when we seek in it reality itself. The challenge is to discover its capacity to make us rethink all that."
Moreover, in the exhibition's introductory text, in 1991, Dominique Perrault with Gaëlle Lauriot-Prévost delivered, if only partially, the keys: "...the amateur, seeing the work from afar, can only make out an object placed on a black canvas. This solitary emergence changes its meaning as the observer approaches and discovers under the canvas all the depth of an aerial photograph. Then, as the gaze becomes more focused, the reading of the place unfolds: a river, a road, a bit of a town, forests and mountains place the object in a setting. The simplicity one thought one had seen, the minimalism one believed to have

Pont Charles-de-Gaulle à Paris (1988).
Charles-de-Gaulle bridge in Paris (1988).

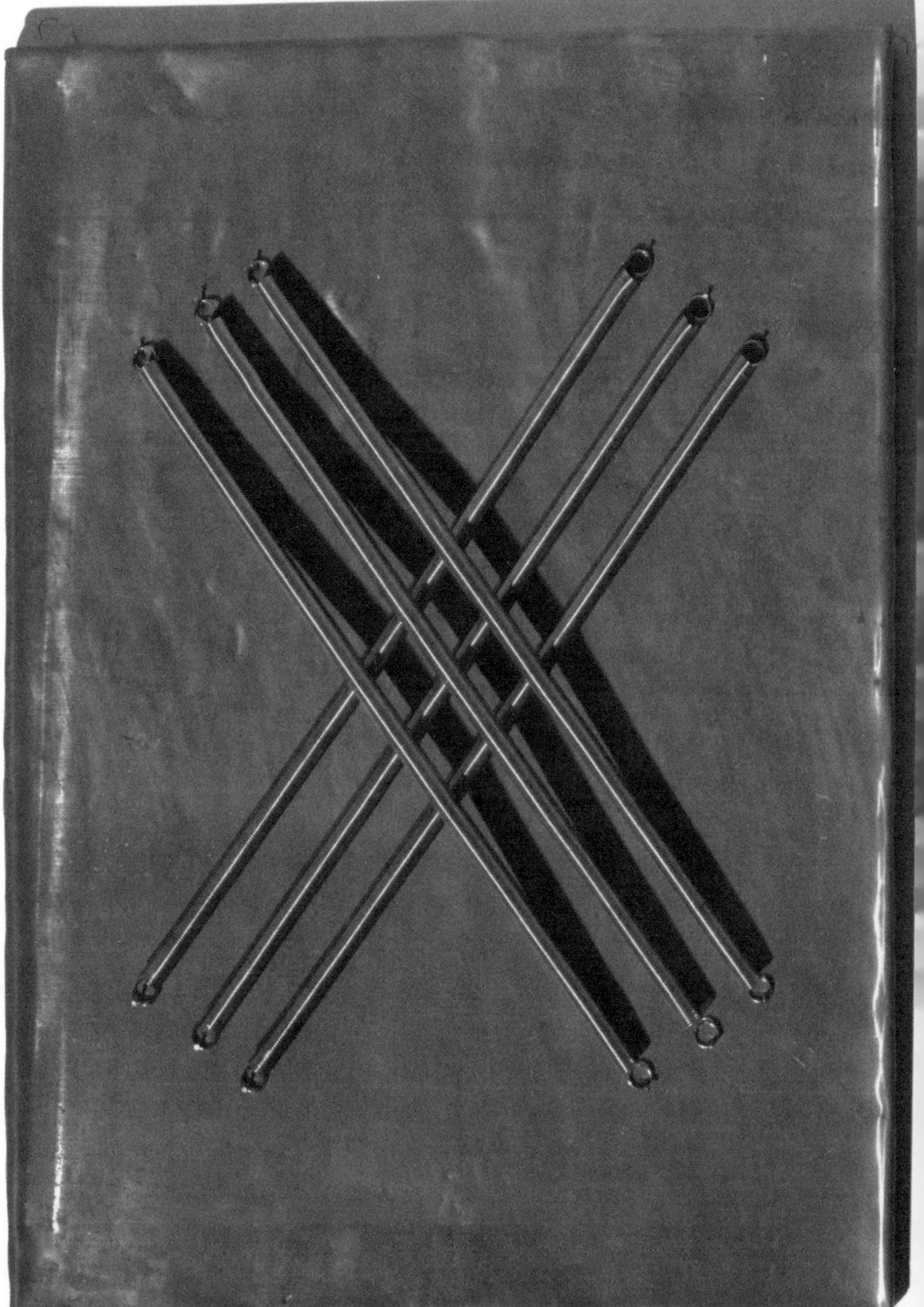

Hôtel industriel
Jean-Baptiste-Berlier à Paris
(1986-1990).
Hôtel industriel
Jean-Baptiste-Berlier in Paris
(1986-1990).

forêt, montagne, mettant l'objet en situation. La simplicité que l'on avait cru voir, le minimalisme que l'on avait cru comprendre s'évanouissent pour faire place à un sentiment plus complexe, plus épais, plus ample qui transporte vers l'incertain et fait coller à notre époque dont l'apparent désordre et l'incroyable chaos obligent à trouver en nous-mêmes la force de porter sur le monde un autre regard. »
Mise en garde, mise en éveil, et qui vient atténuer la déclaration péremptoire de Frank Stella. Manière d'exprimer également que l'architecture, dans sa réalité, est plus complexe, plus prégnante, plus « fonctionnante » que l'art. Et pourtant, est-on ici très éloigné d'un Robert Morris, considérable *land-artist* qui déclarait en 1997 : « Je n'ai pas eu l'idée de produire un objet, mais de donner forme à l'espace. »?
Carl Andre, encore : « Mais c'est sans doute Carl Andre... qui va assigner à la surface un rôle spectaculaire : au sol, des plaques de métal, carrées et juxtaposées, condensent dans leur configuration plate et horizontale toutes les dimensions de la sculpture : poids, densité, énergie, occupation de l'espace. » (Michel Bourel, « De la surface au plan », *Art minimal II,* catalogue de

understood, vanishes, giving way to a more complex, thicker and broader feeling. This sentiment carries one towards the uncertain and causes us to cling to our epoch whose apparent disorder and incredible chaos force us to find within the strength to view the world with other eyes."

Thus, in a warning, in an awakening, Frank Stella's peremptory declaration is softened. Which is a way of saying that architecture, in its reality, is more complex, pregnant and "functioning" than art. And yet, are we really so far from Robert Morris, the important land-artist, who declared in 1997: "I didn't think of producing an object, but of giving form to space."

And on Carl Andre, again: "But it will doubtlessly be Carl Andre ... who will assign a spectacular role to the surface: on the ground, square metal plates are juxtaposed, in their flat and horizontal configuration they condense all of sculpture's dimensions: weight, density, energy, occupation of space..." (Michel Bourel in *Minimal Art II*, catalogue of the exhibition organized at the contemporary art museum in Bordeaux, France 1986-87).

Carl Andre again, in an interview granted to

l'exposition organisée au CAPC de Bordeaux du 12 septembre 1986 au 22 février 1987.)
Carl Andre toujours, dans un entretien accordé à Phyllis Tuchman : « Je me suis toujours senti aux antipodes de cette surface idéalisée. Je suppose que ce qui m'intéresse, c'est que la surface puisse être continuellement modifiée par sa propre histoire et par les événements de sa vie jusqu'à ce qu'elle soit complètement effacée. Si on expose un morceau d'acier aux intempéries pendant trois cents ans, à la fin il rouillera et il disparaîtra. L'herbe autour sera probablement différente de celle qui aura poussé là où se trouvait la rouille, à cause de la forte proportion de fer à cet endroit. Rien ne disparaît vraiment tout à fait. Pour ce qui est de l'authenticité des matériaux, j'aime la matière, ses propriétés, ses formes, ses éléments, j'aime les matériaux et tout ce qui les différencie. Les peindre, ce serait aller à l'encontre de mes propres désirs en tant qu'artiste. Je ne veux pas en faire quelque chose d'autre. Je veux que le bois soit du bois, l'acier de l'acier, l'aluminium de l'aluminium, une botte de foin rien d'autre qu'une botte de foin. Ça, ce n'est l'idée de personne d'autre, ça ne reflète que ma volonté d'artiste. »
Comment ne pas penser ici, en termes de masse, de configuration, de densité, d'énergie, de mutation, de déréalisation, de disparition, au vélodrome et à la piscine olympique de Berlin, le projet le plus manifestement manifeste de Perrault, ou encore, en termes de matières, de bois, d'acier, de

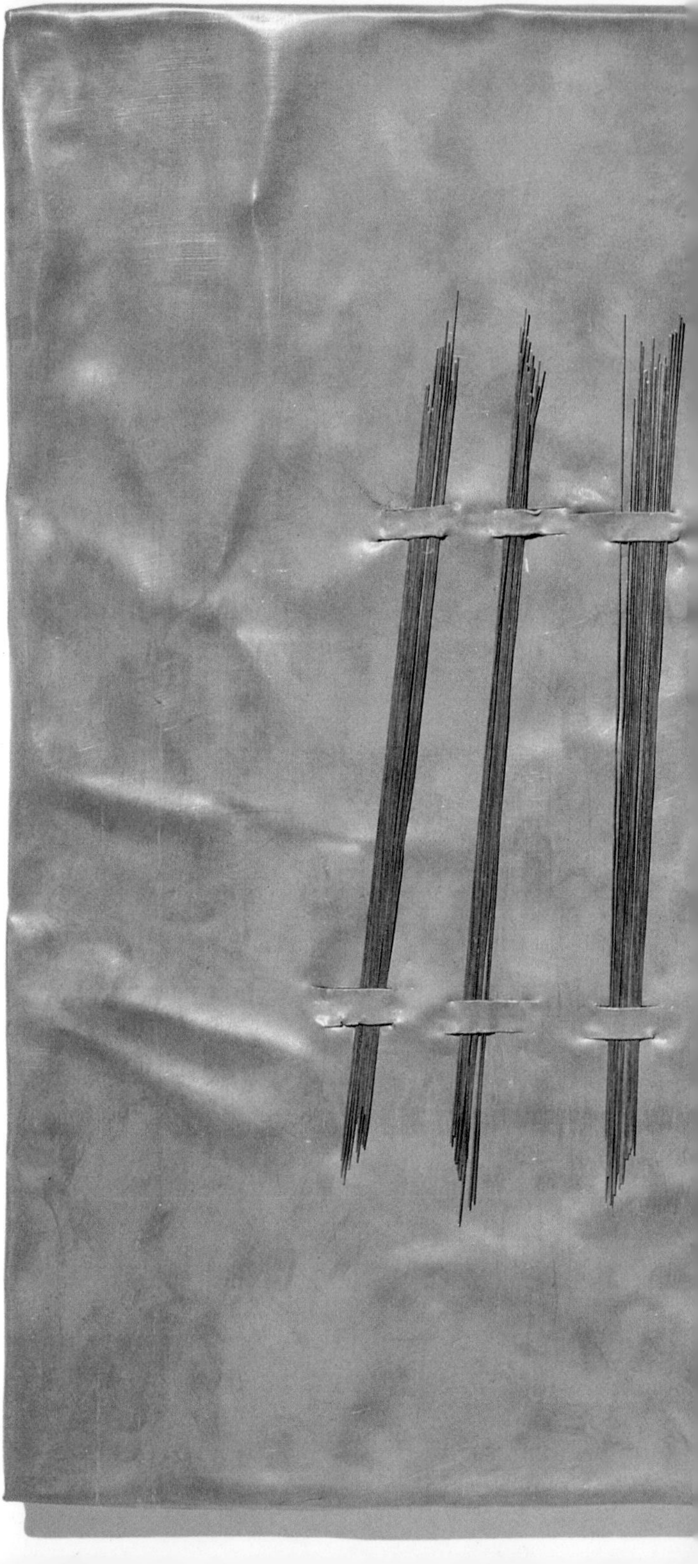

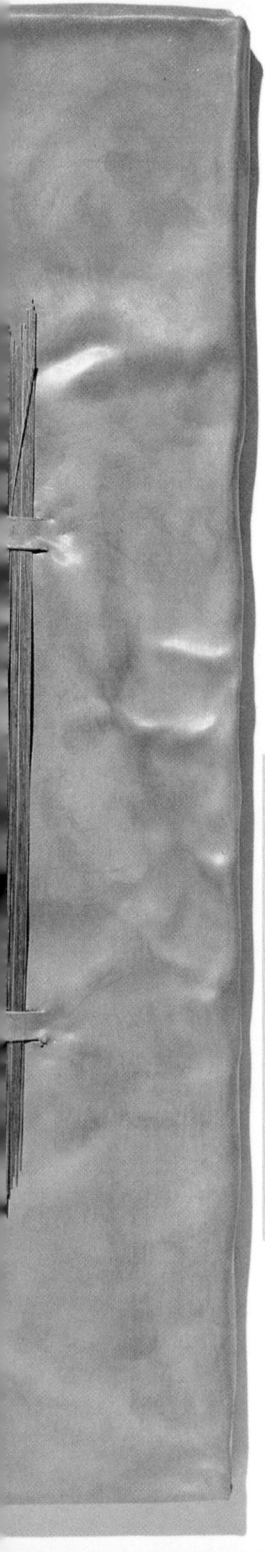

Phyllis Tuchman: "I've always felt at the complete opposite end of the idealized surface. I suppose what interests me is that the surface be continually modified by its own history and by the events in its life until it is finally completely erased. If one exposes a piece of steel to the elements for three hundred years, in the end, it will rust and disappear. The vegetation around it will probably be different than what would have grown there without the rust, because of the high level of iron in the soil. Nothing really disappears completely. As to the authenticity of materials, I like materials, their properties, forms and elements. I like materials and all that differentiates them. To paint them would be to go against my own desires as an artist. I don't want to make them into something else. I want wood to be wood, steel to be steel, aluminum to be aluminum, a haystack nothing other than a haystack. That is no one else's idea; it is only a reflection of my will as an artist."

Here, how can one help but think – in terms of mass, configuration, density, energy, mutation, disappearance – of the Velodrome and Olympic Swimming Pool in Berlin – Perrault's most deliberate architectural statement. Or in terms of materials, of wood, steel and glass, of the BnF, his best-known project?

Sans titre.
Untitled.

Centre de Conférences Usinor-Sacilor (IRSID) à Saint-Germain-en-Laye (1989-1991).
Usinor-Sacilor conference center (IRSID) in Saint-Germain-en- Laye, France (1989-1991).

verre à la Bibliothèque nationale de France, son projet le plus notoire.
À ce stade, on peut s'interroger sur la stratégie de Perrault. Non pas sur ses dispositifs, non pas sur ses trajectoires, mais sur ses prolongements. « L'art c'est la totalité de toutes les destructions », affirmait Pablo Picasso. Quant à l'artiste allemand Wolf Vostell, il assénait : « L'art ne sera sauvé que par la destruction de l'art. » Ne pas s'y fier. Si ces déclarations ont pour effet de réjouir Dominique Perrault, il n'y adhère bien sûr qu'intellectuellement. La révolution permanente n'exclut pas chez lui la pérennité. Et l'esthétique de la tension chère à Daniel Buren trouve à se dilater au cœur de l'hôtel de ville d'Innsbruck, tout comme l'esthétique de la rupture chère à Richard Serra trouve son interprétation dans l'escalier d'accès dressé sur l'esplanade de la Bibliothèque nationale de France (François Mitterrand, Jacques Toubon et Dominique Perrault auraient, un temps, pensé y installer la sculpture *Clara-Clara* du même Serra). De la même manière pourrait-on envisager les pommiers de Berlin comme un hommage aux mille chênes plantés par Josef Beuys à Kassel...
On n'en finirait pas de multiplier les exemples. De même qu'il serait vain de s'étonner que Perrault ait transformé momentanément, en 2001, une partie de son agence en lieu d'intervention pour y accueillir, avec le soutien du Centre Pompidou et du Consortium de Dijon, une « installation » de Claude Rutault, un artiste aussi étrange, singulier, inclassable et repousseur de frontières que lui. « Tout ce qui est à voir est ce que vous voyez. », affirmait Stella. Perrault, apparemment, ne disait rien d'autre en exposant ses projets chez Denise René en 1991. Des projets nets, précis, clairs et parfaitement à l'image de la nature profonde de l'architecte.
«[...] "Il faut que j'en aie le cœur net !" se dit-il. C'était un homme fringant et voyageur, cultivé, un descendant des croisés, chaste à ses heures,

Palais européen des droits de l'homme à Strasbourg (1989).
Palais européen des droits de l'homme à Strasbourg (1989).

Hôtel du département de la Meuse à Bar-le-Duc (1988-1994).
Hôtel du Département de la Meuse à Bar-le-Duc (1988-1994).

At this stage, questioning Perrault's strategy is understandable; not about his organization, nor his trajectories, but rather about his development. "Art is the totality of all acts of destruction" asserted Pablo Picasso. As for the German artist Wolf Vostell, who kept hammering away: "Art will only be saved through its destruction." Do not place too much stock in this. If such statements thrill Dominique Perrault, he only agrees with them on an intellectual level. For him, permanent revolution does not preclude longevity. The aesthetic of tension dear to Daniel Buren dilates in the heart of the Innsbruck city hall, just like an interpretation of Richard Serra's aesthetic of rupture shows up in the steps rising to the BnF (François Mitterrand, Jacques Toubon and Dominique Perrault are said to have contemplated installing Serra's sculpture *Clara-Clara*). Just as one can imagine the Berlin project's apple trees as a sort of homage to the one thousand oaks planted by Josef Beuys at Kassel.

One could come up with countless other examples. Why be surprised by Perrault's 2001 transformation of an entire section of his office into a place of intervention to receive, with the support of the Centre Pompidou and the Dijon Consortium, an "installation" by Claude Rutault – an artist as strange, unique and unclassifiable as himself. "All there is to see is what you see." Stella insisted. Apparently, Perrault was saying just that in his show at Denise René's gallery in 1991: clean, clear and precise projects, resembling the architect's deeper nature.

"'I must have a clear conscience!' he says to himself. A high-spirited man and a traveler, cultured, a descendent of the Crusaders, some-

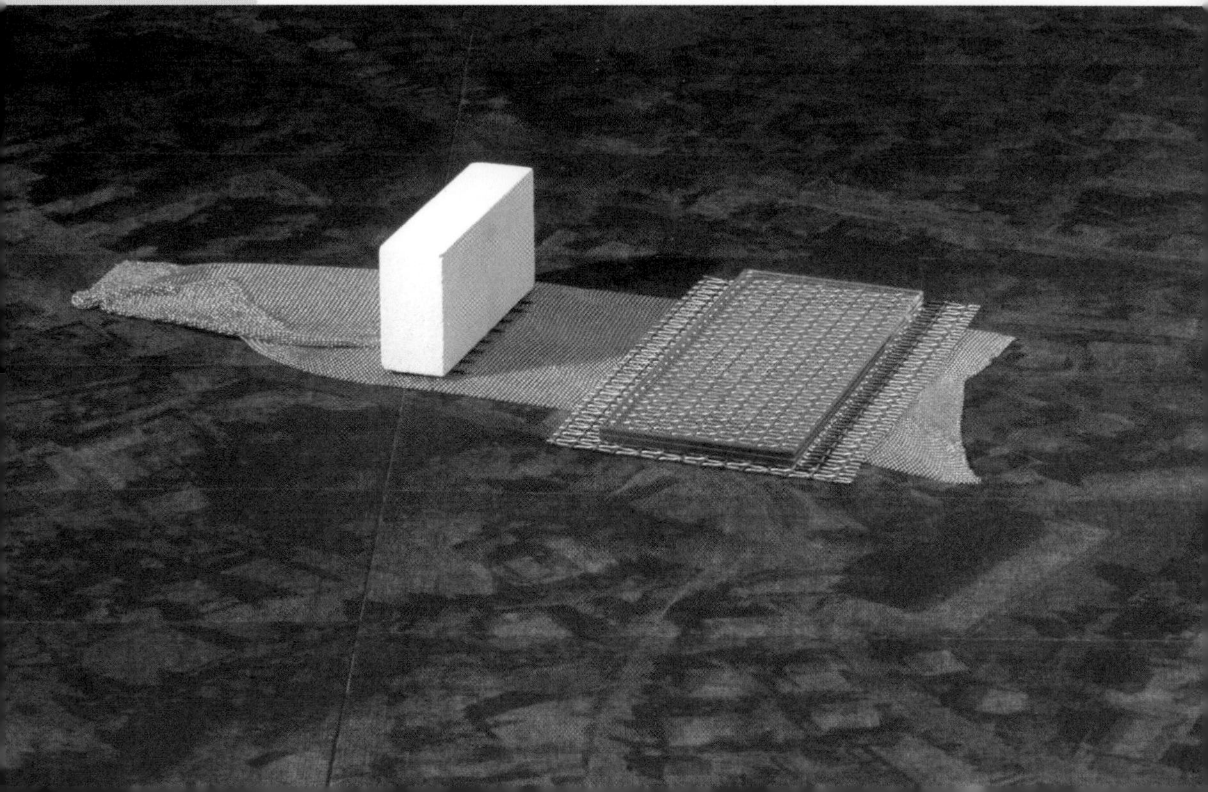

mais généralement porté sur le beau sexe, un peu fiévreux le dimanche, sujet à des rêves de taffetas ou de goudron et amateur de sensations fortes. Il avait fait six fois fortune et six fois s'était ruiné. Depuis trois mois il vivait dans la gêne, le recueillement et les austérités. Mais où qu'il fût, sur le pont d'un paquebot de luxe ou dans un autobus de banlieue, dans les catacombes ou dans le boudoir de la duchesse, ou dans une ménagerie, une conciergerie, et qu'il se trouvât au faîte de la magnificence ou dans les caves du dénuement, toujours un moment venait où il se disait : "Il faut que j'en aie le cœur net". C'était une idée fixe, métaphysique.» (*Roger Blondel, Bradfer et l'Éternel*, Robert Laffont, 1964).

times chaste but enamored of the fairer sex, a bit feverish on Sundays, subject to dreams of taffetas and tar, a thrill-seeker. He had made and lost his fortune six times over. For three months he had been living humbly, in contemplation and austerity. But wherever one might find him – on the bridge of a luxury ocean liner or a suburban bus, in the catacombs or in a duchess's boudoir, in a menagerie, or a caretaker's house – and whether he was at the height of magnificence or utterly destitute, a moment always arrived when he would say: 'I must have a clear conscience'. It was a metaphysical obsession." (Roger Blondel, *Bradfer et l'Éternel*, Robert Laffont, 1964.)

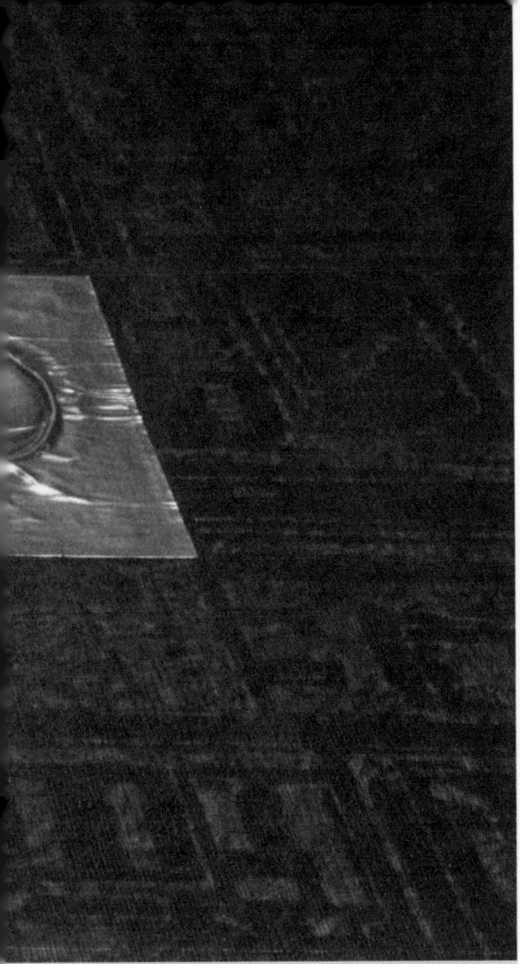

Vélodrome et piscine olympique à Berlin (1992-1998).
Velodrome and Olympic swimming pool in Berlin (1992-1998).

Usine de traitement des eaux (SAGEP) à Ivry-sur-Seine (1987-1993). (Maquette: collection particulière)
Water treatment plant (SAGEP) in Ivry-sur-Seine, Paris, 1987-93. (Model: private collection)

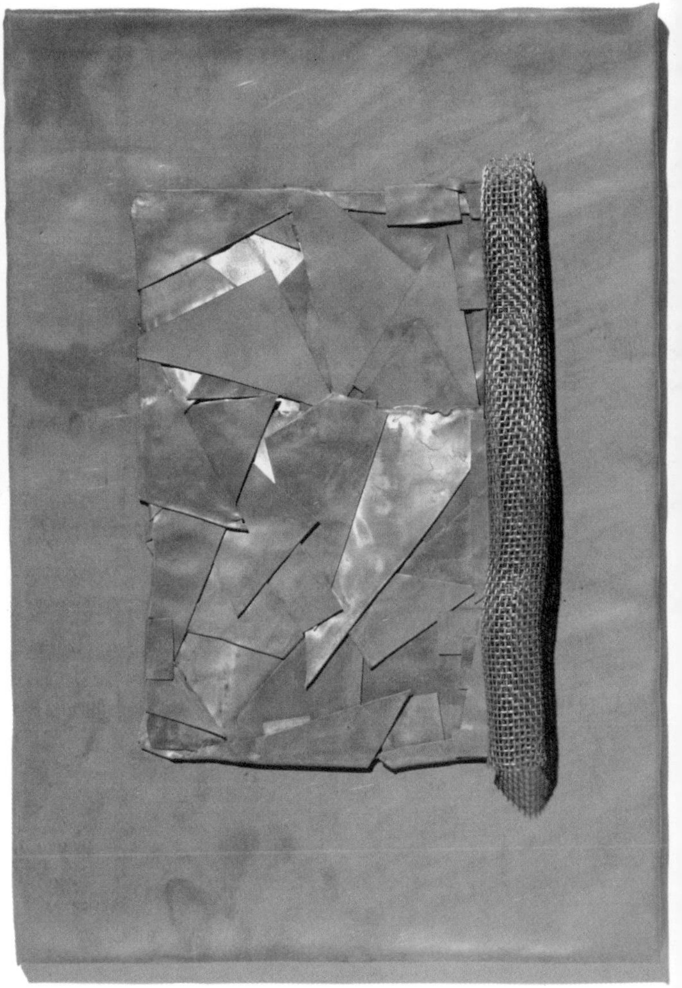

Bibliothèque nationale
de France à Paris (1989-1995).
French National Library in Paris (1989-1995).

En 2001, l'inclassable et mystérieux artiste Claude Rutault « intervient », à sa demande,à l'agence.
In 2001, the unclassifiable and mysterious artist Claude Rutault "intervenes" in Dominique Perrault's offices.

À la Bibliothèque nationale de France, le monumental escalier apparaît comme un hommage à l'artiste « minimaliste » américain Richard Serra.
The BnF's monumental staircase appears to be a sort of homage to the American minimalist artist Richard Serra.

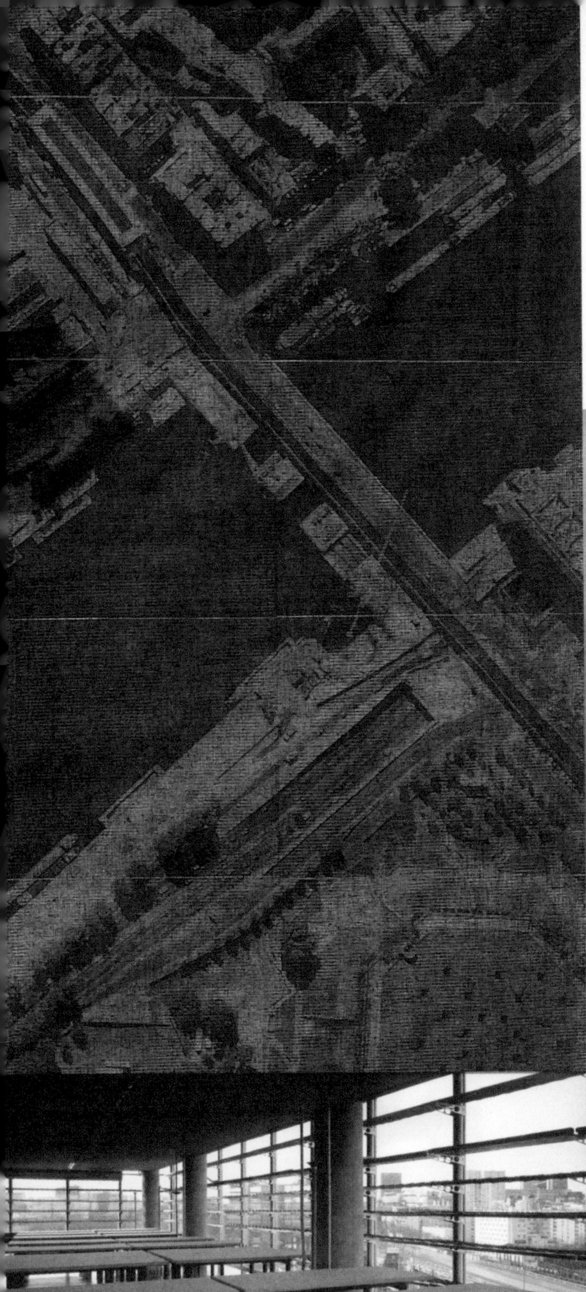

3

manifeste
manifesto

Le vélodrome et la piscine olympique de Berlin
The velodrome and Olympic swimming pool in Berlin

« Le vélodrome ne pouvait évoquer le stade triomphant des Jeux olympiques de 1936. J'ai gagné le concours parce que je l'ai enterré », s'amusait Dominique Perrault voici quelques années. Pirouette ou pragmatisme, allez savoir... Toujours est-il qu'en 1992, lorsqu'il remporte à la quasi-unanimité le concours international anonyme portant sur le vélodrome et la piscine olympique de Berlin qui espère, à l'époque, obtenir l'organisation des JO 2000, il est opposé à de sérieux poids lourds de l'architecture, tels le Britannique Richard Rogers, l'Espagnol Santiago Calatrava et le Japonais Fumihiko Maki.

À Berlin, Perrault inverse la dialectique. Au jardin enfoui au cœur de la BnF, il répond par un ensemble sportif enserré en creux dans un verger.
In Berlin, Perrault inverts the dialectic. His answer to the sunken garden of the BnF: a sports complex slipped into a hollow in an orchard.

"The velodrome could not refer to the triumphant stadium of the 1936 Olympics. I won the competition because I buried it," said an amused Dominique Perrault a few years ago. Pirouette or pragmatism? Who can say, however when, in 1992, he won a practically unanimous vote in the blind international competition for the velodrome and Olympic swimming pool in Berlin, a city which at the time was hoping to be selected as the host city of the 2000 Olympic Games, he was up against some serious architectural heavyweights: the UK's Richard Rogers, Spain's Santiago Calatrava

Et que, de surcroît, son projet s'affiche comme un véritable manifeste. Celui de la disparition littérale de l'architecture.

L'architecte et historien Marc Bédarida ne s'y trompe pas, qui écrit : « Encore confusément perceptible dans le projet de la Bibliothèque nationale de France, le rejet de la contorsion architecturale et de l'emphase propres aux grands monuments, apparaît avec évidence, avec le vélodrome et la piscine olympique de Berlin. À la masse opaque des grands agencements plus ou moins symboliques, Perrault oppose le vide. » (in *With*, Actar, 1999.) Plus loin, Bédarida insiste, et parle d'une « architecture du presque rien ».

Deux lacs tendus d'une peau métallique, raffinée et précieuse, et dont les brillances et les reflets jouent d'une forme l'autre, d'une lumière l'autre, d'une saison l'autre, voilà un « presque rien » à l'identité incroyablement affirmée.

Deux formes primaires, l'une ronde, l'autre rectangulaire, habillées d'un tissu métallique tendu, épais, d'un gris de plomb tantôt verdâtre, avec des effets semblables à du mica, puis bientôt bleu nuit ou noir d'encre, et à nouveau d'une transparence indécise, virant à l'anthracite blafard.

Deux formes, donc, posées comme des ovnis au milieu de 450 pommiers, à fleur de terre, sans façade frontale. Une architecture disparue qui laisse l'espace ouvert. Oui, l'inverse absolu – comme un aboutissement – de la Bibliothèque nationale de France. Avec non plus un jardin capturé, mais, de façon extrêmement déterminée, un verger capturant. Perrault est formel, il veut des pommiers. Reste à savoir de quel type et de quelle taille. « J'avais suggéré à Dominique Perrault de planter des pommiers adultes, à l'image des prés plantés de Normandie », raconte Erik Jacobsen, le forestier complice de l'architecte. « Les pommiers supportent le gel, ils fleurissent en abondance au printemps, ils portent des fruits colorés à la fin de l'été et sont défoliés en hiver, ponctuant ainsi les saisons. » Et Jacobsen d'ajouter : « Les pommiers sont les seuls matériaux français mis en œuvre sur ce chantier. »

Piscine olympique, vélodrome, anneau de vitesse... le tout d'une grande pureté et au service de la tension des corps.
Velodrome, Olympic swimming pool, race track... all of such purity and in the service of the body and its tension.

and Japan's Fumihiko Maki. Moreover, his project reads as a genuine manifesto: one for the literal disappearance of architecture.

The architect and historian Marc Bédarida is not mistaken when he writes: "Already vaguely perceptible in the project for the French National Library, a rejection of the architectural contortion and exaggeration common to great monuments appears quite obvious with the Berlin velodrome and Olympic swimming pool. To the opaque, more-or-less symbolic mass of these great structures, Perrault counters with a void." (*With*, Actar, 1999). Further on, Bédarida emphasizes the point, speaking of "an architecture of almost nothing."

Two lakes with a metallic skin stretched over them, refined and lovely, and whose play of reflection and shine constantly shimmers from one form to another, one light to another and one season to another. There it is, an "almost nothing" with an incredibly assertive identity.

Two basic forms, one round, the other rectangular, clad in a stretched, thick, metallic fabric: sometimes a leaden greenish-gray color, with effects similar to mica, then shifting towards night blue or ink black, then back to a tentative transparency and veering towards a pallid anthracite.

These two forms are lying there, like UFOs, in the middle of 450 apple trees, flush with the ground, without a main façade. Architecture has disappeared, leaving an open space, the complete opposite – a sort of outcome – of the BnF. Here the garden is no longer captured, but, in an extremely determined way, has become a capturing orchard. Perrault is categorical: he wants apple trees. They just had to decide the type and size. "I had suggested to Dominique Perrault that he plant mature apple trees, like the planted meadows of Normandy," Erik Jacobsen recounts – the gardener as architect's accomplice. "Apple trees survive the frost, flower abundantly in spring, bear colored fruit at sum-

Jouant ainsi des pommiers et du métal, de l'organique et de la géométrie, Perrault se livre là à un très étonnant jeu portant sur la liberté de mouvement, la lisibilité du champ visuel. Il exalte la puissance émotionnelle d'un paysage sans repère, constitué seulement de lointains et où rien, ou presque, ne sépare le visiteur de l'horizon, sinon la pure étendue, devenue palpable. Sensation plus que saisissante dans l'univers urbain berlinois. Là, il aborde le paysage pas tant par le moyen d'une appropriation autoritaire et affirmée, qu'à la manière d'un Christo, par le biais d'une intervention à la fois poétique et méditative.

Projet manifeste assurément, en ce qu'il concentre l'essentiel de la pensée de Dominique Perrault : « Lorsque l'on construit de grands bâtiments, on n'est pas toujours forcé de les montrer. Berlin est la démonstration que l'on peut parfaitement escamoter une architecture encombrante, un peu moche, un peu pénible, parce qu'on l'a toujours dans son champ de vision. Pour vous donner une idée des volumes, le projet de Berlin, c'est un million de mètres cubes, l'équivalent de l'Empire State Building, et pourtant on ne voit rien. Tout est incrusté dans le sol, au milieu d'un verger.

« La construction se situe à la limite du vieux Berlin et du Berlin des grands bâtiments. L'idée était de faire la soudure entre les deux par un paysage ouvert, avec une promenade, une station de métro, un tramway, et de marquer ce lieu d'échange par un parc, plus précisément un verger d'une dixaine d'hectares. Les pommiers

mer's end and lose all their leaves in winter. They punctuate the seasons." Jacobsen adds: "The apple trees are the only French material used on the site."

Thus, in the play of apple trees and metal, the organic and geometric, Perrault revels in an astonishing game of freedom of movement, of the readability of the visual field. He exalts in the emotional power of a featureless landscape composed only of distances, and where nothing, or almost nothing, separates the visitor from the horizon, if not pure expanse become palpable – which is quite a gripping feeling in Berlin's urban universe. There he approaches the landscape not in an assertive act of appropriation, but rather like Christo, in the form of a poetic and meditative intervention.

A manifesto indeed, in that it concentrates the essence of Dominique Perrault's thinking: "When one builds huge structures, one is always forced to show them. Berlin is proof that one can indeed make bulky, rather ugly and unnerving (because it is always in our field of vision) architecture disappear. Just to give you an idea of the volumes involved, the Berlin project measures one million cubic meters, the equivalent of the Empire State Building, and yet one sees nothing. The whole is embedded in the earth, in the middle of an orchard.

"The buildings stand at the limit of old Berlin and the Berlin of big buildings. The idea was to solder the two areas together with an open landscape, with a promenade, a metro station, a tramway, and to mark this place of exchange

Des jeux de transparence, de lumière, de couleur et de géométrie pour exalter la beauté et l'élégance du geste.
The play of transparency, light, color and geometry exalt the beauty and elegance of the gesture.

qu'on y a plantés porteront des fruits à cidre, volontairement amers et immangeables. Oui, créer un paysage plutôt que de mettre en scène des bâtiments.

« Nous avons voulu aussi que le nouveau centre soit une réponse au stade nazi de 1936. Des rassemblements et des défilés politiques au milieu des pommiers, ce serait grotesque ! Nous faisons ainsi un pied de nez ironique et grinçant à l'histoire. Je trouve cela assez sain, si l'on considère la signification idéologique qui est souvent donnée aux bâtiments sportifs. Par contraste, nous proposons un déjeuner sur l'herbe ; au milieu des pommiers, il y a deux immenses tables de métal, les toitures des bâtiments, une table ronde pour le vélodrome et

with a park – more precisely – an orchard of about 10 hectares. The apple trees planted there bear fruit suitable only for cider-making, deliberately bitter and inedible. Yes, it is about creating a landscape, rather than placing buildings in a decor.

"We also wanted the project to be a response to the Nazi stadium of 1936. Political rallies and parades in the middle of apple trees would be grotesque! It was our way of thumbing our noses in a darkly ironic way at history. I find that quite healthy, considering how laden with ideological meaning sports complexes so often are. In contrast, we propose a *Déjeuner sur l'herbe*: there under the apple trees, these two enormous metal tables, the buildings' roofs, a

Sans cesse, multipliant les lignes, les traversées et les ruptures de niveau, l'architecte donne à lire le lieu dans toutes ses dimensions.
Ceaselessly multiplying lines, crossings and split levels, the architect gives the entire place a multi-dimensional reading.

La toiture ronde du vélodrome, recouverte d'un « tissu » en maille métallique, est une performance tout autant technique qu'architectonique.
The velodrome's round roof, covered in a metallic mesh fabric, is as much a technical tour de force *as a structural one.*

une table rectangulaire pour la piscine. On n'a pas besoin d'être très intelligent pour être architecte. Le vélodrome est rond, on fait un rond. La piscine est rectangulaire, on fait un rectangle. Les architectes dissertent volontiers sur les formes en architecture, mais on s'en fout de la forme ! Ce qui importe, ce sont les lieux et ce qui s'y passe. Ici, l'intérêt tient à la proximité de deux gammes de sports imposant des utilisations très contrastées. Vous avez le vélodrome, avec la foule, le bruit, la sueur. Nous avons fait là un travail de géométrie assez savant. Un vélodrome, c'est une espèce d'ellipse, une forme d'œuf, une piste aux courbes indéfinissables. Nous avons inscrit tout cela dans une ellipse, elle-même inscrite dans un premier rond, lequel est pris dans un second rond, et ainsi de suite. Toutes ces formes rondes partent du même centre, mais elles ne sont pas réglées les unes par rapport aux autres. C'est pourquoi, lorsque vous entrez dans ce vélodrome, vous avez l'impression qu'il est en mouvement, qu'il tourne tout autour de vous. Les matériaux sont plutôt gris et noirs, et ce sont des matériaux bruts, du métal, des choses solides, un côté un peu "hard", pas violent, mais costaud. Les Allemands, quand il faut mettre de la matière, ils mettent de la matière : les tôles d'acier ont au moins deux à trois millimètres d'épaisseur, ce qui nous change des tôles en papier à cigarette, qui se tordent à la moindre anicroche.

« Et puis, vous avez la piscine, beaucoup plus grecque, calme, horizontale, avec l'eau finalement immobile. Pour elle, nous avons construit une charpente octogonale où s'insèrent les tribunes, les plongeoirs – qui sont des sculptures métalliques à la Tinguely, auxquelles s'accrochent les petits escaliers d'accès – et même des ascenseurs. Tout cela fait un petit bâtiment travaillé sur la verticale en même temps que sur

round table for the velodrome and a rectangular one for the swimming pool. You don't have to be a genius to be an architect. The velodrome is round, so you make a circle. The pool is rectangular, so you make a rectangle. Architects will go on and on about forms in architecture, but who cares about that? What really matters are places and what happens in them. In this case, the interesting thing is the proximity of two types of sport that require contrasting uses. You have the velodrome, filled with people, noise, and sweat. We did a rather skillful job on its geometry. A velodrome is a kind of ellipse, egg-shaped, a track with indefinable curves. We framed all of that inside an ellipse, itself framed within a first circle, which is set inside a second circle, and so on and so forth. These round forms all start from the same center, but they are not adjusted with each other. The resulting impression the velodrome gives is one of a structure in movement that is swirling around you. The materials tend to be gray and black, rough and unfinished, metal, solids, with a hard aspect, not violent but sturdy. When material is required the Germans oblige: steel sheets are at least two to three millimeters thick – quite different from sheets as thin as cigarette paper which bend out of shape with the slightest bump or snag.

"Then you have the swimming pool, rather more Greek – calm and horizontal with placid water. We constructed an octagonal framework in to which we inserted the stands and diving boards

l'horizontale et le calme. Dans la piscine, tout est en bois, tout est blanc, sauf la charpente, toujours argent. Cela illustre l'ambivalence qui donne à l'architecture son sens : d'une part, une description conceptuelle et abstraite qui parle de mouvement et de lumière ; d'autre part, la chair, le physique. Pour créer une atmosphère, il faut que les deux se rencontrent, pas une rencontre de courtoisie, mais une rencontre abrupte. Le concept et la matière doivent se colleter l'un avec l'autre. Le mystère des choses naît de cette alchimie, qui fera que les gens destinés à vivre dans ces lieux les aimeront... parce que je travaille pour les gens. L'architecture n'est pas mon instrument personnel. Si j'en joue, c'est pour que les gens vivent. Il faut qu'ils comprennent le bâtiment sans mode d'emploi. Si l'on doit le leur expliquer, c'est perdu, on a tout faux. En pénétrant dans le bâtiment, ils doivent s'y sentir bien, à la fois physiquement et mentalement, par l'effet d'une évidence. Inutile qu'ils connaissent les règles canoniques de l'architecture. S'ils éprouvent une émotion intense, ces règles, ils les décoderont sans même y penser.

« C'est pour cela qu'il ne faut pas juger un bâtiment trop vite. Je trouve l'impatience des gens, et même des architectes, un peu choquante. Il faut laisser au bâtiment le temps de se réaliser, de prendre sa place dans la ville, il faut attendre que les gens s'y installent et vivent dedans. »

À Berlin, Perrault utilise la maille métallique comme un élément constitutif de l'architecture. Non pas comme un décor, mais bien comme une peau, un matériau structurel à part entière.
In Berlin, Perrault used metallic mesh as a compositional element of the architecture. Not as a decor, but like a skin, a fully-fledged structural material.

– which are Tinguely-like metallic structures to which are attached little access stairs, and even elevators. Together the diving platforms form a small building, a study of verticality, horizontality and serenity. Inside the building, everything is in wood and in white, except for the framework, which is silver. This illustrates the ambivalence that gives meaning to the architecture: on the one hand, a conceptual and abstract description that speaks of movement and light; on the other hand, the flesh, the physical. To create atmosphere these two aspects must meet, and not with a polite visit but with an abrupt face-off. The concept and the material must wrestle with each other. Out of this alchemy the mystery is born, which will make the people for whom this building is intended love it... because my work is for people. Architecture is not my personal instrument. If I play with it it's for people to live. They have to understand it without a user manual. If it has to be explained to them then it's a failure, it's all wrong. As they penetrate further into the building they have to feel good, both physically and mentally, but as a result of the obvious. They don't need to know architecture's canonical laws. If they experience an intense emotion they will decode these rules intuitively.

"That is why a building shouldn't be judged too quickly. I find people's impatience, and even

Voilà cinq ans que l'ensemble fonctionne, et il fonctionne bien. Les Berlinois se le sont très facilement approprié. Bien que Berlin n'ait pas emporté les Jeux olympiques de l'an 2000, le vélodrome et la piscine olympique marchent à plein. Les compétitions nationales et internationales s'y succèdent à grand train. D'autres événements y prennent place, qui vont du concours hippique au concert en passant par des tournages cinématographiques et même, n'en déplaise à Perrault, des meetings politiques. Les repas sur l'herbe et sous les pommiers y sont aussi fréquents que les promesses d'amour éternel...

Lors de l'inauguration du vélodrome, l'architecte s'y rend avec des « semelles de plomb ». Les Six Jours cyclistes n'ont, pense-t-il, rien pour le séduire. Mais voilà, les 3 000 spectateurs massés au cœur du vélodrome, les bœufs tournant par dizaines sur autant de broches, les musiques en tout genre, le mouvement, le bruit, la bière coulant à flots, les rumeurs, les senteurs et la noria ininterrompue des vélos emportent son adhésion. « Je n'avais jamais vu un de mes lieux dans une utilisation aussi complète, aussi intense, aussi vertigineuse », se souvient-il.

Seule ombre au tableau, mais victoire et satisfaction pour l'architecte, les spectateurs se sentent peut-être un peu trop bien dans le vélodrome. Perrault raconte : « Les Six Jours de Berlin ont très bien marché, il y a eu, je crois, 70 000 entrées. Mais les organisateurs ont été un peu déçus tout de même, parce que les gens sont restés assis beaucoup plus longtemps que d'habitude. Dans ce genre de manifestations, la tradition veut que les gens regardent un peu les courses, mais boivent surtout de la bière et mangent des saucisses, il y a de la musique partout, c'est une fête formidable, un mélange de toutes les classes sociales, d'une gaîté folle, assez géniale. Mais l'architecture du lieu a induit chez les gens des sensations nouvelles, des sentiments inédits, et infléchi leurs comportements. Ils n'ont pas bougé de leur place. »

Depuis lors, les organisateurs ont retrouvé le sourire. Passé le premier effet de surprise, la

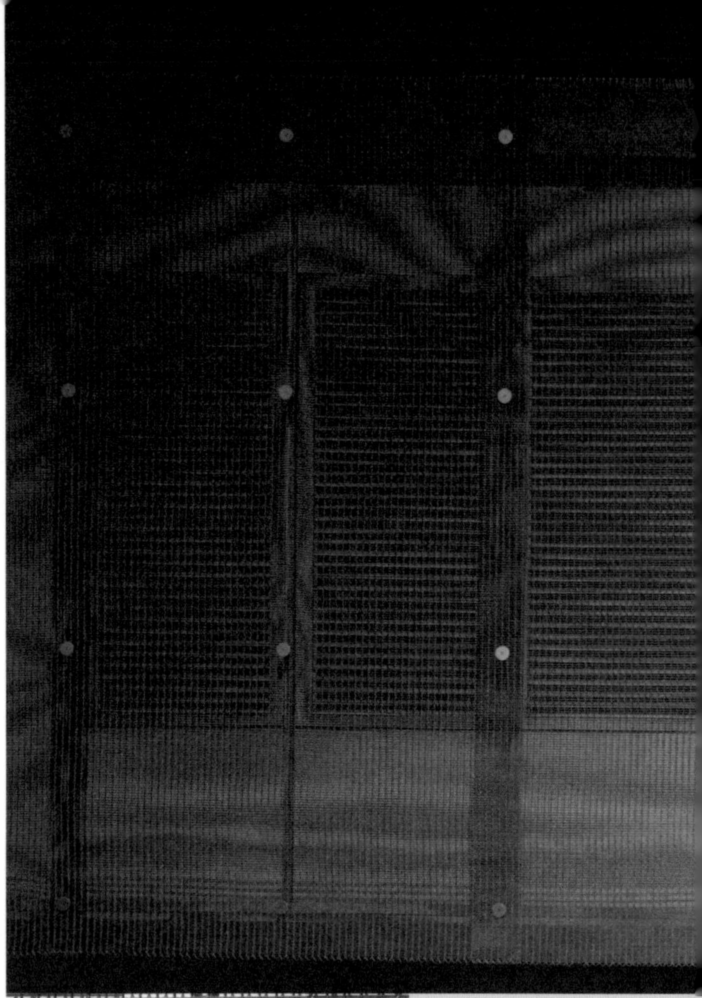

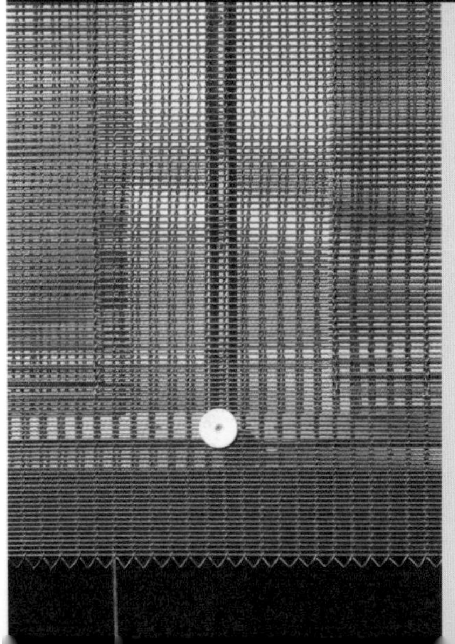

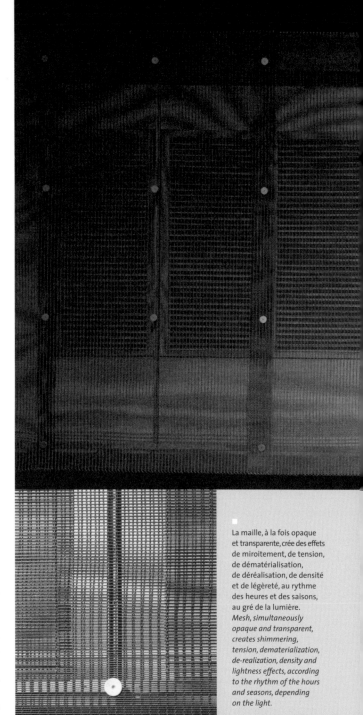

La maille, à la fois opaque et transparente, crée des effets de miroitement, de tension, de dématérialisation, de déréalisation, de densité et de légèreté, au rythme des heures et des saisons, au gré de la lumière.
Mesh, simultaneously opaque and transparent, creates shimmering, tension, dematerialization, de-realization, density and lightness effects, according to the rhythm of the hours and seasons, depending on the light.

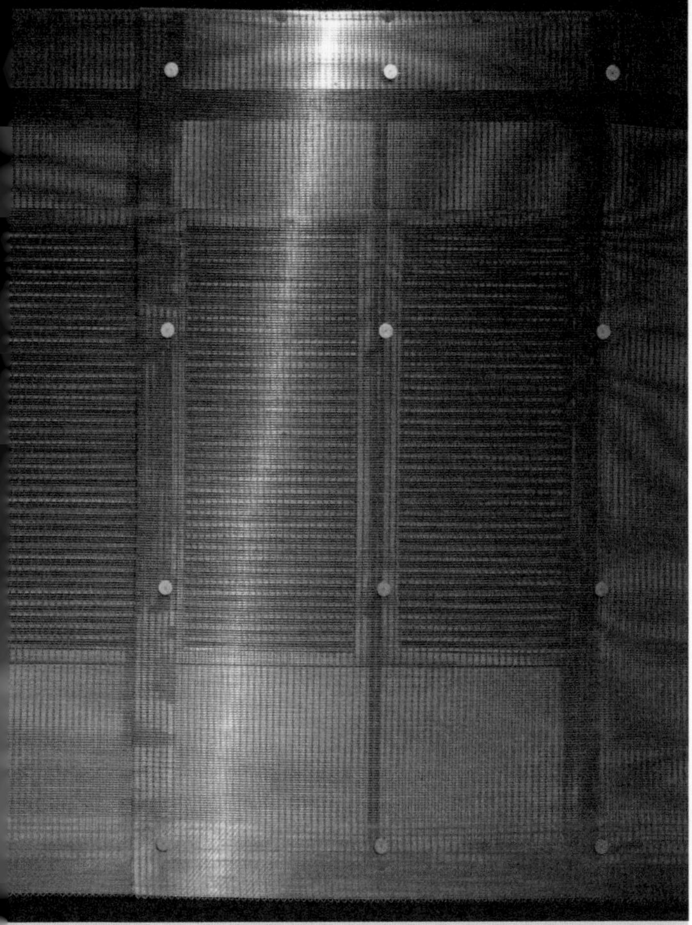

that of architects, a bit shocking. You have to give a building time to come into its own, to take its place in the city, people have to settle in and live in it."

This ensemble has been functioning, and functioning well, for five years now. Berliners have easily made it their own. Although Berlin didn't win the competition to host the Olympic Games in 2000, the Olympic velodrome and swimming pool are always packed. National and international competitions are booked solid. Other events are also held there, running from equestrian events and concerts to movie shoots and concerts. Though Perrault doesn't really appreciate it, political rallies have been held there too. The picnics on the grass under the apple trees are as common as promises of eternal love...

The architect dragged himself to the velodrome's inauguration with leaden feet. Six days of cycling races didn't really appeal to him, but with 3,000 spectators massed in the heart of the velodrome, music, movement, noise, free-flowing beer, cows roasting on the spit, the roar of the crowd, the smells and the uninterrupted whirl of bicycles won him over. "I had never seen one of my buildings used so fully, intensely, so dizzyingly," he remembers.

The only dark spot in this picture, but a victory and source of satisfaction for the architect, was that the spectators felt a bit too comfortable in the velodrome. Perrault recounts: "the inauguration of the velodrome worked very well, I think there were about 70,000 entries. Nevertheless, the organizers were a bit disappointed that the spectators remained seated much longer than usual. At this kind of event people are traditionally meant to watch the races for a bit, but especially drink beer and eat sausages. There's music everywhere, it's a fantastic party, a joyful mix of all social classes, quite wonderful. But the architecture of the place induced new sensations and unknown feelings in them, and this affected their behavior. They just didn't budge from their seats."

Since then, the organizers have begun smiling

Deux lacs tendus d'une peau métallique raffinée et précieuse, deux formes primaires habillées d'un tissu rude et puissant, un manifeste qui résume parfaitement la pensée architecturale de Perrault.

Two lakes with a refined and precious metallic skin stretched over them; basic forms clothed in a raw, strong fabric, a manifesto of Perrault's architectural thinking.

contemplation d'un lieu inhabituel, la découverte de nouvelles sensations et émotions, et partant de postures nouvelles, les spectateurs-utilisateurs du vélodrome ont retrouvé leurs habitudes et fait leur le manifeste de Dominique Perrault. Projet définitivement manifeste en ce qu'il concentre toutes les composantes et toutes les constantes de la pensée de Perrault.

Composantes et constantes qui s'énoncent en quelques mots : idée, concept, abstraction, géométrie, stratégie, tension, fusion, liberté, simplicité, évidence, littéralité ; en quelques principes : physique, mécanique, dimensions, déréalisation ; en quelques engagements : préoccupation urbaine, création d'un lieu plus que d'un bâtiment, disparition de l'architecture, refus du formalisme. Sans oublier, bien sûr, l'effet de nature : une nature « cultivée » et des sensations de miroir, de lac et d'infini.

On ne peut, face à la piscine et aux sensations de légèreté et d'affleurement qu'elle évoque, s'empêcher de penser qu'elle est à l'image de toute la pensée et de toute l'architecture de Dominique Perrault.

again. After the initial surprise – the contemplation of an unusual place and the discovery of new sensations and emotions – the velodrome's users have slid back into their old habits and made Dominique Perrault's manifesto their own. And the project definitely is a manifesto in that it concentrates all the elements and all the constants of Perrault's thinking.

These can be stated in a few key words: idea, concept, abstraction, geometry, strategy, tension, fusion, liberty, simplicity, self-evidence, literalness; in a few principles: physics, mechanics, dimensions, decontextualization; and in a few commitments: an urban focus, the creation of a place more than a building, the erasure of the architecture, a refusal of formalism. And one must not forget the nature effect: a "cultivated" nature and sensations of mirror, of lake and of the infinite.

When contemplating the swimming pool and the sensations of lightness and emergence it induces, one cannot help but think it is a reflection of the thinking behind all of Dominique Perrault's architecture.

4

rien
nothing

Géométrie dans l'espace
Geometry in space

« Rien, sinon...
Rien, sinon l'apesanteur de l'objet
Rien, sinon la précision du geste
Rien, sinon la pureté du pli
Rien, sinon l'évidence du plan
Rien, sinon la clarté du blanc
Rien, sinon la magie de la lumière
Rien, sinon l'épaisseur du reflet
Rien, sinon la générosité de l'abri
Rien, sinon la liberté de la pensée
Rien, sinon l'émotion de l'architecture
Sinon, rien. »

En 1988, Dominique Perrault s'amuse à empiler les haïkus comme il empile les cubes. Résultat : sinon une doctrine, à tout le moins une profession de foi. En 1997, le grand quotidien allemand *Süddeutsche Zeitung* organise une sorte de « consultation » et demande à huit architectes, parmi lesquels cinq Allemands et deux

Le 21 novembre 1997, le *Süddeutsche Zeitung* fait la part belle à Dominique Perrault s'amusant avec un jeu de Lego dont, seule, une petite porte donne la projection et l'usage. Deux ans plus tard, le concept est devenu réalité avec l'usine Aplix près de Nantes.

November 21, 1997 the Süddeutsche Zeitung *newspaper highlights Dominique Perrault's games with Lego in which only a small door reveals the scale and function. Two years later the concept became reality with the Aplix factory near Nantes.*

"Nothing, if not...
Nothing, if not the weightlessness of the object
Nothing, if not the precision of the gesture
Nothing, if not the purity of the fold
Nothing, if not the obviousness of the design
Nothing, if not the clarity of white
Nothing, if not the magic of light
Nothing, if not the thickness of reflection
Nothing, if not the generosity of shelter
Nothing, if not freedom of thought
Nothing, if not the emotion of the architecture
If not, nothing."

Autrichiens (et non des moindres, à l'image d'un Josef Kleihues ou d'un Otto Steidle...), de composer, avec une boîte de Lego, une habitation de rêve. La consultation prendra le nom de Bau-Haus et il ne s'agit bien sûr que d'un jeu. Dominique Perrault est naturellement invité, son succès berlinois (le vélodrome et la piscine olympique) justifiant sa présence. Les résultats sont publiés dans le magazine-supplément hebdomadaire du 21 novembre 1997. Les architectes s'en sont donné à cœur joie, défiant les lois de l'équilibre, témoignant de leur virtuosité technique et plastique. Perrault, lui, se limite à la plus simple expression. Il s'est servi du Lego comme d'un jeu de cubes et non pas comme d'un instrument à composer des figures.
Son bloc monolithique, que seule la couleur anime, comporte néanmoins une manière de débordement. En bas à gauche, une minuscule porte entrouverte donne l'échelle du bâtiment. Contre toute attente, c'est lui qui fait l'ouverture du reportage.
Ces quelques haïkus et ces quelques Lego empilés donnent bien la mesure de ce qu'est l'architecture de Dominique Perrault.
La même année, il enfonçait le clou sur France-Culture en déclarant, sans préambule : « Je suis fasciné par le rien. Créer un effet avec rien. Le rien, lorsqu'on y regarde de près, est très riche, très complexe, on y découvre des tas de mondes que l'on ne soupçonnait pas. C'est ce qui m'émeut et me plaît. J'aime ce côté infini, paradoxal, inexplicable. Avec très peu d'action, l'art minimaliste, le land art, l'art conceptuel, produisent beaucoup d'émotion. En architecture, ce minimalisme pourrait être salvateur. Parce que l'architecture, telle qu'on la sent se développer aujourd'hui, lourde, permanente, encombrante, n'est plus d'actualité. Elle m'indiffère. Je ne dis pas, bien sûr, qu'elle ne m'intéresse pas, mais son académisme, ses discussions stylistiques m'indiffèrent. Je les trouve stériles, mondaines, superficielles. Pour moi, l'architecture est morte. Lorsque les artistes ont déclaré que l'art

Quelques encablures à peine séparent l'usine de traitement des eaux de la SAGEP à Ivry-sur-Seine de la BnF. Mais il s'agit bien, dans les deux cas, de la même écriture, ténue, retenue, gommée, géométrale, conceptuelle, et néanmoins absolument identifiable.
Just a few steps at most separate the SAGEP water treatment plant in Ivry-sur-Seine from the BnF. But in both cases, it is clearly the same approach: tenuous, restrained, absent, geometrical, conceptual, and yet perfectly identifiable.

In 1988, Dominique Perrault amused himself by piling up haikus the way he piles up cubes. The result, if not a doctrine, is nevertheless a profession of faith. In 1997, the major German news daily *Süddeutsche Zeitung* organized a sort of "election," asking eight architects, among them five Germans and two Austrians (and not the least of them: Josef Kleihues and Otto Steidle), to build a dream house with a box of Lego. The exercise was named "Bau-Haus," and was of course nothing more than a game. Naturally, Dominique Perrault was invited, his success in Berlin justifying his participation. The results were published in the weekly magazine-supplement of November 21, 1997. The architects let their imaginations run riot, defying the laws of equilibrium, testifying to their technical and visual virtuosity. Perrault, however, restrains himself to the simplest of expressions. He used the Lego as a set of cubes and not as an instrument for composing figures.

His monolithic block, which is only enlivened by color, nevertheless has an element of excess. On the left side, a minuscule half-open door gives scale to the building. Against all expectations, he was chosen to open the report. These piles of haikus and Lego provide an excellent measure of Dominique Perrault the architect.

The same year, he drove the point home on radio when he declared on France-Culture, without qualification, "I'm fascinated by nothing – creating an effect with nothing. Nothing, when one looks closely at it, is very rich and complex; one discovers a limitless number of unexpected worlds. That is what moves and pleases me. I like this infinite, paradoxical and inexplicable aspect. With very little action, minimalist art, land art and conceptual art produce a great deal of emotion. In architecture, this minimalism could be its saving grace. Because architecture, as we sense it in its current trends – heavy, permanent, bulky – no

Avec l'ISIEE (École supérieure d'ingénieurs en électronique et électrotechnique), à Noisy-le-Grand, Perrault expérimente à plein la géométrie dans l'espace.
For the ISIEE (Graduate School of Electronic and Electrotechnical Engineering), in Noisy-le-Grand, France, Perrault experiments freely with geometry in space.

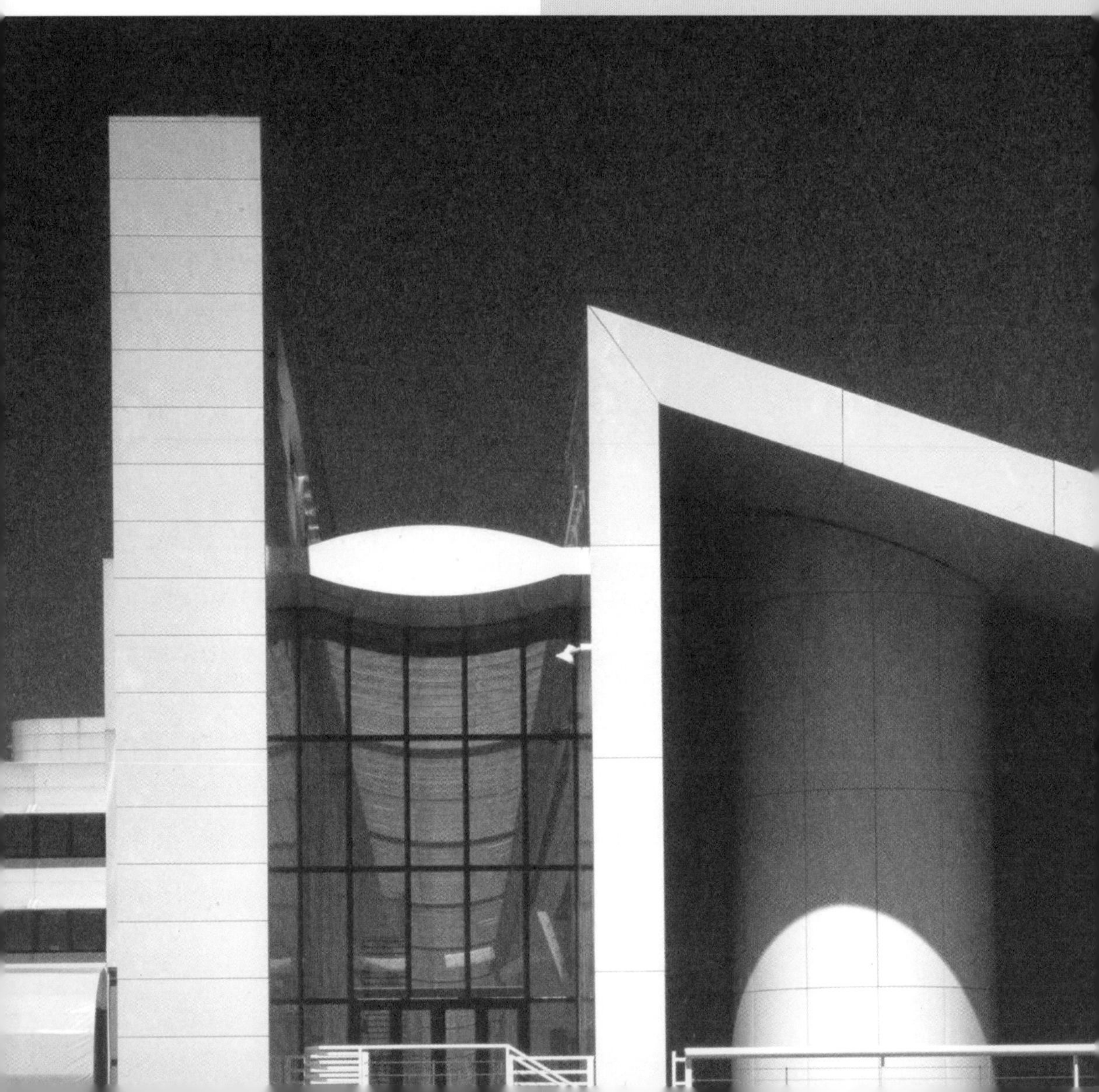

était mort, l'art n'a pas disparu pour autant : au contraire, il a germé. Lorsque les scientifiques ont découvert que les choses ne sont pas aussi linéaires qu'ils le croyaient, la science n'a pas disparu ; jamais il n'y a eu autant de recherches et de découvertes qu'aujourd'hui. »
Et Perrault d'insister : « Le vide, l'immobilité, le silence sont des composantes essentielles de l'architecture. Aujourd'hui, un bâtiment doit entretenir des relations d'adhésion avec son environnement, et non pas d'obstruction. La nécessité de faire apparaître ou disparaître, de créer la présence ou l'absence est un fait central dans la manipulation que doit faire un architecte avec les objets qu'il produit. C'est un point de vue éthique. »
Cette dialectique-là, est, véritablement, le fondement de la pensée et de l'architecture de Dominique Perrault. Une sorte d'obsession. À l'occasion de son exposition *Morceaux choisis,* produite par l'AFAA (Association française d'action artistique, le bras culturel du ministère des Affaires étrangères), il tente une mise au clair : « L'architecture est un art qui crée de l'interdit. Prenez un terrain, construisez-y un mur, et vous faites incontestablement déjà de l'architecture. Vous séparez le terrain en deux parties et vous créez physiquement une division. Si vous êtes d'un côté, vous n'êtes pas de l'autre. Cet acte est indubitablement un acte d'autorité. Comment peut-on résoudre cela... Comment peut-on construire, édifier ou

longer has its place. I'm indifferent to it. Of course, I'm not saying I'm not interested, but its academicism, all those endless discussions about style leave me cold. It's sterile, worldly and superficial. For me, architecture is dead. When artists declared art was dead, it didn't lead to the disappearance of art: on the contrary, it enabled art to germinate. When scientists discovered that things are not quite as linear as once thought, science didn't disappear; never before has there been so much research nor so many discoveries as nowadays."
And he emphasizes: "The void, immobility and silence are essential components of architecture. Today, buildings must maintain a participatory relationship with their environment, rather than being an obstacle. The need to make them appear or disappear, create presence or absence is a central fact of the manipulation an architect must carry out on the objects he or she produces. It is an ethical position."
This dialectic is in fact the veritable foundation of Dominique Perrault's thinking and architecture – a kind of obsession. For his exhibition *Selected Works* (*Morceaux choisis*), produced by the Association Française d'Action Artistique, the cultural wing of the French Ministry of Foreign Affairs, he attempts to shed further light on this: "Architecture is an art that creates the prohibited. Take a terrain, build a wall on it, and you are already incontestably creating architecture. You

bâtir, sans que l'objet opacifie le paysage dans lequel vous venez de le poser ?
« Ceci n 'a pas à voir avec l'échelle des choses, mais bien sûr davantage avec les matériaux, mais plus encore avec ce que vous attendez de l'architecture. C'est cela qui me fait souvent évoquer cette mort de l'architecture que je revendique pour ma propre discipline. J'ai pour ma part tendance à considérer davantage le paysage que la construction elle-même comme un matériau. Le matériau de l'architecture aujourd'hui, ce n'est plus inexorablement le verre, le béton, le métal, c'est le territoire tel qu'il existe, tel qu'on l'infiltre et tel qu'on y circule. »
On le voit, une fois encore, c'est bien de stratégie, de trajectoire, de positionnement qu'il s'agit dans l'architecture de Perrault. De matière également, ce qui lui fait dire : « Pour que naisse le mystère, concept et matière doivent se colleter l'un avec l'autre. » Et peut-être d'ailleurs ce désir, récurrent chez Perrault, d'annuler l'architecture au profit de la matière pure, n'est-il que celui de parvenir à une densité quasi extatique et enivrante de la matière ?
Mais comment naît un concept chez Perrault, considéré justement comme le plus conceptuel des architectes français, et pour qui la réalité physique et psychique de la perception est autrement plus importante que l'installation ou le dispositif lui-même ? Ce qui, à nouveau,

À Barcelone, l'hôtel Habitat, en cours de construction, témoigne de la volonté de l'architecte de mêler réalités physique et psychique. La perception, ici, prenant le pas sur le dispositif.
In Barcelona, the Hotel Habitat (under construction) bears witness to the architect's desire to mingle physical and psychic realities. Here perception takes precedence over organization.

Flanquant l'hôtel Habitat, l'ensemble Hesperia, composé d'un autre hôtel et d'un immeuble de bureaux, accentue le sentiment que, pour que naisse le mystère, il convient que concept et matière se « collettent ».
Beside the Hotel Habitat, the Hespéria complex, composed of another hotel and an office building, accentuates the feeling that, to create mystery, the concept and material must wrestle with each other.

separate the land into two parts and create a physical division. If you are on one side, you're not on the other. This act is indisbutably an act of authority. How can one resolve this dilemma? How can one construct or build something, without, at the same time, rendering the landscape opaque?

"It's not an issue of scale, but of course more a question of materials, but even more of what you expect from the architecture. That's why I so often claim the death of architecture for my own discipline. I for one have a tendency to consider the landscape, more than the construction itself, as a kind of material. The materials of today's architecture are no longer inexorably in glass, concrete and metal; it's the territory as it exists, as one infiltrates and circulates around it."

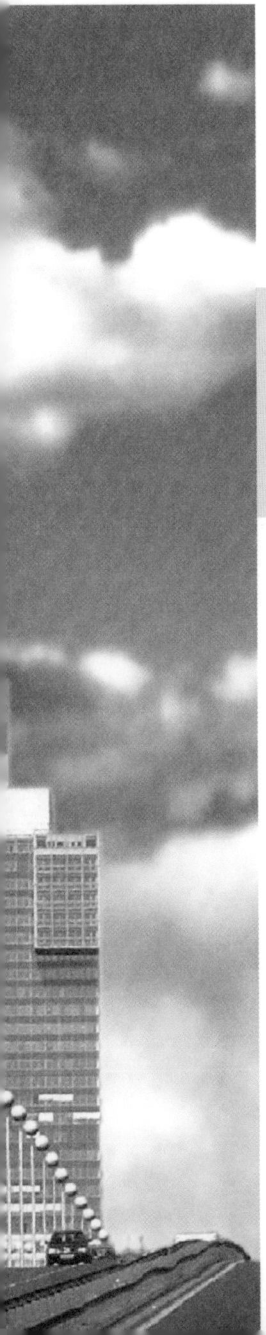

l'apparente résolument à l'art contemporain le plus actuel et à la démarche d'un James Turrell, dont on sait qu'il traque et met en scène les phénomènes lumineux les plus subtils. « Il y a un moment très intime, propre à chaque architecte, le moment de la conception. Pour moi, c'est dans la solitude parfaite que je me dis : voilà ce que je pourrais faire ! La pensée est alors larguée, elle ne va pas assez vite, vous notez la chose sur une maquette ou sur un dessin, ou vous griffonnez trois mots, bref, vous avez une vision. Mais peut-être que le lendemain matin cette vision aura disparu. Je dis bien vision, pas idée. Les idées viennent avant et après la vision, ou autour d'elle. La vision, elle, ne s'énonce pas, dépasse l'énoncé. C'est en tout cas comme ça que moi je la vis. Elle résulte d'une espèce de soudaine fusion alchimique ; ensuite tout le travail

Avec le projet de Donau City, à Vienne en Autriche, Perrault explore littéralement le catalogue des possibles en matière de tours.

In the Donau City project, in Vienna, Austria, Perrault literally explores every conceivable type of tower.

One sees again that Perrault's architecture is indeed about strategy, trajectory and positioning. It is also about material, which induces him to say: "For mystery to develop, concept and material must wrestle with each other." And moreover, Perrault's recurrent desire to negate architecture in favor of pure material is perhaps just about achieving a quasi enraptured and intoxicating density of material.
How does a concept take shape for Perrault? After all, he is considered, with reason, to be the most conceptual French architect, and one for whom the reality of physical and psychic perception is much more important than the installation or the organization in itself. This again shows his close relation to the most current contemporary art – and to James Turrell's approach, the artist who tracks and stages the most subtle lighting phenomena. "There is an intimate moment, specific to every architect: the moment of conception. For me, this is in perfect solitude: That's it! That's what I can do! In this instant, thinking is jettisoned, it doesn't go fast enough, you note down something on a model or a drawing, or you scratch down a few words, in short, you have a vision. But the next morning the vision may have vanished. I do say vision, and not idea. Ideas come before and after the vision, or around it. The vision is not stated, it surpasses articulation. In any case, that's how I experience it. It results from a sort of alchemy; the work that follows consists of dissecting the new metal, this new material, leaf by leaf, layer by layer, level by level, reducing it to the elements that will enable its design and construction to be experienced and finally, to allow others to use it.
I don't like to see the site where I'm going to build, or at least not right away. The site bothers me a great deal. If it is beautiful, you say to yourself: Why am I going to build there? It's perfect just as it is. I'd do better to leave everybody in peace. I'm not someone who is obsessed with building. And if the site is ugly,

Avec le projet du MoMA (Museum of Modern Art) de New York, Perrault, en 1997, inscrivait sa manière dans le *skyline* de Manhattan. Avec puissance et retenue tout à la fois.

For the MoMA (Museum of Modern Art) in New York, in 1997, Perrault inscribed his style on Manhattan's skyline with both power and restraint.

consiste à disséquer ce métal nouveau, cette matière nouvelle, feuille après feuille, couche après couche, gras après gras, pour en tirer des éléments qui permettront de la dessiner, de la construire, de la vivre, puis à d'autres de l'utiliser. Je n'aime pas voir le site où je vais construire ou, disons, pas tout de suite. Le site me perturbe beaucoup. S'il est beau, vous vous dites : pourquoi est-ce que je vais construire là ? c'est parfait comme cela, je ferais mieux de laisser les gens tranquilles. Je ne suis pas un acharné de la construction. Et si le site est moche, vous vous demandez : qu'est-ce que je viens faire dans cet endroit ? Le site n'apporte aucune clé a priori. Je ne crois pas que l'on puisse aller tout de go sur un site, se le faire expliquer, sentir ses vibrations et en être transporté. Ca, c'est du cinéma ! Je crois nécessaire d'avoir au contraire de vrais a priori, une thématique, un concept, que l'on teste d'abord sur soi-même avant de les confronter au site. On ne peut dialoguer avec un site, entrer en résonance avec lui, que si l'on a un projet. Vous pouvez alors vous positionner et commencer le travail. C'est une manière d'aborder les choses qui est ambivalente et paradoxale : très cérébrale et très physique à la fois. »
Dominique Perrault affiche une méfiance quasi congénitale à l'encontre de la forme expressive. Question de caractère, il se refuse à dessiner la moindre forme expressive, figurative ou narrative. « Plus ça va, et plus l'architecture m'indiffère. » Pas de dessin ou très peu chez lui. Plutôt

you wonder: What am I supposed to do with a place like this? Initially, the site provides no key. I don't think one can go straight to a site, have it explained, sense its vibrations and be swept up in them. All that's just a show! On the contrary, I believe you must have a genuine preexisting idea, a theme, a concept that you test on yourself first before confronting it with the site. One can only dialog with a site, resonate with it, if there is already a project. Then you can take a position and begin working. It's an ambivalent and paradoxical way to approach things: both very cerebral and very physical."

Dominique Perrault shows an almost innate wariness towards expressive form. A question of character; he refuses to draw the slightest expressive form, whether figurative or narrative. "The further along I go, the more indifferent I become to architecture." He does no drawing, or very little – diagrams and clean, brisk sketches mostly. His models are often tough and brutal. They are not intended to seduce, but to seize. He demonstrates the idea, the concept, not the form. As if, like Rousseau, he thought: "Let's cast aside the facts, they keep us from seeing things." For

des schémas, des croquis nets et rapides. Ses maquettes sont souvent brutales, rugueuses. Ils et elles ne sont pas là pour séduire, mais pour saisir. La démonstration chez lui, c'est l'idée, le concept, pas la forme. Comme si, avec Jean-Jacques Rousseau, il pensait : « Écartons les faits, ils empêchent de voir la chose. » Pour lui, un architecte, c'est avant tout quelqu'un qui a la capacité à conceptualiser des dimensions et non pas celle de produire des formes.

À cet égard, on pourrait comparer son travail à celui de l'architecte américain Frank O. Gehry. À la Fondation Pinault, Perrault se livre à un véritable exercice de déconstruction, assez proche de ce que fait habituellement Gehry. Soit, empiler des boîtes. Mais, a contrario de l'Américain, le Français se rue dans l'abstraction la plus pure. En outre, si le travail de finition de Gehry – et on pense à la coque en titane du musée Guggenheim de Bilbao – relève de la figuration, l'enveloppement de la Fondation Pinault dans un filet résille relève, lui, de la transfiguration.

Un vocabulaire de formes volontairement limité, donc. Mais la volonté égale de transformer radicalement un lieu, avec un minimum de moyens, un minimum d'énergie, un minimum d'expression – ce qui est, peut-être, une forme majeure de l'intelligence.

On reproche parfois, souvent, à Perrault une espèce de répétitivité systématique. À cela, il

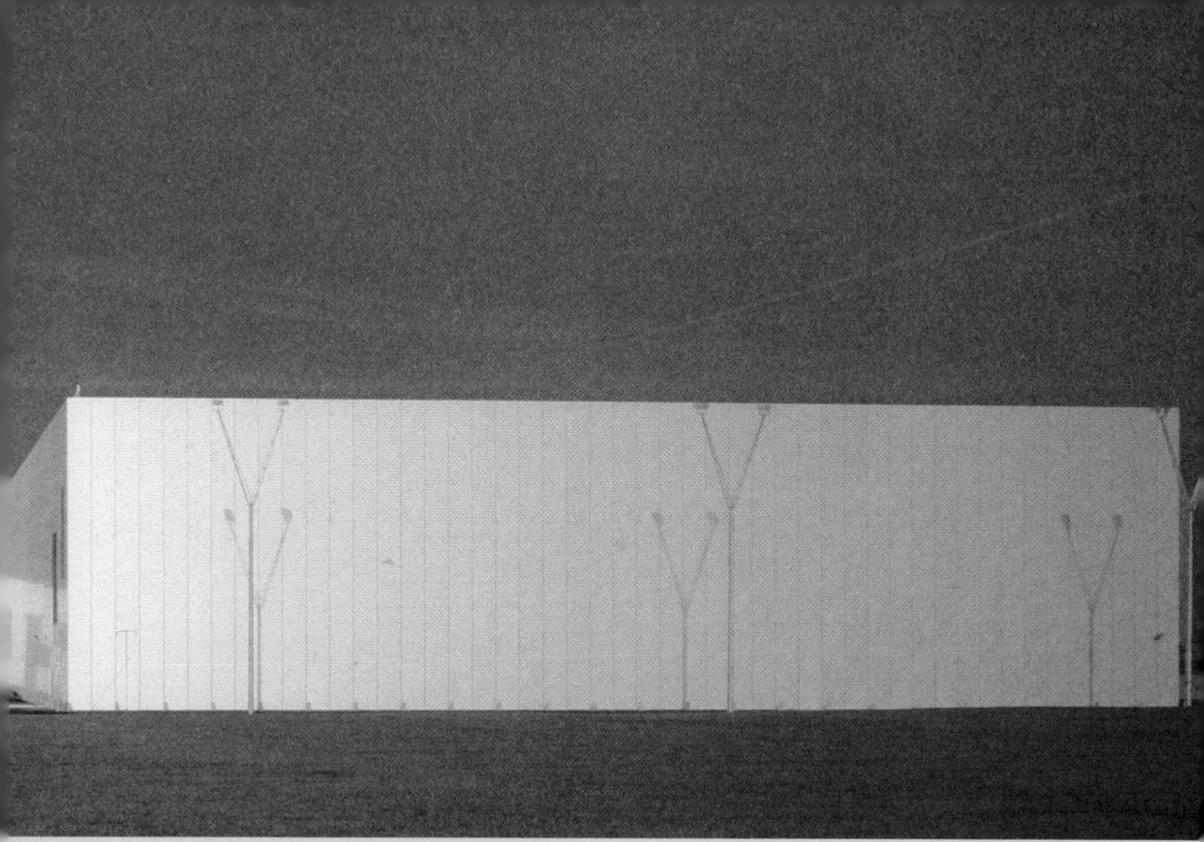

Le Centre technique du livre (CTL), antenne de la BnF, est un bloc minimaliste qui exprime avec énergie le refus de l'expressionnisme.

The Centre Technique du Livre (CTL), an auxiliary to the BnF, is a minimalist block energetically conveying his denial of expressionism.

him, an architect is first and foremost someone with the ability to conceptualize dimensions and not one who produces forms.
From this standpoint, one could compare his work to the American architect Frank O. Gehry. For the Fondation Pinault, Perrault reveled in a genuine exercise of deconstruction that was quite similar to what Gehry does, i.e. piling up boxes. But, unlike the American, the Frenchman takes a plunge into the purest abstraction. Moreover, if Gehry's way of finishing his work – here one thinks of the titanium hull of the Guggenheim in Bilbao – is about figuration, Perrault's enveloping of the Fondation Pinault in metallic netting is about transfiguration.

Thus, he voluntarily limits his formal vocabulary. But he balances this with an equally strong will to radically transform a place, with a minimum of resources, energy and expression, which is perhaps a major form of intelligence.
Perrault is reproached sometimes, often even, for a kind of systematic repetitiveness. He responds to this with a quote from the contemporary musician, Philippe Hurel: "In the repetition, there is before and after." Actually, in each of his works Perrault operates a radical renewal of the visual programs he puts in place. He plays with this like a kind of mirror of the conscience and subjects the visitors/users to the test of the image as much as the space,

répond en citant le musicien contemporain Philippe Hurel : « Dans la répétition, il y a avant et après... ».

En réalité, dans chacune de ses œuvres, Perrault renouvelle radicalement les dispositifs visuels qu'il met en place. Il en joue comme d'un miroir de la conscience et soumet le visiteur-utilisateur à l'épreuve de l'image tout autant que de l'espace, le contraint physiquement à s'engager dans cette relation.

On lui reproche également de ne pas mettre suffisamment l'accent sur la beauté. Là encore, il répond en citant deux auteurs irréguliers. Diderot, d'abord : « Les beautés ont dans les arts les mêmes fondements que la vérité dans la philosophie » (*Entretiens sur le Fils naturel*). Arthur Cravan, boxeur, écrivain, voyageur, d'une élégance et d'une beauté hors normes, ensuite : « Les abrutis ne voient la beauté que dans les belles choses. »

Et pourtant... comment ne pas voir la beauté pure dans ce bloc soluble que constitue l'hôtel industriel Berlier ? Dans cette aile en suspens qu'est l'ESIEE à Marne-la-Vallée ? Ou encore dans cet autre bloc de grâce et de tension, de glace et de mystère que représente la médiathèque de Vénissieux et qui opère un saisissant rapprochement entre la densité du monolithe de *2001 : l'Odyssée de l'espace* et l'univers tout de liquéfaction de *Matrix* ?

Écoutons Perrault à nouveau : « L'effacement, ça ne veut pas dire que l'architecture disparaisse,

physically forcing them to become engaged in this relationship.
He also receives criticism for a supposed inattention to beauty. In his answer to that he quotes unusual authors. First Diderot: "Beauty in the arts has the same foundations as does truth in philosophy" (in *Entretiens sur le fils naturel*, 1757). Then, Arthur Cravan, boxer, writer and traveler expresses with unusual elegance: "Cretins see beauty only in beautiful things."
And yet, how can one miss the pure beauty of the vanishing block of the Hôtel Industriel Berlier? Or in the suspended wing of the ESIEE in Marne-la-Vallée? Or in that other block of grace and tension, of ice and mystery that is the Vénissieux media arts library, in which he manages a striking juxtaposition of the density of the cube from *2001: A Space Odyssey* with the liquefying universe of *The Matrix*?
We hear Perrault talking about: "Elimination, which doesn't mean architecture disappears, that it doesn't exist, it's more the possibility of making its presence appear or disappear, of creating the conditions of absence, which actually

Les « encoches » ménagées dans la longue ligne monolithique du CTL évoquent les courées chinoises.
The notches made in the long monolithic line of the CTL recall Chinese screens.

Extérieur/intérieur, la même rigueur, la même orthogonalité, les mêmes rythmes, les mêmes jeux de lignes.
Exterior/interior, the same rigor, grid, rhythms and sets of lines.

qu'elle n'existe pas. C'est plutôt la possibilité d'en faire apparaître ou disparaître la présence, de créer les conditions d'absence qui, en réalité, la renforcent. Cet idée d'effacement, ce jeu dialectique entre apparition et disparition est, à mon avis, tout à fait central dans l'architecture contemporaine. Cette volonté de contenir et de maîtriser, cette possibilité du silence, de l'immobilité, du vide, sont des valeurs absolument contemporaines, et totalement salubres. »
À cet égard, la médiathèque de Vénissieux est exemplaire. De l'extérieur, le bâtiment semble opaque. Un bloc de mystère et de réflexion. À l'intérieur, la sensation s'inverse, tout devient transparent, le ciel et la ville pénètrent jusqu'au cœur du lieu. Édifié dans un site improbable, la médiathèque est née de la complicité active entre l'architecte et le maire André Gerin, lequel s'enflamme : « Ce bâtiment arrive à se fondre et, en même temps, c'est un lieu de libération. Il y a l'objet et le lieu, mais le lieu est vraiment stratégique : il en appelle à la beauté simple. »
L'œuvre de Perrault est-elle sans style, sans expression, ne s'encombrant d'aucun code, d'aucune affectation, d'aucune marque distinctive ? Pas si simple, tant il est vrai que, pour autant que son vocabulaire formel se limite à la ligne, au carré, au rectangle, au triangle, au cercle, au cube, au parallélépipède, il n'en demeure pas moins que sa manière de les utiliser, de les

À Vénissieux, Perrault édifie un bloc de tension et de mystère qui se révèle être une médiathèque.
In Vénissieux, Perrault builds a block of tension and mystery that turns out to be a media library.

serve to strengthen it. This idea of elimination, the dialectical game between apparition and disappearance is, in my opinion, absolutely central to contemporary architecture. The will to contain and to control, the possibility of silence, immobility, the void, are absolutely contemporary values and totally healthy."

In this regard, the Vénissieux media library is exemplary. From the outside, the building seems opaque: a block of mystery and reflection. Inside, the opposite sensation is true. Everything becomes transparent, the sky and city penetrate to the very heart of the place. Built in an unlikely spot, the *mediathèque* is the fruit of the active cooperation between the architect and the town's mayor André Gerin. He says with amazement: "This building manages to melt away, but at the same time, it is a place of liberation. There is the object and then the place, but it's the place that is really strategic: it echoes simple beauty."

composer, de les assembler est unique et inimitable. Aussi simple soit la proposition, elle est toujours parfaitement identifiable. Signée en quelque sorte. Et cela s'appelle, tout simplement, le talent. Jusqu'au vide dont il use fréquemment, et à propos duquel l'historien et critique François Chaslin souligne « qu'il ne le perçoit pas comme une perte et une source d'angoisse, mais comme une valeur, un ferment de beauté et d'émotion ». Paradoxale, polémique, troublante, l'architecture de Perrault ? Certes, mais là encore, la poésie vient, sous la plume de René Char, tout éclairer : « Ce qui vient au monde pour ne rien troubler ne mérite ni égards ni patience. »

Le rapport à l'art contemporain est omniprésent, aussi bien dans l'œuvre de l'architecte que dans les commentaires qu'elle suscite. Les artistes contemporains dévoilent, au fil de leurs pratiques, les changements intervenus dans notre façon d'appréhender le monde ; Dominique Perrault, de son côté, pense, croit, affirme que l'architecture doit trouver une forme en relation avec cet état de fait. La relation entre l'art

Intérieur/extérieur, opacité/transparence, une fois encore, la dialectique de la réversibilité, chère à Perrault, se met en scène.
Interior/exterior, opacity/transparence, once again the dialectic of reversibility, so dear to Perrault, is emphasized.

Is Perrault's work without style or expression, unencumbered by any code, affectation or distinctive stamp? It's not that simple. Though he limits his formal vocabulary to the line, the square, the rectangle, the triangle, the circle, the cube and the parallelepiped, it is nevertheless true that the manner in which he employs, composes and assembles them is unique and inimitable. No matter how simple his proposition, it is always perfectly identifiable; a signature one might say. One calls that quite simply talent. This includes his frequent use of the void, regarding which the historian and critic François Chaslin emphasizes "he does not perceive it as loss or a source of angst, but as a value, as beauty and emotion in ferment." Perrault's architecture: paradoxical, polemical, disturbing? It is indeed, but once again poetry, penned by René Char, enlightens us: "What comes into the world to disturb nothing deserves neither consideration nor patience." Its rapport with contemporary art is omnipresent, both in the architect's work and the comments it elicits. And this derives from the way contemporary artists reveal, through their techniques, all the changes that have occurred in the way we take in the world around us. Dominique Perrault thinks, believes and

contemporain et l'architecture ne peut se régler par un simple jeu de cause à effet, et moins encore par celui d'une quelconque intégration de l'art à l'architecture. Il s'agit bien, ici, d'inventer une nouvelle langue, de réfléchir à comment les histoires sont racontées, à produire d'autres visions, d'autres pensées . Ne plus être dans la seule visibilité, dans le seul sentiment, mais avant tout dans la lisibilité, dans l'appréhension d'autres lectures du monde par la perception, la sensation.

En 2000, le projet pour le concours international organisé par le gouvernement helvétique portait sur l'extension (de 4 000 mètres carrés) du musée des Beaux-Arts de Zürich, en plein cœur de ville. Soit un gros château néogothique

asserts that architecture must find its form in relation to this fact. The relationship between contemporary art and architecture cannot be resolved through a simple game of cause and effect, and even less so by any sort of integration of art into architecture. This definitely involves creating a new language, thinking about how stories are told, producing other visions, other thoughts. To no longer be in a unique manifestion or feeling, but, before everything, in legibility, or apprehending other ways of reading the world through perceptions and feelings.

In 2000, the Swiss government organized an international competition for the 4,000 m² extension of the Zurich Museum of Fine Arts,

Mobilier, points de lumière, postes de consultation, salle de conférences... au fil de la visite de la médiathèque de Vénissieux, se retrouve la patte de Gaëlle Lauriot-Prévost.
Furnishings, light fixtures, work stations, lecture halls... the hand of Gaëlle Lauriot-Prévost is visible throughout the Vénissieux media library.

datant de 1898, extrêmement expressif, auquel il fallait donner une « aile » contemporaine. Perrault n'y va pas de main morte, comme à son habitude. Il s'installe au plein cœur du lieu, investit la grande cour cernée sur trois côtés, et dresse un étrange totem de cubes polychromes, empilés sans ordre apparent.

Souvent, très souvent, Perrault prétend pouvoir tout régler par la géométrie. À l'instar de Léonard de Vinci, il nourrit un extraordinaire intérêt à l'égard de la géométrie, de la perspective, de la science et de la mécanique des flux. Tout comme Léonard apprenait en dessinant, tout comme d'autres apprennent en lisant, Perrault apprend en avançant, en faisant. Ce qui explique, sans doute, cette vitesse, cette rapidité, cette fulgurance qui le caractérisent.

right in the city center. It is a huge, extremely expressive, neo-gothic château dating from 1898 to which a contemporary wing needed to be added. As usual, Perrault did not approach the project in a half-hearted fashion. He installed himself in the very heart of the place, invading the grand courtyard with a strange totem of polychrome cubes, piled up in no apparent order.

Very often, Perrault claims he can resolve everything with geometry. Like Leonardo de Vinci, he has an extraordinary interest in geometry, perspective and the science and mechanics of flows. And, as Leonardo learned to draw the way others learned to read, Perrault learns by moving forward, by doing. This doubtlessly explains his rapidity, this lightening speed that so characterizes him.

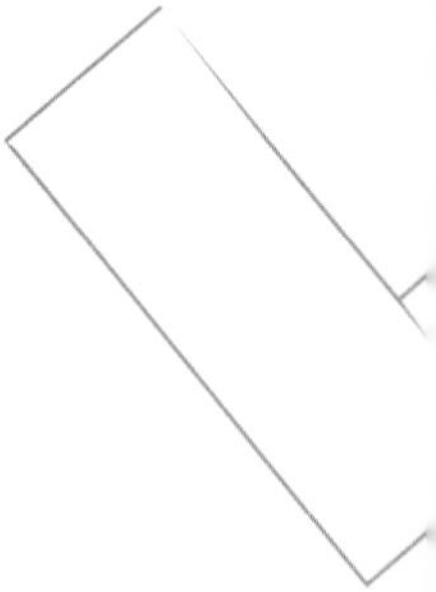

Au colossal château néogothique qu'est le musée des Beaux-Arts de Zürich, Perrault ajoute une aile contemporaine. Résultat : un étrange et réjouissant empilage de cubes polychromes.

Perrault adds a contemporary wing to the colossal, neo-gothic Zurich Museum of Fine Arts. The outcome: a strange and joyful stack of multi-colored boxes.

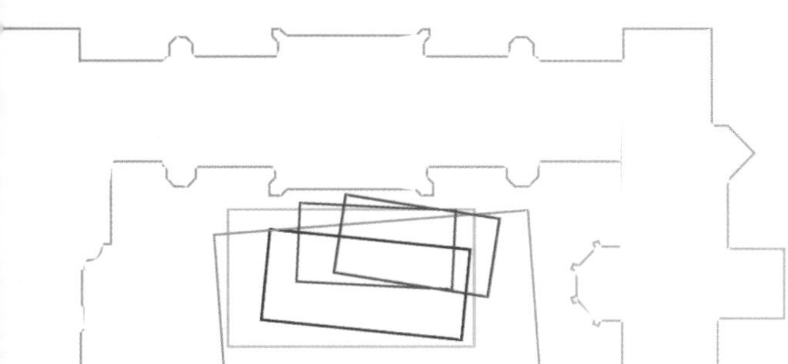

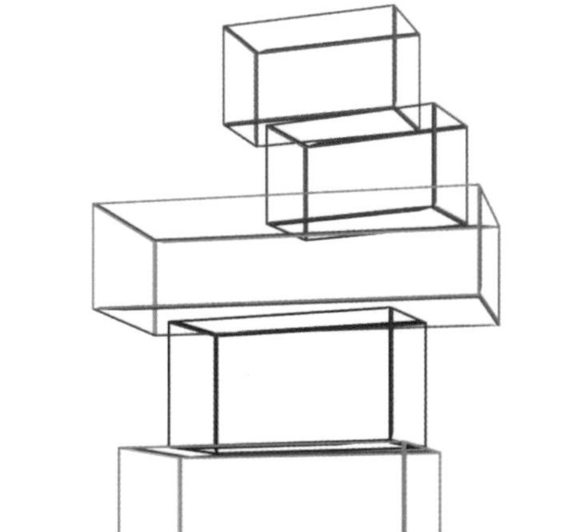

Mais plus encore qu'à Léonard, c'est sans doute à Galilée, dont le tort fut d'avoir raison avant presque tout le monde (les plus proches collaborateurs de l'architecte se plaignent souvent : « C'est exaspérant, il a toujours raison… »), que Perrault rend hommage en relisant *Il Saggiatore* (L'Essayeur) : « L'univers est un grand livre ouvert sous nos yeux, mais qu'on ne peut comprendre sans en apprendre la langue. Il est écrit en langage mathématique, un langage dont les caractères sont des triangles, des cercles et d'autres figures géométriques. »
Á moins que l'architecte-philosophe Paul Virilio ne vienne briser ce bel ordonnancement en y faufilant quelques grains de sable à sa façon : « Tout bascule dans cette fin de siècle, non seulement les frontières géopolitiques, mais aussi celles de la géométrie perspective. Cul par-dessus tête ! La déconstruction est celle des apparences et des apparitions de l'art, mais encore celle de la soudaine transparence du paysage mondain. »

But more than Leonardo, it was doubtlessly to Galileo, whose fault was to have been right before almost everyone else (Perrault's closest collaborators often complain: "It's exasperating! He's always right…"), to whom Perrault renders homage by rereading Il Saggiatore: "The universe is a great book opened before our eyes, but one which we cannot understand without first learning its language. It is written in the language of mathematics, a language whose characteristics are triangles, circles and other geometric figures."
Unless the architect-philosopher Paul Virilio comes and wrecks this lovely order by slipping a few grains of sand into the gears: "At this *fin de siecle*, everything is shifting, not only geopolitical borders, but also the geometry of perspective. Topsy-turvy! Deconstruction here is the same as the one of appearances and apparitions in art, but even more about the sudden transparence of the worldly landscape."

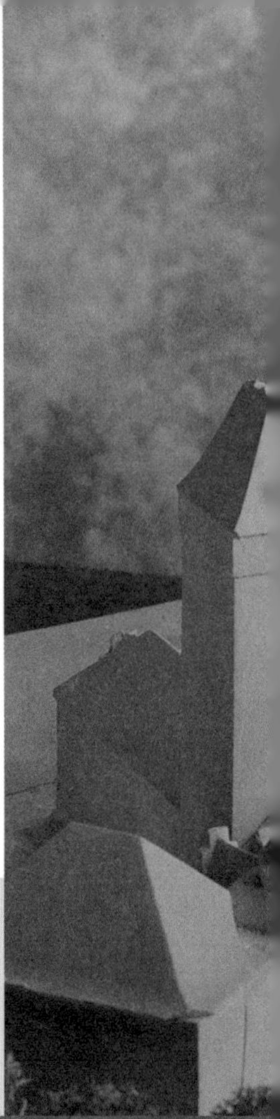

De près, de loin, de jour, de nuit, l'étrange totem, qui investit la grande cour du château, fonctionne à la manière certes d'un signal, mais plus encore d'un signe.

From up close, from afar, in daylight, at night, the strange totem, occupying the château*'s great courtyard does indeed function as a signal, but even more as a sign.*

Art Books International Ltd

Windmill Grove
PORTCHESTER
Hampshire
PO16 9HT

Tel: 02392 200080
Fax: 02392 200090

Bankers: **Barclays Bank Plc**
19 High Street, Ascot, Berks UK

Sort Code: 20-02-53
Account: 00229849
Iban: GB75BARC20025300229849

VAT GB 548 1215 52

Please quote our Reference when making any Payments

INVOICE

Reference **114256**
Date **15/06/04**

Page 1

Charge to:

Gratis Account

Deliver to:

Royal Accademy of Art-RA Enterprise
1st Floor, French Railway House
187-180 Piccadilly
London W1J 9Al

FAO: Annabel Champion

114256

Account **999991 / 000** House Code Rep **999**
SAN VAT Code Batch **1308**

>

Customer Ref	Qty	Title	ISBN	Catalog	Price	%	Value	VAT %	VAT
Review	1	Dominique Perrault-PB	2879392659		24.95	100.0	0.00	0.00	0.00

35% SOR.
003557
H634
03079

1 Total Units	0.780 Kilos		
	Total Goods	0.00	0.00
	Carriage/Low Value Order Surcharge	0.00	0.00
	Subtotal	0.00	0.00
	Total VAT	0.00	
	UK Sterling - £	0.00	**Invoice**

* Against any Quantity above indicates that goods are not despatched with this document

E. & O.E.

Memo:

Notes:

1. Payment due 30 days from Invoice Date unless otherwise agreed in writing

2. Claims for shortage and/or damage must be made within 48 hours of receipt of goods. Claim for non-delivery must be made within 45 days of Invoice date.

3. Please note the following from our terms of trading: 'The title to goods supplied shall not pass to you until the full price in respect thereof has been paid'.

4. Goods are not returnable unless otherwise agreed in writing

02015170.

5

vibration

vibration

La maille métallique
Metallic mesh

Incandescence, luminescence, irisation, éblouissement...
Texture, frémissement, pulsation, calligraphie...
Perforation, lacération, scarification, tension, énergie...
Mouvement, instabilité, irrégularité, incertitude, inattendu...
Lyrisme, spontanéité, vivacité, vibration, sensualité...
Les mots s'égrènent, rebondissent, comme l'eau de rocher en rocher rejetée, dès lors qu'il s'agit de qualifier les mailles métalliques conçues par Dominique Perrault et Gaëlle Lauriot-Prévost.
Rebondissant de bosse en bosse, comme de vague en vague, la lumière, sur elles, se liquéfie littéralement et provoque l'ébranlement de l'espace.
L'œil glisse sur la maille, puis la main. Revient alors en mémoire une étrange musique tissée par Sarah Schulman : « Ce que j'ai vu en elle ? Elle n'avait jamais souffert. Ça se sent sur la peau de quelqu'un. J'aime avoir l'espoir sous mes ongles. Tu peux respirer ça toute la journée, comme l'écorce de pamplemousse. Ca sent bon

Incandescence, luminescence, iridescence, bedazzlement...
Texture, quivering, pulsation, calligraphy...
Perforation, laceration, scarification, tension, energy...
Movement, instability, irregularity, uncertainty, surprise...
Lyricism, spontaneity, vivacity, vibration, sensuality...
When one begins to describe the metallic meshes designed by Dominique Perrault and Gaëlle Lauriot-Prévost, words rebound like water onto rocks. They rebound from bump to bump, like wave on wave, the light striking them liquefies, and sets space shaking.
The eye glides over the mesh, then the hand. The memory of a strange music woven by Sarah Schulman returns: "What had I seen in her? She had never suffered. You can smell that on someone's skin. I like to have hope under my nails. You can breathe it in all day long, like the skin of a grapefruit. It smells good, and you think it's going to last for ever." (*After Delores*, L'Incertain, 1991).

C'est aux archives départementales de la Mayenne, à Laval, que Perrault, avec une forme étrange, un grand rideau de métal, inaugure le lieu de sa pratique du maillage.
It's at the La Mayenne Departmental Archives in Laval, France, that Perrault inaugurates, with a strangely shaped curtain, his practice of weaving.

et on croit que ça va durer toujours...» (*After Delores,* éd. L'incertain, 1991.)

Terrien, ancré, mais fasciné par l'espace et les horizons lointains, Dominique Perrault a toujours aimé la voile, sa matière, sa souplesse, son mouvement dans le vent, son silence, ses réflexions lumineuses entre ciel et eau. Déjà, en 1987, à Marne-la-Vallée, il avait partiellement tendu certains plafonds de son école d'ingénieur, l'ESIEE, de tissages en PVC thermoformés, ressemblant étrangement à des trempolines de multicoques. Tissages que l'on retrouvera dix ans plus tard à la Bibliothèque nationale de France, en un laçage suggestif, dans la salle de lecture des livres rares et précieux.

En 1989, durant les études concernant, justement, la Bibliothèque, Dominique Perrault invente une nouvelle dialectique transgressant radicalement les règles stylistiques de l'architecture traditionnelle et se détachant définitivement de toute écriture académique. Cette dialectique, il va lui donner corps en développant, de concert avec Gaëlle Lauriot-Prévost, un système de dix mailles métalliques différentes, fabriquées en Allemagne, chez GKD, à Düren, tout près de Cologne.

Résultat : des surfaces tendues de mur à mur, du sol au plafond, avec une belle unité de matière. Mises bout à bout, ces surfaces tendues, réalisées au moyen de dix mailles différentes, représentent la bagatelle de plus de 30 000 mètres carrés. À l'évidence, des performances exceptionnelles en termes d'économie, de mise en œuvre, de résistance, de maintenance et de pérennité. Et surtout, moins évidents à décrypter, des jeux de masques, des résonances, des chevauchements, des apparitions-disparitions, des traversées, des fulgurances, des transfigurations, qui témoignent de l'invention d'une langue architecturale absolument singulière.

Une abstraction pure, faite d'espace, de temps et d'énergie ; une liberté de conception et une

Pour la BnF, Dominique Perrault et Gaëlle Lauriot-Prévost vont créer dix mailles différentes pour une surface totale de plus de 30.000 mètres carrés ; un nouveau langage architectural avec son vocabulaire, sa grammaire, sa syntaxe,...
For the BnF, Dominique Perrault and Gaëlle Lauriot-Prévost create ten dozen different meshes for a surface area of over 30,000m². A new architectural language develops, with its own vocabulary, grammar, syntax and philology.

A land-lover, anchored, but fascinated by space and far horizons, Perrault has always liked the sail: its material, its flexibility, movement, and sound in the wind, the reflections of light between earth and water. In 1987, in Marne-la-Vallée, he had already hung certain ceilings of his engineering school, the ESIEE, with fabrics woven in thermoformed PVC, strangely resembling a trampoline from a catamaran. These fabrics appear again ten years later in the BnF's rare and precious books reading room.

In 1989 in his studies for the library, Dominique Perrault invented a new dialectic by radically transgressing the stylistic rules of traditional architecture and by definitively separating himself from any academic vocabulary. He gives shape to this dialectic by developing, in concert with Gaëlle Lauriot-Prévost, a system of ten different designs of metallic mesh, manufactured in Germany, by GKD in Düren, just outside Cologne. Their collaboration resulted in surfaces stretched from floor to ceiling with a single piece of mate-

spontanéité d'exécution qui s'expriment en termes de texture et de pulsation ; des rythmes et des perspectives qui génèrent des courbes et de contrecourbes tout autant que des formes tendues et contrariées... Le tissage transfiguré, agissant non plus comme signe de l'espace, mais bien comme allusion à l'espace, rejoignant en cela la manière du peintre américain Cy Twombly, pour lequel « la ligne n'illustre pas, elle est perception de sa propre réalisation ».

Depuis presque dix ans, la maille métallique a envahi les projets, réalisés ou pas, de Dominique Perrault, au point de les qualifier et même de les énoncer.

« L'architecture, c'est lourd, c'est lent, c'est laborieux, c'est épais, je le dis souvent. Face à un tel constat, l'idée m'est venue d'annuler cette lourdeur, de couvrir de très grandes surfaces sans effort. Par exemple, de faire d'immenses plafonds tendus, d'un seul tenant, sans joint, ce que l'on ne peut faire ni avec du bois, ni avec du béton, ni avec du verre. Et, au-delà de la seule performance technique, de la seule trouvaille architecturale, cette idée de grands morceaux de toile tendue ininterrompus était éminemment dialectique, discursive et scripturale. C'était le plaisir retrouvé, l'aisance, la virtuosité. Quand on dessine avec du "tissu", quatre traits suffisent au lieu des dix mille qu'imposent les autres matériaux. Cette idée-là, cette volonté-là, ce sont celles qui

rial. Placed end-to-end, these stretched surfaces, using the ten different meshes, represent a surface area of over 30,000m² – an exceptional performance in terms of economy, installation, durability, maintenance and longevity. And especially, though these are less easily deciphered: games of masks, resonances, overlap, apparitions/disappearances, crossings and transfigurations. All of which testify to the invention of an absolutely singular architectural language.

It is pure abstraction, composed of space, time and energy; a freedom of conception and a spontaneous execution expressed in terms of texture and pulsation; rhythms and perspective that generate curves and counter-curves, just as much as stretched and thwarted forms. The fabric is transfigured – no longer acting as a signal of space, but more as an allusion to space, echoing in this the style of the American abstract painter Cy Twombly, for whom "the line doesn't illustrate, it is the perception of its own realization."

Over the last ten years, metallic mesh has invaded Perrault's projects, whether built or not, to such an extent that it now qualifies and even announces them.

"Architecture is heavy, slow, laborious and thick, I often say. To counter this, I had the idea of eliminating this heaviness, of effortlessly covering huge spaces. For example, I thought of hanging

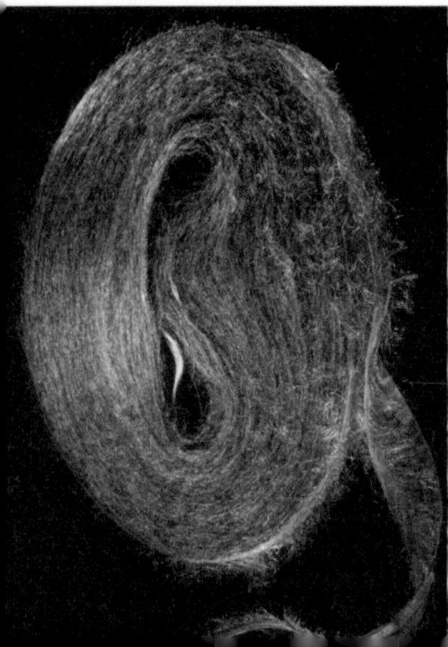

À l'usine GKD, à Düren, en Allemagne, les métiers à tisser tournent à plein pour mailler les vibrations, les jeux de trames et de chaînes, les variations imaginées par Gaëlle et Dominique.
At the GKD factory in Düren, Germany, the giant looms run at full capacity to weave the patterns, vibrations and variations designed by Gaëlle and Dominique.

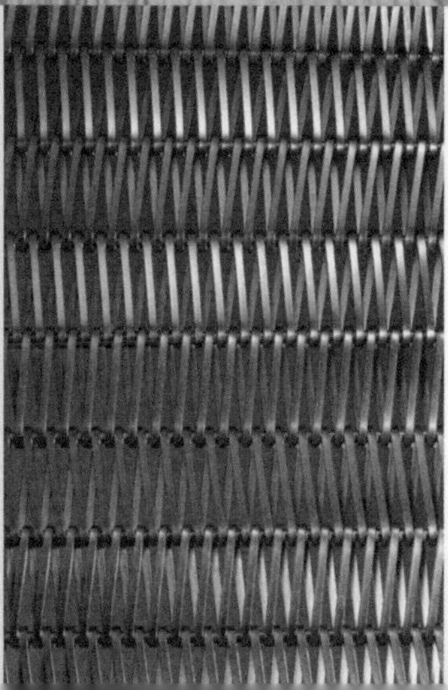

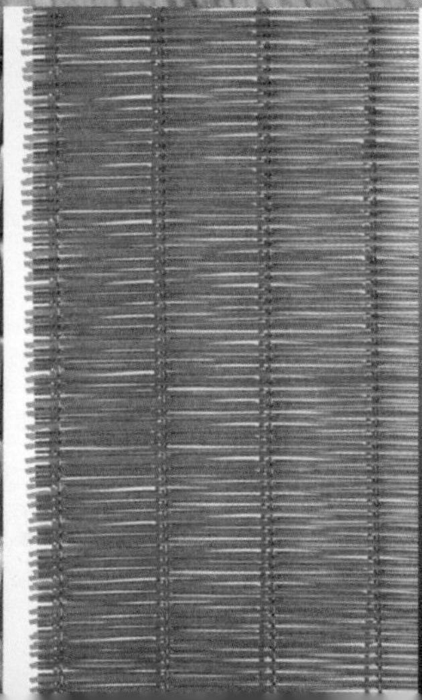

consistent à remplacer le matériau par la matière, à simplifier, à radicaliser la pensée. Et, curieusement, cette radicalisation permet de retrouver des doigts déliés comme ceux d'un pianiste. Non moins curieusement, plus les doigts sont déliés et plus la pensée l'est ; plus la pensée est déliée et plus les formes sont libres et plus tout devient net, clair, construit. Les tissages métalliques que j'emploie effectivement beaucoup ne sont, pour moi, ni une marque de fabrique, ni une affirmation stylistique, ni une fin en soi, mais tout simplement un moyen. Celui qui me permet de m'affranchir de tics architecturaux qui n'ont plus le moindre sens aujourd'hui. »
Emploi massif donc, puisque, depuis les 30 000 mètres carrés de la Bibliothèque nationale de France, Perrault a imaginé d'en mettre en

immense ceilings with a single seamless sweep; this cannot be achieved with wood, concrete or even glass. And beyond mere technical performance, and simple architectural discovery, this idea of huge, uninterrupted pieces of hung fabrics was eminently dialectic, discursive and scriptural. It was a rediscovery of pleasure, of ease and of virtuosity. When one designs with 'fabric,' four lines suffice where other materials require ten thousand.
"This idea, this desire, consists of replacing material with matter, of simplifying, radicalizing thought. And curiously, this radicalization loosens up the fingers, like those of a pianist. No less curiously, the looser the fingers are, the freer the thinking as well; the freer the thinking, the freer the forms; everything becomes neat, clear, constructed. For me, the

Texture, frémissement, scarification, pulsation, la maille métallique permet d'envisager toutes les hypothèses d'écriture.
Texture, quavering, scarification, pulsation, metallic mesh allows him to imagine all design possibilities.

À la BnF, imperceptiblement, de la maille naissent de nouvelles appréhensions de l'espace, du temps, de la tension et de l'énergie. Et, de cette abstraction pure, sourd un étrange lyrisme.
At the BnF, imperceptibly, new understandings of space, time, tension and energy are born from the mesh. And from this pure abstraction rises a strange lyricism.

œuvre, entre autres, 25 000 mètres carrés à la Cour européenne de justice à Luxembourg, 40 000 mètres carrés à la Fondation François Pinault, 12 000 mètres carrés au complexe multisports de Madrid, 100 000 mètres carrés au siège de la CCTV à Pékin, et 60 000 mètres carrés au long de la plage Las Teresitas à Tenerife… et ce, sans jamais se répéter, inventant à chaque fois une nouvelle dialectique, des variations de vocabulaire infinies !
Mais, bien en deçà et au-delà des quantités produites et des surfaces tendues, ce qui semble évident, c'est la matérialisation d'un refus. Celui de la narration, du formalisme et de l'anecdotique. Depuis toujours, le travail des architectes a consisté à se libérer des pesanteurs, à en arriver à une architecture aussi simple à édifier qu'à énoncer. Il y a là toutes les notions, chères à Perrault, liées à la pensée, à la vitesse, à la fulgurance, à la perception.
« Cela me paraît être la chair même de l'architecture. Dans un tel registre, on n'en est plus à manipuler, agencer, détourner, tordre pour en arriver à une forme définie et définitive. Il s'agit ici d'atteindre à la transfiguration. Imaginez une table. Aussi belle soit-elle, c'est un objet avec sa densité, ses dimensions, son inscription réelle dans l'espace. C'est là, fixé pour l'éternité,

Pour la Maison de la paix des Nations unies à Genève, l'architecte avait imaginé en 1996 un bloc de lumière à densité variable qui, au gré de l'instant, semblait parfois solide, parfois liquide.
For the United Nations' Maison de la Paix in Geneva, the architect imagined, in 1996, a block of light of variable densities, which, depending on the moment, at times seemed solid, and at times liquid.

metallic fabrics, which I do use quite often, are neither a hallmark, nor an affirmation of style, nor an end in themselves, but quite simply a means to an end. They are a resource that allows me to free myself from certain architectural tics that no longer make sense today."

And he has used them on a massive scale. After the BnF's 30,000m^2, Perrault has planned to use 25,000m^2 for the European Court of Justice in Luxembourg, 40,000m^2 for the Fondation François Pinault, 12,000m^2 for the sports complex in Madrid, 100,000m^2 for the CCTV headquarters in Beijing, and 60,000m^2 stretching along the beach at Las Teresitas in Tenerife... and all this without ever repeating himself, each time inventing a new dialectic and infinite variations on a vocabulary.

But, far more important than the quantities produced and the surfaces hung, what seems obvious is the materialization of a refusal: a refusal of narration, formalism and the anecdotal. The work of architects has always been about freeing themselves from weight, to achieve architecture as easy to build as to state. Here we have all the ideas dear to Perrault, linked to thought, speed and perception.

"That to me seems to be the very flesh of architecture. In such a register, you're no longer manipulating, turning and twisting to obtain a defined and definitive shape. It involves achieving transfiguration. Imagine a table. However beautiful it may be, it is an object with its own density, dimensions and actual occupation of space. It is there, determined for all time, immutable. Then along comes someone who throws a table cloth over it. The static object is literally transfigured." Perrault speaks passionately about this transfiguration. Not in its mystical meaning, but in its literal sense: to change the face and nature of things.

Change in nature as much as change of state, because the buildings he drapes this way

De ce métal, Perrault sait faire surgir des housses qui paraissent de soie, et qui jouent de l'apparition et de la disparition, de la présence et de l'absence avec une maestria confondante.
Perrault knows how to use this metal to make skins that resemble silk, playing masterfully with appearance and disappearance, presence and absence.

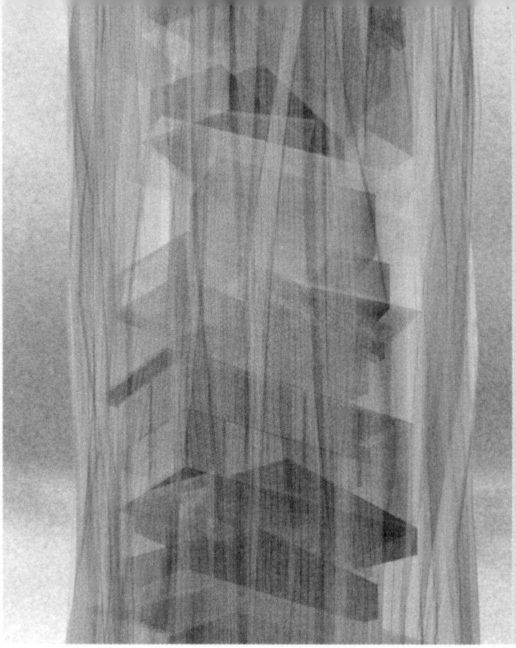

Une tour froissée, celle des Scottish Widows à Londres, un fulgurant zig-zag pour exprimer la réalité expérimentale de l'architecture, démontrer que sa puissance émotionnelle n'est plus proportionnelle à sa prouesse technique.
The crinkled Scottish Widows tower in London, a zigzagging lightening bolt expressing architecture's experimental reality and demonstrating that its emotional power is no longer in proportion to its technical effect.

immuable. Quelqu'un arrive et jette, sur cette table, une nappe. Et voilà l'objet statique littéralement transfiguré. »

Perrault parle avec passion de cette transfiguration. Non pas dans un sens mystique, mais dans son sens littéral c'est-à-dire changer le visage et la nature des choses.

Changement de nature et changement d'état tout aussi bien puisque ses bâtiments, ainsi drapés, évoquent souvent le monde de la couture. arlequin, voile de mariée, fourreau de nuit, robe de bal ou robe du soir...

Travail de couture minutieux, il est vrai, mais tellement immatériel qu'il en devient imperceptible. Déjà, il y a longtemps, à propos des enchevêtrements peints par Barnett Newman, le critique new-yorkais Clement Greenberg écrivait : « [...] ils divisent mais ne séparent point, ni n'enclosent ou n'isolent ; ils délimitent mais ne limitent point... »

Imperceptible et le plus souvent infini. Comme si Perrault voulait à tout prix se conformer à l'injonction de Georges Bataille : « La limite n'est donnée que pour être excédée. »

Quoi qu'il en soit, la métaphore couturière se vérifie d'un projet à l'autre. Ainsi, s'il est vrai que la toiture de Berlin est réglée pour que la vision

bring to mind couture. When one describes Perrault's projects, frequently recurring words are draped, weaving, curtain, sheath, veil... as well as metaphors linked to tailoring: garment of shadow and light, a jacket the color of the weather, a Harlequin's coat, wedding veil, a sheath...

A truly fastidious piece of couture, but so immaterial that it becomes imperceptible. Long ago, the New York critic Clement Greenberg wrote about the overlapping shapes painted by Barnett Newman: "they divide but do not separate, nor enclose nor isolate; they delimit but do not limit..."

Imperceptible and most often infinite, as if at all costs Perrault wanted to conform to the injunction made by Georges Bataille: "The limit is only given so it can be exceeded."

In any case, the metaphor bears itself out from project to project. Thus, though true that the roofing in Berlin is purposely adjusted to give the illusion of the surface of lakes, the two tables represented by the velodrome and the swimming pool illustrate wonderfully the tablecloth example. Just as the block of light with variable density – sometimes solid, sometimes liquid – which could have been the

rasante qu'on peut en avoir donne à percevoir la surface d'un lac, les deux tables que sont le vélodrome et la piscine illustrent à merveille l'exemple de la nappe. De même, ce bloc de lumière à densité variable, parfois solide, parfois liquide, qu'aurait pu être la Maison de la Paix des Nations unies à Genève, semble tendu d'une housse en fil de soie. Tout comme le projet de la Reina Sofia à Madrid évoque le tombé langoureux d'une muleta, celui du siège de la CCTV à Pékin une armure réticulée, celui de la Cour européenne de justice à Luxembourg le plissé soleil, ou encore celui du stade Montigalà à Badalona une tente de nomade ou mieux un filet de pêcheur...

« La maille n'est pas un objet de représentation, pas même un maillage au sens où le définissait Derrida. Mais bien plutôt la création d'une chair immatérielle qui devient la chair de l'architecture. La complexité, ici, n'est créée que par la matière. Il n'y a jamais rien chez

La muleta est un leurre qui fonctionne sur le fugace. Sous le tombé langoureux d'une véronique ou d'une naturelle, le danger toujours rôde. La fugacité, le risque, l'art et la tragédie qui composent la corrida se retrouvent dans le projet pour le Centre d'art Reina Sofia à Madrid.
The bullfighter's muleta is a fleeting lure. Under its languorous drape, danger always lurks. The transitory, risk, art and tragedy – of which a bullfight is composed – are assembled here for the Reina Sofia museum in Madrid.

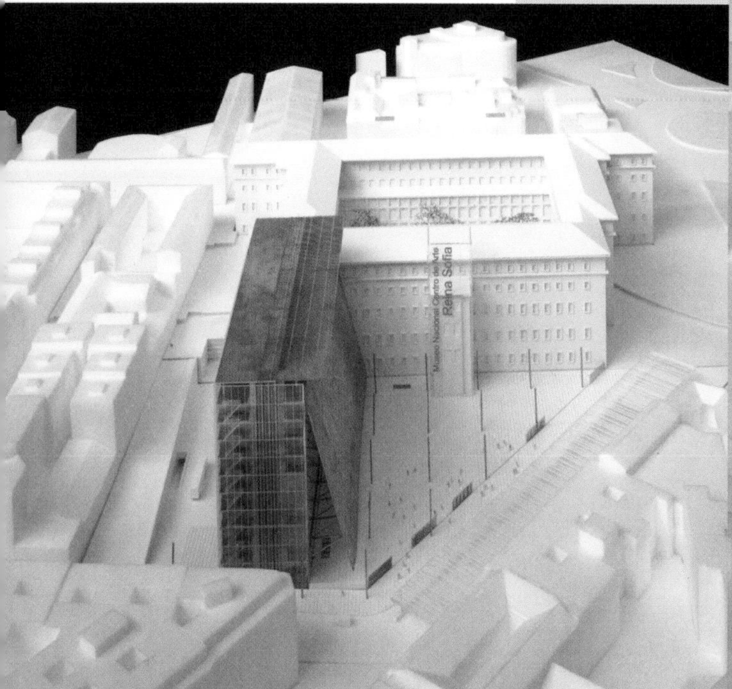

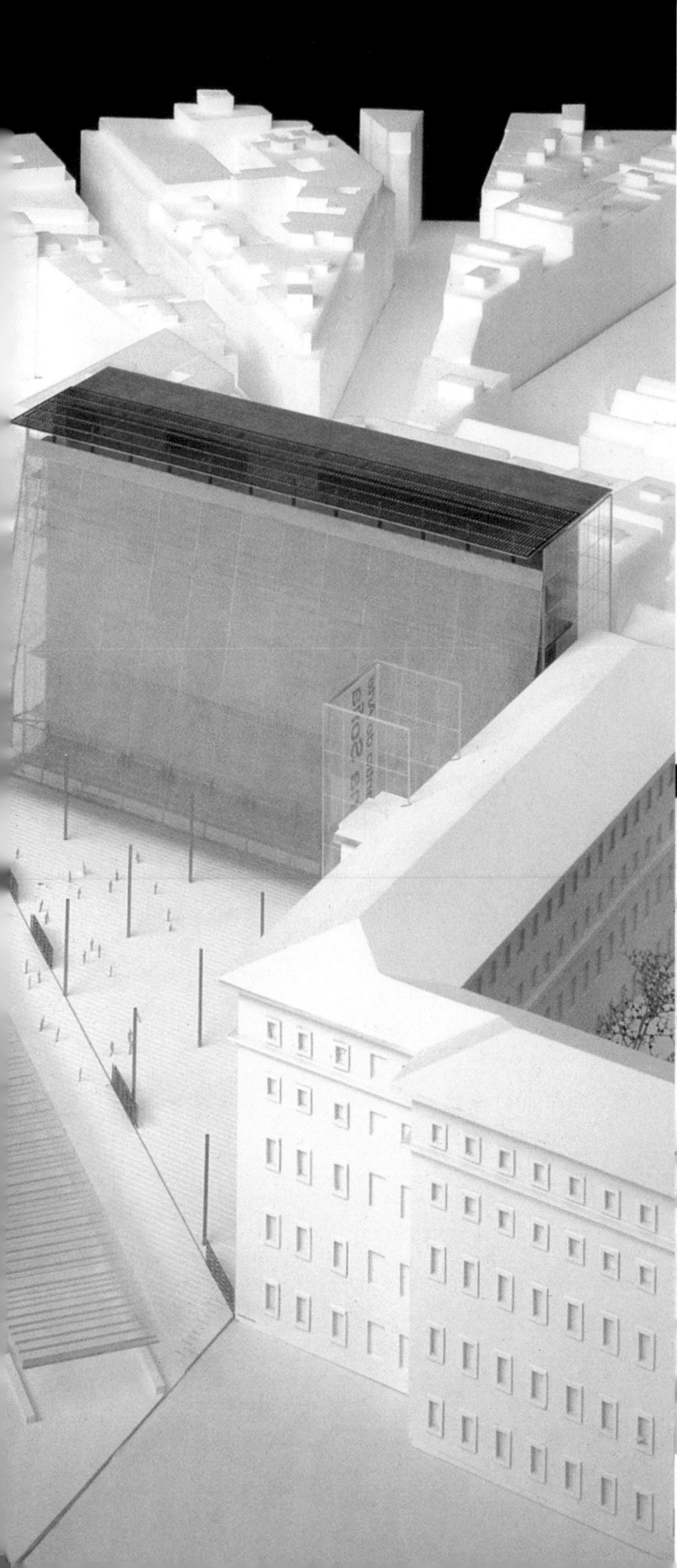

United Nations' Maison de la Paix in Geneva, seems to be covered with a silken skin. Or the project for the Reina Sofia in Madrid, which evokes the languorous sweep of a bullfighter's muleta, whereas the CCTV headquarters in Beijing reminds one of reticulated armor, and the European Court of Justice in Luxembourg recalls a sun filter, or the Montigala stadium in Badalona reminds one of a nomad's tent, or even better, a fisherman's net.

"Mesh is not an object of representation, or even of '*maillage*' (meshing) in the sense Derrida used it. It is more the creation of an immaterial flesh which becomes the flesh of the architecture. Here, the only complexity created is created by the material. There is never anything demonstrative in Perrault's work" analyses Frédéric Migayrou (in *Mesh*, W éditions, 2002). All this inevitably leads back to Paul Valéry, a rebel, who asserted: "The deepest thing in

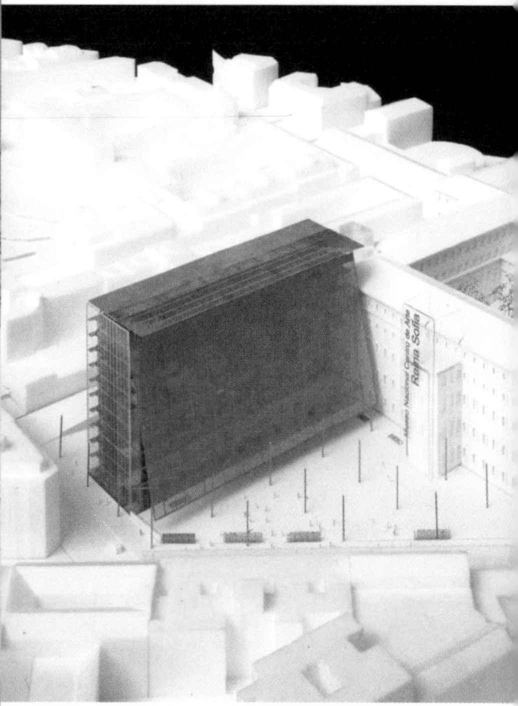

Perrault de démonstratif », analyse Frédéric Migayrou (*Mesh*. éd. W , 2002).

Ce qui nous ramène à l'inévitable Paul Valéry, lequel, mutin, affirmait : « Ce qu'il y a de plus profond chez l'homme, c'est la peau. » Une peau réinterprétée, réinventée par Perrault, et dont nombre d'architectes internationaux vont se servir.

Cet entre-deux constant, cette « inclassabilité » de la maille chez Perrault n'a pas échappé à la sagacité d'Anne de Villepoix, qui dirige l'une des meilleures galeries – parisienne et internationale – contemporaines. Ainsi, les Américains Vito Acconci, Chris Burden et Helen Levitt, l'Allemande Rosemarie Trockel, l'Éthiopienne Julie Mehretu, les Français Fabrice Hybert et Valérie Jouve, entre autres, sont-ils des habitués de ses cimaises et de ses sols.

« En pénétrant dans l'agence Perrault, j'avais le sentiment de pénétrer dans un atelier d'artiste », raconte-t-elle. Pour moi, le métal était quelque chose de glacé, mat, rigide, et voici que tout à coup, avec Dominique et Gaëlle, le métal devenait vivant, on pouvait le toucher, se l'approprier, marcher dessus pieds nus. Un vrai travail sur la matière, sur les rythmes, sur la perception. Au fond, comme celui d'un artiste, le regard que portent ces deux-là sur leur pratique transformait le mien de façon très subtile. Et puis, il faut bien le dire, tous ces rouleaux de métal, posés çà et là, donnaient à l'agence l'allure d'un atelier de couture, ce qui m'amusait beaucoup. »

Enthousiaste, elle organise une exposition dans sa galerie en décembre 2002. Gaëlle Lauriot-Prévost et Dominique Perrault y réalisent alors une installation mémorable qui ne fait qu'augmenter encore et passionnément l'ambiguïté. Architecture, art, couture, design, scénographie... ? Bel éclectisme, d'une grande justesse.

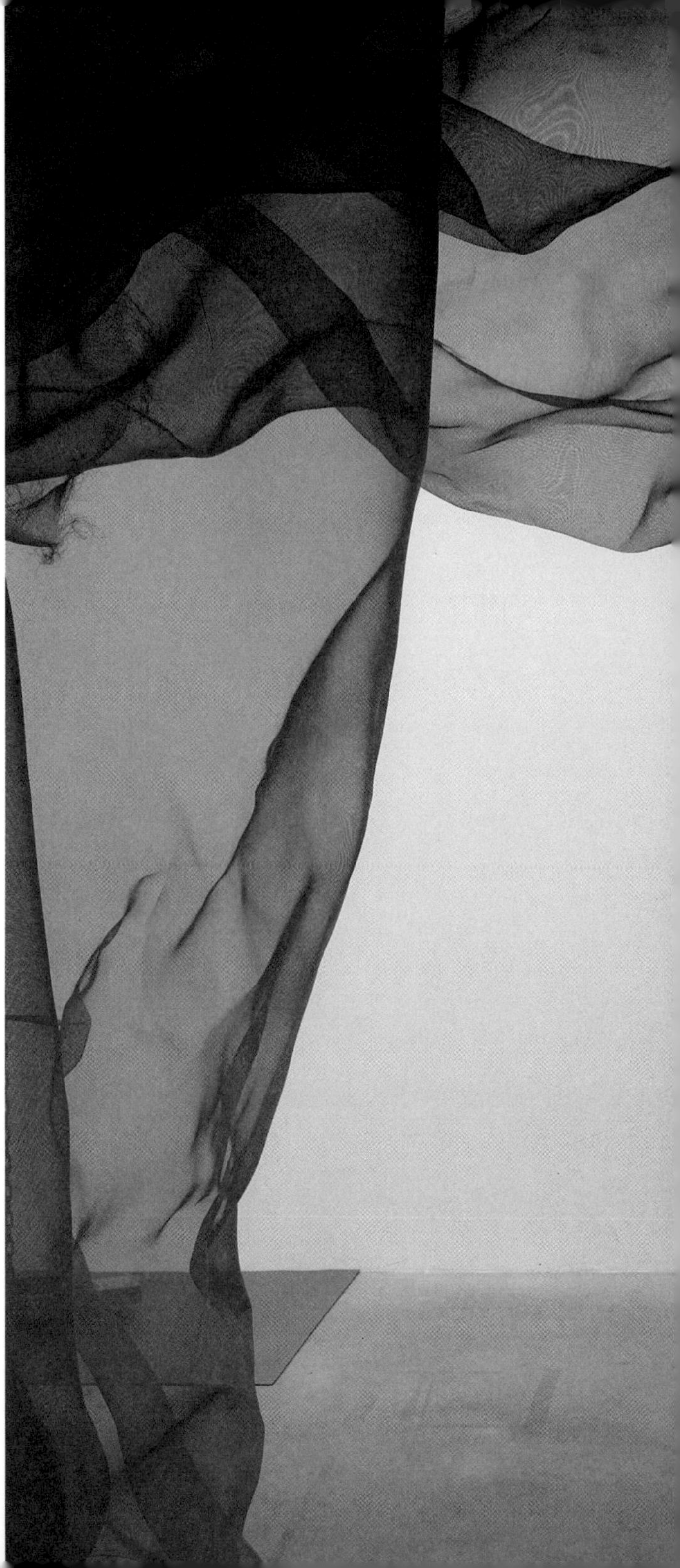

man is his skin." A skin reinterpreted and reinvented by Perrault and since employed by many architects.

Constantly in-between. This unclassifiable aspect of Perrault's use of mesh did not escape the discerning eye of Anne de Villepoix, who runs one of the best contemporary art galleries in Paris. Vito Acconci, Chris Burden and Helen Levitt, Rosemarie Trockel, Julie Mehretu, Fabrice Hybert and Valérie Jouve, among others, regularly appear in her shows.

"As I entered Perrault's offices, I had the feeling of entering an artist's studio" she recounts. "For me metal was something icy, matt and rigid, but here, with Dominique and Gaëlle, suddenly metal became something living, you could touch it, make it your own, walk barefoot on it. There was a real study of materials, rhythms and perception. As with an artist, the way they viewed their work with mesh very subtly transformed my own views. And of course, I have to mention that the rolls of metal placed pell-mell around their offices turned them into a couturier's workshop, which was great fun for me."

Enthusiastic, she organized an exhibition in her gallery in December 2002. Gaëlle Lauriot-Prévost and Dominique Perrault put together an unforgettable installation, which only served to intensify the ambiguity further and more passionately: is it architecture, art, couture, design or theatre? There is a marvelous and precise eclecticism.

Le 13 décembre 2002, la galerie Anne de Villepoix vernissait l'exposition *Mesh*, consacrée aux tissages métalliques de Dominique Perrault, confirmant à nouveau les liens étroits entre son architecture et l'art contemporain.
December 13, 2002, the exhibition Mesh, *dedicated to Dominique Perrault's woven metallic fabrics, opens in the Anne de Villepoix gallery, Paris, further confirmation of the close links between his architecture and contemporary art.*

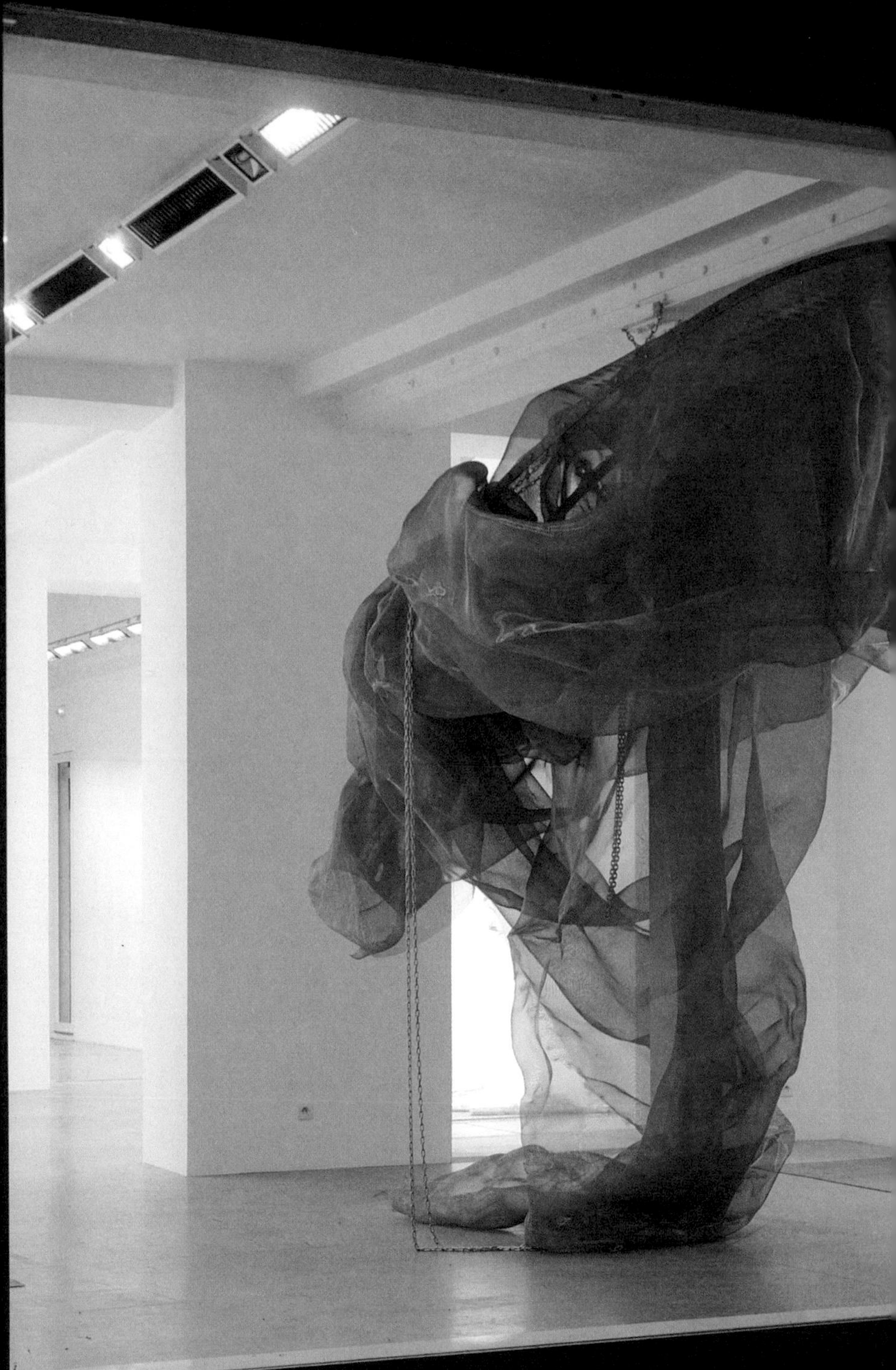

6

capture
capture

Le jardin enserré de la Bibliothèque nationale de France illuminé à l'occasion du déroulement de la fameuse dictée concoctée par Bernard Pivot.
The BnF's enclosed garden lit up for a renowned spelling competition concocted by iconic French journalist Bernard Pivot.

Encagés, les houx de la BnF gagnent incroyablement en présence, en puissance, en singularité et participent, en réalité, d'une grande tradition classique.
Caged, the boxwood of the BnF gains immensely in presence, strength, and singularity. And, in fact, it participates in a great classical tradition.

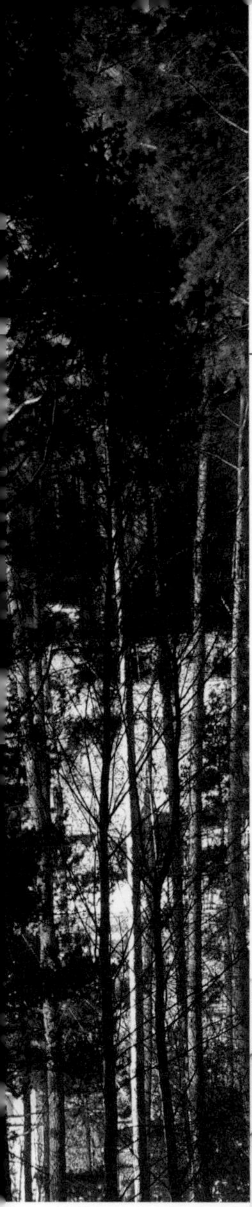

Nature/Culture
Nature/Culture

« Si j'avais quelque chose à faire ou à refaire, je m'occuperais probablement plus d'arbres que de constructions, parce que j'ai rencontré là des gens qui se passionnent encore pour ce qu'ils font (ce qui n'est pas forcément notre environnement quotidien) et il y a surtout une relation avec le mode vivant extrêmement touchante, qui permet d'entrevoir d'autres modes de vie, et peut-être même certains modes de vie qui nous échappent actuellement. »
Au sortir du chantier de Berlin, Dominique Perrault a encore la tête et les pieds pris dans les racines et les frondaisons des 450 pommiers que lui a livrés depuis la Normandie, soigneusement disposés sur des wagons

"If I had to do or redo something, I would probably focus more on trees than on buildings, because through them I've met people who still have passion for what they do (which is not necessarily part of our daily experience), and there is especially this extremely touching relationship with the living world. This allows one to imagine other modes of living, maybe even certain modes of living that, for now, completely escape our understanding."
At the culmination of the Berlin site, Dominique Perrault still had his head and feet caught up in the roots and branches of the 450 apple trees he had carefully shipped in from Normandy by train.

Une serre, quoi de plus tentant pour celui qui, s'il n'avait été architecte, se serait bien fait forestier. La Grande Serre de la Cité des sciences et de l'industrie à la Villette lui donne l'occasion de capturer la nature en toute liberté.

A greenhouse, what could be more tempting to someone who, if he hadn't beome an architect, would have been a gardener? The Great Greenhouse of the Cité des sciences et de l'industrie at la Villette provides him with complete freedom to capture nature.

plats, le représentant de la SNCF, se nommant, comme il se doit, Patrick Dujardin.

Forestier, Perrault ? Jardinier, Perrault ? Peut-être... En tout cas, absolument pas sujet aux effets dévastateurs du paysagisme, qui consiste à créer de faux paysages. Pas de simulacre, pas de faux-semblant, pas d'écologisme benêt chez lui. Il se souvient de la réflexion de Jean-Jacques Rousseau à propos d'un hypothétique état original de la nature « qui n'existe plus, qui n'a peut-être point existé, qui probablement n'existera jamais »...

La nature, il la capture et la soumet à sa propre culture, à sa propre logique. Cet homme de systèmes, de schèmes, sait comment la contraindre. La nature, par essence, s'échappe, déborde, prolifère. Rompt, si on la laisse faire, l'orthogonalité du système. Il s'agit donc de lui fixer des limites, des bornes.

On le voit bien, une fois encore, se développe chez Perrault une stratégie d'ordre culturel, artistique. Délaissant le « pur état de nature », il opte résolument pour le « jeu des artifices » propre à la culture. Rien de très nouveau à cela si l'on en croit Claude Lévi-Strauss : « Le monde de l'homme est le monde de la culture, et celle-ci s'oppose à la nature avec la même rigueur, quel que soit le niveau des civilisations considérées. » Pour autant, le tropisme de l'espace vert, de la jardinière urbaine, du rond-point et du bac à sable lui est totalement étranger.

Ce que Flaubert, déjà, dans son *Dictionnaire des idées reçues,* au mot « paysage », définissait ainsi : « Paysages (de peintre) : toujours des plats d'épinards. »

C'est à nouveau du côté de l'art qu'on ira chercher des références. Historien et critique, Christophe Domino écrit : « Parce qu'elles opèrent à

Perrault a forest ranger? A gardener? Perhaps... In any case, he is absolutely not subject to the devastating effects of landscape architecture, consisting so often in creating fake landscapes: no simulacra, nothing phony, no holier-than-thou ecology. He recalls Rousseau's reflection about a hypothetical original state of nature "which no longer exists, which maybe never existed, which will probably never exist..."
He captures and subjects nature to his own cultivation, his own logic. This man of systems and plans knows how to constrain it. Nature, by its very essence, escapes, overflows, proliferates. If we allow it to, it will break a system's right-angled nature. It must be given parameters, limits.
Once again one understands that Perrault is developing a strategy of a cultural, artistic order. Leaving behind the "pure state of nature," he resolutely opts for "the game of artifice" specific to culture. And there is nothing terribly new about all that if one believes Claude Lévi-Strauss: "Man's world is the world of culture, which opposes nature with the same rigor, regardless of the level of civilization in question." However, the tropism of the green space, the urban garden, the traffic circle and the sand box is totally foreign to him.
In Flaubert's *Dictionary of Received Ideas*, landscape is defined as: "Landscapes (painting): always plates of spinach." Once again, one must look to art for the references. Historian and critic, Christophe Domino writes: "Because they operate on the scale of the experienced landscape, works of Land Art allow us to reopen the question in all its multiplicity of issues and interrogations: from the anthropological standpoint – because the landscape never ceases to reveal its inhabitant – and from the standpoint of the means of viewing and representation, as it does not exist without being seen. Depending both on lived experiences and on artistic genre, its definition is complex. This phenomenon belongs to history in any case, as one can find in it a direct expression of man's idea of his place in

l'échelle du paysage vécu, les œuvres du land art permettent que l'on rouvre la question, dans sa multiplicité d'enjeux et d'interrogations : du côté anthropologique, puisque le paysage ne cesse de révéler son habitant, et du côté des moyens de la vision et de la représentation, puisqu'il n'existe pas sans celui qui le regarde. Dépendant à la fois de la réalité de l'expérience vécue et d'un genre artistique, il est complexe à définir. Il est en tout cas un phénomène qui appartient à l'histoire, puisqu'on peut y voir une expression directe de l'idée que l'homme se fait de sa place dans le monde. L'histoire de l'art a donné de ses meilleures pages sur ces questions, relevant comment les principes de la représentation sont construits par une culture, par un moment. Des imaginaires antique et médiéval, où l'espace est d'abord un champ de symboles, à l'espace traversé de la modernité, l'idée de paysage se forge entre expérience vécue et savoir de la représentation, artistique en particulier... Mais le XXe siècle voit s'accélérer ces échanges jusqu'au vertige, modelant l'idée de l'espace tout entier, jusqu'aux dimensions immatérielles d'un monde que l'on dit virtuel... » (*À ciel ouvert,* Scala, 1999.)

Et, plus loin : « Le jardin est une scène de théâtre, et ses habitants y condensent toute l'activité humaine. Du coup, inventer un jardin, c'est

the world. The best writings in art history tackle these questions, showing how the principles of representation are a cultural construct, belonging to a given moment. In the ancient and medieval imagination, space is first a field of symbols; in the space crossed by modernity, the idea of landscape is forged between lived experience and knowledge of representation, artistic knowledge in particular. But in the 20th century exchanges accelerated to vertiginous speeds, reshaping the entire concept of space, venturing to the point of immaterial dimensions in a so-called virtual world..." (*A ciel ouvert,* Scala, 1999).

And further on: "The garden is a stage for theater, where its inhabitants condense all human activity. This means that inventing a garden is tantamount to inventing a world, designing a universe: trace it out, organize its spaces in space and build the logic of the gaze, of the geometry, of imagination and social hierarchies. Thus, the history of gardens is loaded with the intellectual hypotheses of their time in which artists have their place. Every moment of a garden contains its share of experiences and sensations, organized around the alley, the pathway or the itinerary traced by one's steps. The least little road is a canvas containing all the sensa-

Disséminés dans tout le Tyrol autrichien, les supermarchés MPreis sont dorénavant l'œuvre de Dominique Perrault. Lequel, à chaque fois mais en variant les procédures, y procède à l'inclusion d'un morceau de nature, réplique exacte de la nature environnante.

Present throughout the Austrian Tyrol, the M-Preis supermarkets are henceforth the work of Dominique Perrault. For each project, though choosing a variant of the same procedure, a bit of nature is always included, a faithful replica of the nature around the site.

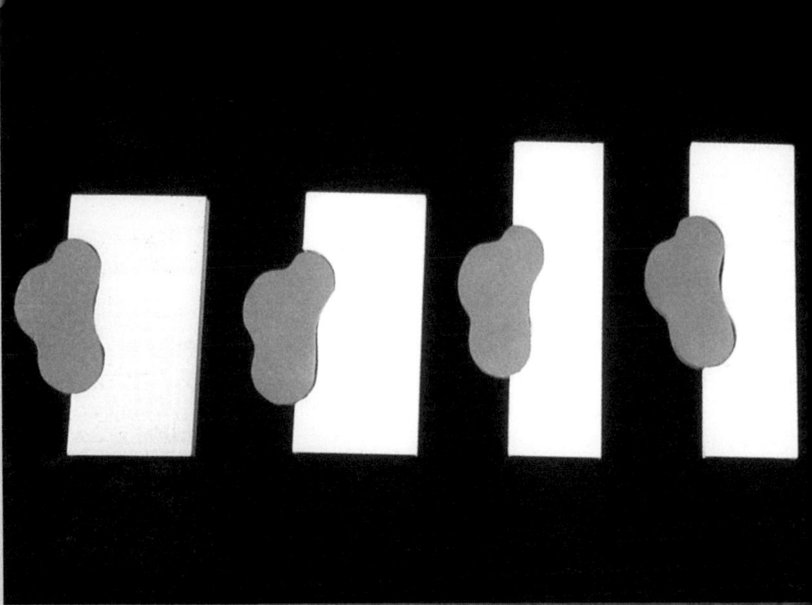

inventer un monde, concevoir un univers, le tracer, organiser des espaces dans l'espace, construire une logique du regard, de la géométrie, de l'imaginaire et des hiérarchies sociales. Aussi l'histoire des jardins est-elle chargée des hypothèses intellectuelles de leur temps, et les artistes y ont leur place. Chaque moment du jardin contient son lot d'expériences et de sensations, s'organisant au gré de l'allée, du sentier ou de l'itinéraire que tracent les pas. Le moindre chemin est un canevas et contient toutes les sensations dont le jardin est le catalogue. Le rêve moderne de l'œuvre d'art totale, qui saurait jouer sur tous les sens et combler toutes les attentes, y trouve un de ses modèles. »

Le jardin n'existe pas sans le regard de l'autre, souligne Christophe Domino. À propos de celui

tions catalogued by the garden. The modern dream of the total work of art – which would succeed in playing on all the senses and filling all expectations – finds one of its models here."

"The garden does not exist without the gaze of the other," Christophe Domino insists. On the subject of the garden in the BnF, the set designer and director of the Villa Medici in Rome, Richard Peduzzi adds: " And then the garden: you know, when you are working from a book and you are thinking, when you have an idea you always lift your head up and look out. At that moment it is quite pleasant to be facing a tree. Of course, we cannot enter the garden. But I think it is easier to lose yourself there from the work table, in thought, than by wandering around

Une fois n'est pas coutume : à Berlin, c'est la nature qui enserre l'architecture.
Inversions do occur: in Berlin nature encloses the architecture.

Aux portes de Nantes, on ne sait qui, de la nature ou de l'usine Aplix, absorbe l'autre.
On the outskirts of Nantes, who can tell, between nature and the Aplix factory, which absorbs the other?

de la Bibliothèque nationale de France, écoutons le scénographe Richard Peduzzi, actuel directeur de la villa Médicis, Académie de France à Rome : « [...] le jardin : vous savez, quand on est sur un livre, que l'on réfléchit, que l'on a une idée, on lève tout le temps la tête et on regarde. C'est bien de se trouver alors en face d'un arbre. Bien sûr, on ne peut pas y aller, dans ce jardin. Mais je crois qu'il est plus facile de s'y perdre depuis sa table de travail, par la pensée, qu'en y déambulant. Il est un peu comme un espace de théâtre. Si vous allez vous balader dans les

inside. It is a bit like a theater space. If you walk around the sets, backstage, it is, of course, quite interesting because you see what is underneath, in the wings – all of that – but the mystery is never quite the same as when it's observed from the hall." Nor does the garden exist without the itinerary traced by one's steps. If we believe the critic Francis Rambert, Berliners took charge of the velodrome and Olympic swimming pool very quickly: "the grass is high so unexpected paths are formed by nature. Everything

Un jardin suspendu entre ciel et terre, comme arraché à l'écorce géologique, morceau de nature en apesanteur pour le temple de Mitra à Naples.
For the Temple Mithra in Naples a garden hangs between sky and earth, as if torn from the geological crust, floating there like a bit of nature .

décors, c'est sûrement très intéressant parce que vous voyez les dessus, les dessous, les coulisses, tout ça, mais il n'y a plus le même mystère que lorsque vous êtes dans la salle... »
Le jardin n'existe pas non plus sans l'itinéraire que tracent les pas. Á en croire le critique Francis Rambert, les Berlinois se sont très rapidement emparés de celui conçu pour le vélodrome et la piscine olympique : « Les herbes sont hautes et des sentiers imprévus se sont naturellement formés. Tout semble échapper à la géométrie rigoureuse de l'architecte. » (« Sous les pommiers, la nage », *D'Architectures*.)
Á la Bibliothèque nationale de France, Perrault expérimente une forme spécifique de l'enfermement, de l'enfouissement, du retrait. Mais affirme : « Le jardin fait partie des matériaux de la Bibliothèque, au même titre que le verre, le bois, le métal ou encore la maille. C'est un matériau en pleine masse mais qui intègre, comme nul autre, la dimension du temps. Parce que c'est un lieu de métamorphose permanente, mais partie intégrante du bâti, il produit des sentiments qui sont le contraire de ce qu'ils sont supposés être. J'aime les phénomènes d'inclusion, mais aussi d'inversion. »
Il n'y a pas de nature, pense Dominique Perrault, mais des natures. Et, pour ce qui le concerne, ces natures ont pour objet de modifier la sensation et la perception du lieu. Poussant plus loin, il s'enflamme et tranche : « Les artistes ont déclaré un jour la mort de l'art, il est temps que les architectes fassent apparaître la disparition, la dissolution et l'effacement de l'architecture au profit d'un regard qui mêle et emmêle ville et nature, pour mettre en œuvre un paysage sans exclusion, fait de tout et pour tous, un chaos positif. »
Á cet emmêlement, Dominique Perrault excelle,o inversant sans cesse ses propositions, tant il est vrai, par exemple, que la Bibliothèque et Berlin constituent le positif et le négatif d'une même attitude.
Nature décalée, nature instrumentalisée, nature dominée, nature artificialisée, nature d'une autre nature, Perrault s'attache systématiquement à violer le tabou de la nature naturelle.

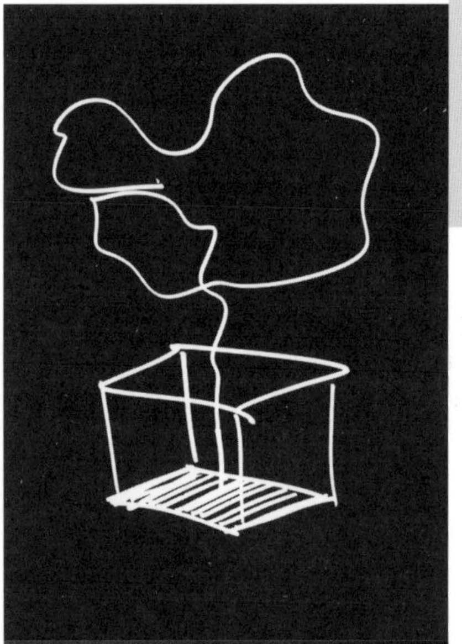

À Copenhague, dans le cadre de la manifestation Kolonihaven, Perrault, en guise de cabanon, livre un arbre enserré dans un étui fait de quatre feuilles de verre.
In Copenhagen, for the Kolonihaven project, Perrault's tree enclosed in a box composed of four sheets of glass serves as a garden shelter.

gives the appearance of escaping from the rigorous geometry of the architect" (in *Sous les pommiers, la nage,* D'Architectures).

In the BnF, Perrault experiments with a specific kind of enclosure, burial, recess. But he asserts: "The garden is part of the material of the library, the same as the glass, wood, metal or mesh. It is a material in the very center of the work, but, like no other, integrates the dimension of time. Because it's a place of continual metamorphosis, but an integral part of the construction, it produces feelings that are contrary to what one would expect. I like phenomena of inclusion, but also of inversion."

There is no nature, Dominique Perrault's thinks, but rather natures. The purpose of these natures, as far as he is concerned, is to modify the sensation and perception of a place. Pushing the boundary even further, he enthuses and clarifies: "one day the artists declared art was dead, it is time for architects to bring about the appearance of disappearance, the dissolution and effacement of the architecture to create a vision that mixes and entangles the city and nature, to install a landscape without exclusion, composed of everything and for everyone – a positive chaos."

Dominique Perrault excels in this tangle, ceaselessly inverting his propositions, as exemplified by the BnF and Berlin, which constitute the positive and negative aspects of the same attitude. Nature out of sync, exploited, dominated, made artificial, nature of another nature, Perrault systematically

C'est ainsi qu'il qualifie la Grande Serre de la Villette d'« instrument ». C'est ainsi encore qu'il pervertit l'échelle d'un supermarché MPreis, dans le Tyrol autrichien, par l'inclusion en son cœur d'un morceau de nature, réplique exacte de la nature environnante. Tandis qu'aux portes de Nantes, on ne sait plus qui, de la nature ou de l'usine Aplix, absorbe l'autre. Et qu'à Naples, pour le temple de Mitra, ruine à ciel ouvert coincée au fond d'un canyon de bâtiments surhabités, l'architecte projette un jardin suspendu, entre ciel et terre, comme arraché à l'écorce géologique, morceau de nature en apesanteur, geste tellurique, poétique et violent. Á l'inverse exact de la pratique d'un Giuseppe Penone, figure marquante de l'arte povera, qui, jouant sur les processus d'évolution, de croissance et de transformation, mêle étroitement le geste de l'artiste créateur de formes et celui de la nature créatrice de forces.

La manière de Perrault est, elle, bien plus volontariste et dominatrice même si, parfois, elle laisse place à l'aléatoire. Ainsi, à la Bibliothèque, douze cerisiers en pleine croissance composent un imprévu dû au seul travail des oiseaux...

Á propos de cette attitude propre à Perrault, Frédéric Migayrou, qui observe avec une atten-

works to violate the taboo of "natural" nature. He describes in this way the Great Greenhouse at la Villette as an "instrument". In another example he perverts the scale of an MPreis supermarket, in the Austrian Tyrol, by incorporating a piece of nature in the heart of the building, an exact replica of the nature surrounding it. Whereas, on the outskirts of Nantes, one simply cannot tell which absorbs the other – nature or the Aplix factory. Then in Naples, for the Temple of Mithra – an open-air ruin, boxed in at the back of a canyon of over-populated buildings – the architect casts a hanging garden, between earth and sky, as if cut out from the geological crust, a bit of nature in weightlessness, a telluric gesture, poetic and violent. It is the exact opposite of that striking figure of Arte Povera Giuseppe Penone's practice. By playing with evolutionary processes of growth and transformation, he mingled the gesture of the artist – a creator of forms – with that of nature – a creator of forces.
Perrault's manner is much more willful and dominating, even if it occasionally leaves room for chance. So at the BnF, because of the birds, twelve flourishing cherry trees create an unpredictable work.

À l'occasion de l'exposition *Architectural Visions for Europe*, organisée à Düsseldorf en 1994, Perrault propose un projet de *Glass House* qui résume clairement sa vision de la relation nature-culture.
For the exhibition "Architectural Visions for Europe," held in Düsseldorf in 1994, Perrault proposes a glasshouse, which clearly summarizes his vision of the relationship between nature and culture.

tion continue l'itinéraire et les trajectoires de l'architecte, écrit : « La nature n'est plus un domaine d'indétermination, elle s'impose comme un objet de connaissance, elle est soumise aux lois de la régulation et de la production industrielle, elle est exploitée, exténuée à l'extrême, mais elle est aussi disponible à une maîtrise nouvelle, elle peut être développée, elle est l'objet d'une ingénierie propre. » (*With*, Actar, 1999.)
Instrumentalisée, dominée, exploitée, exténuée... ne pas croire pour autant que Perrault violente la nature. Simplement, il la cultive dans tous les sens du terme.
Á cet égard, l'expérience de Kolonihaven, organisée à Copenhague par la galeriste Kirsten Kayser, est tout à fait symptômatique. En 1996, celle-ci invite quelques architectes, parmi lesquels l'Américain Michael Graves, l'Espagnol Enric Miralès, le Portugais Alvaro Siza et le Suisse Mario Botta à imaginer une version contemporaine de

Regarding this attitude specific to Perrault, Frédéric Migayrou, who observes the architect's itinerary and trajectories with sustained interest, writes: "Nature is no longer a domain of indetermination. It is there as an obvious object of knowledge, subject to the regulatory laws of industrial production, it is exploited, exhausted in the extreme, but it is also available for a new mastery, it can be developed, it is the object of its specific engineering" (in *With,* Actar, 1999).
Exploited, dominated, exhausted... One must not think this means Perrault violently tackles nature. He merely cultivates it, in every sense of the term.
In this regard, the Kolonihaven experience, organized in Copenhagen by the gallery owner Kirsten Kayser is symptomatic indeed. In 1996, she invited a few architects – including, in addition to Perrault, Michael Graves, Enric Miralès, Alvaro Siza and Mario Botta – to imagine a

■
Une vision à nouveau mise en œuvre pour le Centre d'information sur la France contemporaine à Mexico.
Perrault implements his vision again for the Centre d'information sur la France contemporaine in Mexico City.

Kolonihaven, un ensemble de jardins ouvriers, de dilection et non pas potagers, qui tous comportent un « cabanon » dans lequel on peut séjourner mais pas dormir. L'expérience, éphémère, se déroulera dans un parc aménagé à la place d'un ancien golf, au moment de l'inauguration du nouveau musée d'Art contemporain de Copenhague.
Dominique Perrault accepte la proposition, mais la détourne, la pervertit.
En lieu et place de la maison, de l'arbre et de la clôture, il livre un arbre enserré dans un étui fait de quatre feuilles de verre et pose la question, sourire en coin et œil en vrille : « La vraie nature de notre nature est-elle d'une autre nature ? » Sur le même ton, Enric Miralès commentait : « Dominique Perrault a rêvé ce projet, mais il n'a pas pu y faire la sieste. » À Copenhague, Perrault livrait un nouvel avatar de ses « enfermements naturels ». Mais, délié de tout programme et de tout cahier des charges proprement architecturaux, il en fait, véritablement une intervention artistique, au sein de laquelle, d'ailleurs, il intègre les phénomènes de transformations naturelles. Soit une œuvre qui se transforme

À Caen, avec le réaménagement du site industriel Unimétal, Perrault organise une trame carrée indifférenciée et donne priorité à l'échelle sur la spécificité ! Tout comme il affirme la primauté de la géographie sur l'histoire.

In Caen, with the redevelopment of the Unimétal industrial site, Perrault organizes an undifferentiated grid plan and gives priority to scale over specificity. Just as he asserts the primacy of geography over history.

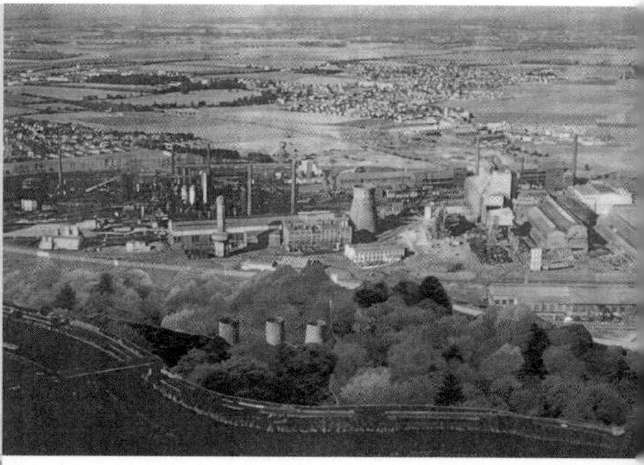

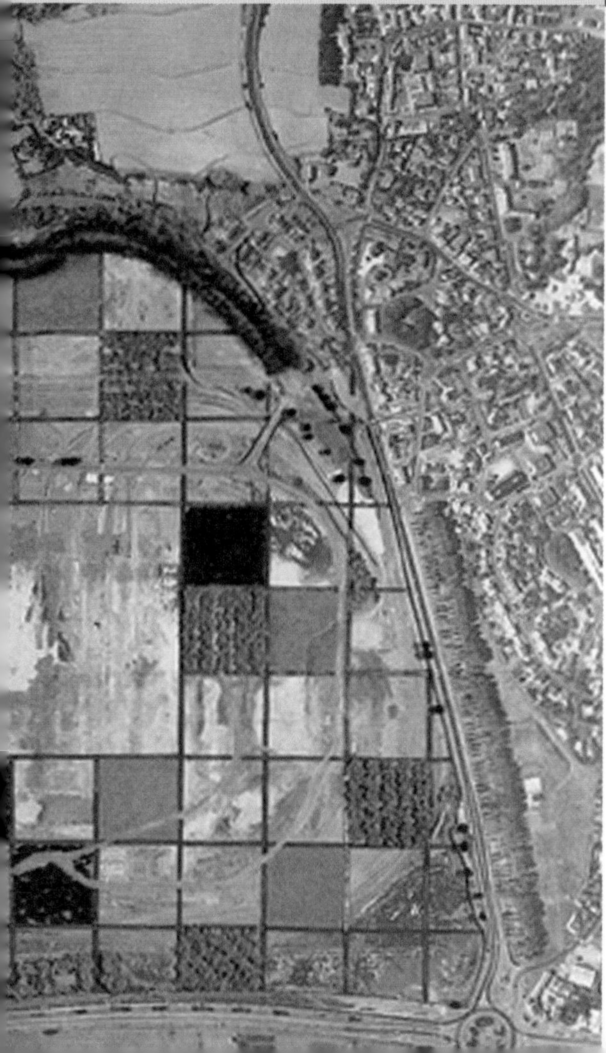

contemporary version of Kolonihaven, an ensemble of "workers' gardens" (but for pleasure, not vegetables!), each of which had a little "shelter" in which one could spend the day but not the night. This ephemeral experience was to take place in a park on an old golf course, at the same time as Copenhagen's new contemporary art museum was being inaugurated. Dominique Perrault accepted the proposition; but distorted, perverted it.

Instead and in place of the little house, the tree inside the fence, he delivered a tree inserted into a case composed of four sheets of glass, asking the question, with a Cheshire grin and a squint: "Is the real nature of our nature of another nature?" Enric Miralès commented with the same tone: "Dominique Perrault dreamt this project – but he wasn't able to sleep in there." In Copenhagen, Perrault delivered an avatar of his "natural enclosures". But free of any architectural program or any specifications, he made a genuinely artistic intervention out of it, into which he integrated the phenomena of natural transformations, i.e. a work that transforms itself without ever

(page précédente)
À Milan, presque incongrue, la piazza Gramsci se lit plus comme une intervention, une installation au caractère *arty* affirmé, que comme un aménagement.
(preceding page)
In Milan, the almost incongruous Piazza Gramsci reads more like an intervention, or an art installation, than a development project.

Au cœur de Munich, au plus profond d'un îlot étroit, Perrault prend l'option, pour le siège de la HypoBank, de deux lames de verre contenant le tout en sandwich, et s'élevant très haut vers le ciel. Ici, une fois encore, le verre enserre le vert.
For his HypoBank headquarters in the heart of Munich, deep inside a narrow city block, Perrault opts for two sheets of glass that sandwich the whole, rising very high into the sky. Here, once again, glass encloses glass.

sans que jamais on y touche, et qui alterne le givre de l'hiver sur les parois de verre, la floraison du printemps, la touffeur de l'été et le tapis inaccessible de feuilles mortes à l'automne.
Au moment de l'installation du cube de Kolonihaven, une échelle double, à cheval sur l'une des parois, permettait l'enjambement avant fermeture définitive. L'analogie était imparable avec le Rooftop Urban Park Project installé par l'artiste américain Dan Graham sur le toit du Dia Center for the Arts de New York en 1991. Il ne s'agit pas ici de revendiquer une quelconque antériorité, mais bien plutôt d'explorer les rapports étroits qu'entretient l'architecture de Dominique Perrault avec l'art contemporain. Et force est de constater que les expériences d'un Dan Graham, d'un Robert Irwin (et notamment ses *Nine spaces, nine trees,* installés à Seattle en 1983) ou encore d'un Daniel Buren (et notamment les *Cabanes éclatées*) sont plus proches des

being touched, alternating winter frost on the glass casing with spring flowerings, summer foliage and a carpet of inaccessible dead leaves in the autumn.

During the installation of the Kolonihaven cube, a double ladder, placed over one of the glass sheets, allowed one to scale it before the definitive closing. There's an implacable analogy with the Rooftop Urban Park Project by the American artist Dan Graham installed on top of the Dia Center for the Arts, in New York, in 1991. This is in no way an issue of anteriority, but much more about exploring the way Dominique Perrault maintains a close rapport between his architecture and contemporary art. One has to notice that the experiments of Dan Graham, Robert Irwin (particularly his *Nine Spaces, Nine Trees*, installed in Seattle in 1983) or Daniel Buren as well (and especially his *Cabanes éclatées*)

préoccupations de Perrault, en terme de traitement d'un lieu en étroite dépendance avec l'espace. Dans un registre autrement plus conceptuel que contextuel. Parce que, dans toute son œuvre, l'architecte laisse libre part à la sensation, préserve toujours un revers de liberté poétique. À l'instar d'un artiste, l'architecte laisse au visiteur la possibilité d'inventer des attitudes, de jouer, affirmant que « l'architecture est un fait culturel qui se nourrit au-delà de son propre champ académique, qu'elle est un lieu où se tissent et se métissent en toute liberté des expériences humaines et des sensibilités esthétiques. » Au-delà de la seule nature à maîtriser (Freud luimême tempêtait : « Quelle ingratitude, quelle courte vision que d'aspirer à l'abolition de la culture ! Ce qui resterait alors serait l'état de nature, et celui-ci est beaucoup plus difficile à supporter »), d'autres territoires, on le verra, mobilisent l'attention de Dominique Perrault : la géographie qu'il préfère à l'histoire, la géologie, le tellurique...
À un moment où, justement, la topographie devient un enjeu majeur de la création artistique actuelle et une clé pour l'appréhender. Cartes, plans, images satellitaires, prises de vue, échantillonnages, diagrammes et tableaux, jamais les artistes n'ont aussi massivement et systématiquement représenté le monde qu'aujourd'hui afin d'en mieux révéler, dévoiler la nature profonde.
Rien d'étonnant, dès lors, qu'à l'issue de l'expérience de Kolonihaven, l'installation de Dominique Perrault ait été récupérée. Par le musée Louisiana de Copenhague.

En Espagne, on n'offre jamais de fleurs coupées. Seulement des fleurs en pots ou des plantes vertes faites pour durer. Pour Fagor, fabricant ibérique de cuisines et d'électroménager, Perrault s'amuse à mettre en scène son appétit pour les phénomènes d'inclusion, voire d'inversion.

In Spain, one never offers cut flowers, only potted ones or green plants that last. For Fagor, a Spanish manufacturer of household appliances, Perrault has fun exposing his appetite for phenomena of inclusion, or even inversion.

are among Perrault's close preoccupations, in terms of the treatment of a place in close dependence with space; in a far more conceptual than contextual register. Because the architect leaves room for free sensation in all of his work; always preserving an undercurrent of poetic liberty. Like an artist, the architect leaves the visitor with the possibility of inventing attitudes, of playing. He asserts: "Architecture is a cultural construct that draws inspiration from outside its own academic field, it is a place where things are woven and interwoven in the complete freedom of human experiences and aesthetics."

Beyond just mastering nature (Freud himself railed: "What ingratitude, what shortsightedness to aspire to the abolition of culture! The only thing remaining would be the state of nature, which is far more difficult to bear."), we shall see that other territories garner Dominique Perrault's attention: geography – which he prefers to history, geology, the telluric.

Precisely at a moment when topography is becoming a major issue in contemporary artistic creation and a key for understanding it: maps, plans, satellite images, snapshots, samples, diagrams and tables – never before have artists represented the world in such a massive and systematic way in order to better reveal its deeper nature.

Nothing surprising then that at the end of the Kolonihaven experiment, only Dominique Perrault's installation was acquired by the Louisiana Museum of Copenhagen.

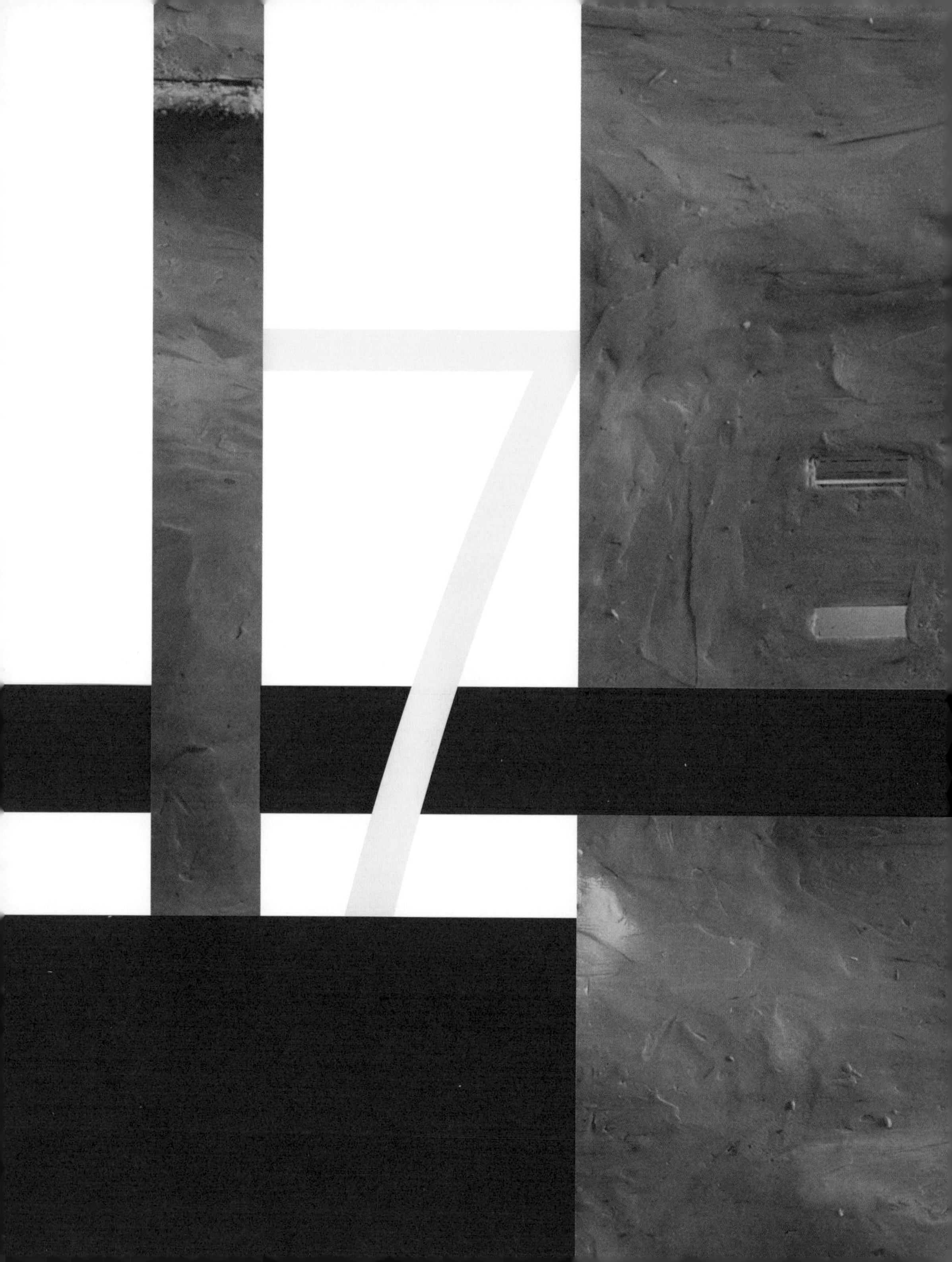
7

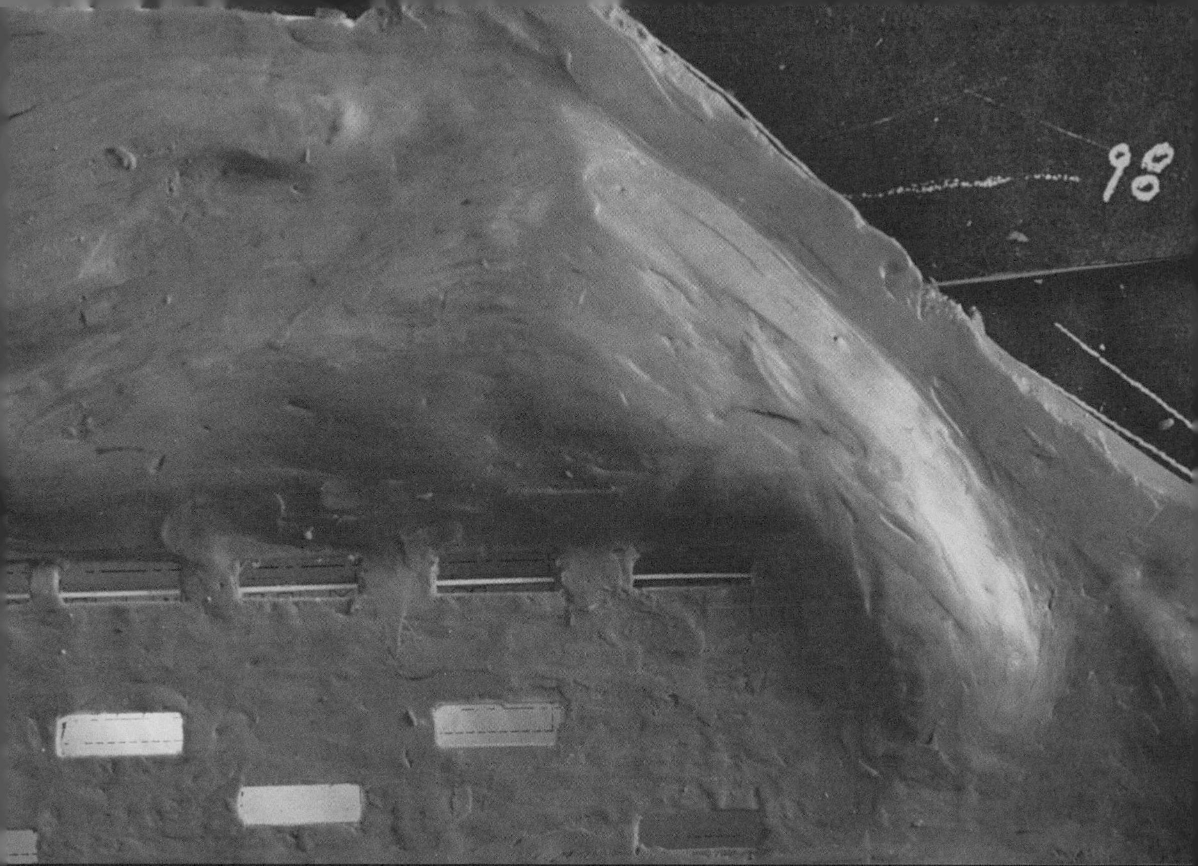

fusion
fusion

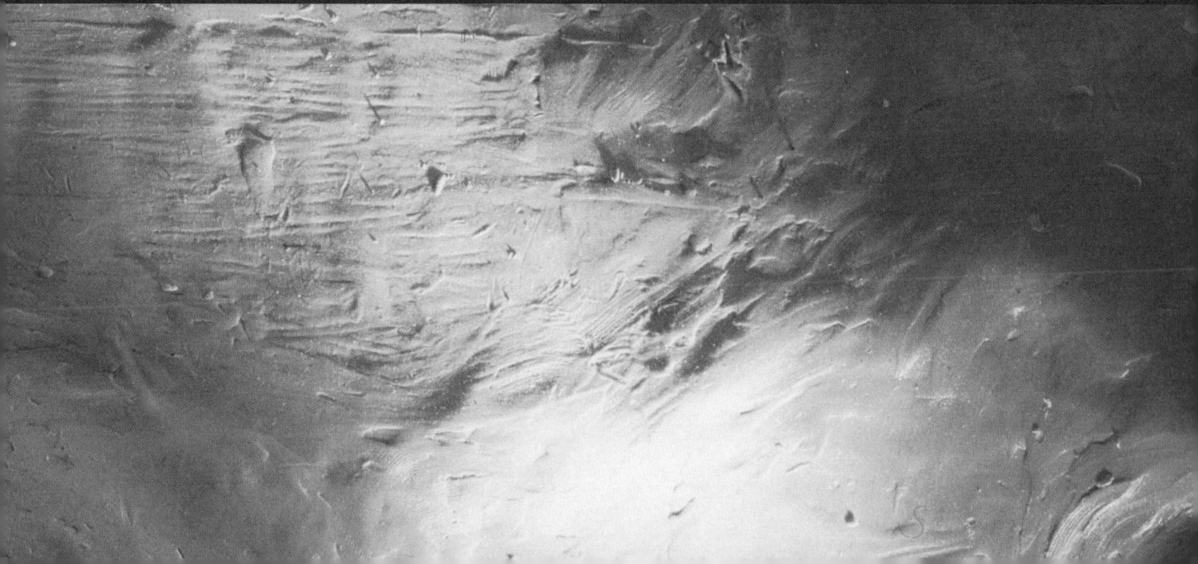

Ombres et lumières
Light and shadow

Dominique Perrault, à propos de la Bibliothèque nationale de France : « Lorsqu'on débouche sur les grandes salles de lecture, l'espace est vertical, vertigineux, on ressent un choc psychologique qui pourrait faire penser à une descente aux enfers, mais ouvre en réalité les portes du jardin d'Éden, du Saint des Saints, une cathédrale...
Ce dégagement de près de trente mètres de hauteur est situé sous la masse la plus lourde, vingt-deux étages de tours, qui ont de la sorte pour fondation, des livres et des murs. »
Il y a, à l'évidence, chez Perrault, une tentation (une compulsion ?) à s'enterrer, à s'encaver, à s'encastrer, à s'enfouir. Régression (retour à la caverne,

Dominique Perrault, talking about the BnF: "When you walk out into these huge reading rooms, space is vertical, vertiginous, you experience a psychological shock that might make you think of a descent into hell, but they actually open onto the gates to the Garden of Eden, the Holy of Holies, a cathedral...
"This floor-to-ceiling openness of almost 30 meters is located under the heaviest mass, 22 floors of towers, whose foundations are walls and books."
It seems that Perrault has a real temptation (a compulsion?) to bury himself, crawl into a cave, build himself in, dig himself in. Is it

S'enterrer, s'encaver, s'enfouir, fusionner... irrésistible tentation à laquelle Perrault cède souvent, et notamment à Saint-Germain-en-Laye avec le Centre de conférences d'Usinor-Sacilor (IRSID).
Bury, submerge, sink, merge... irresistible temptations for Perrault, notably at Saint-Germain-en-Laye, France, with the Usinor-Sacilor conference center.

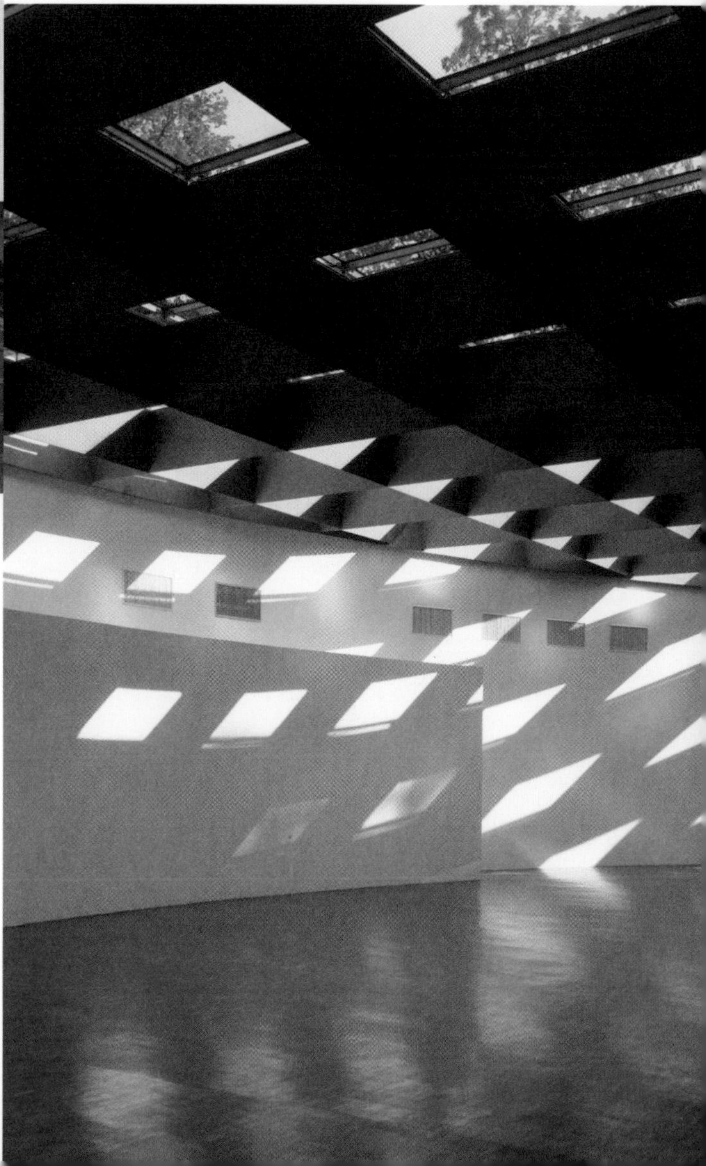

Ne rien toucher à l'existant. Creuser, provoquer une inversion, poser sur un plateau de verre, donner le sentiment d'une lévitation et jouer de l'effet de réversion entre le jour et la nuit, entre lumière naturelle et lumière artificielle.
Touch nothing. Dig, make an inversion, place things on a glass tray, give the feeling of levitation and play on the shifting effects of day and night, between natural and artificial light.

à la matrice) ou prémonition (abri antiatomique) ? Quelque chose de plus profond et de plus vivant en réalité. La nécessité, littéralement physique, pour lui, de s'emparer du territoire, de fusionner le construit avec la terre, la volonté de pousser au plus loin l'idée que « pour que naisse le mystère, concept et matière doivent se colleter l'un avec l'autre ».

En témoignent ces architectures tectoniques, telluriques, qui jalonnent son parcours.

Déjà, la Bibliothèque nationale de France, ainsi que le vélodrome et la piscine olympique de Berlin, en versions positive et négative, en sont des démonstrations évidentes.

Dans une moindre mesure, l'usine de traitement des eaux de la SAGEP à Ivry-sur-Seine témoigne, elle aussi, de cette tentation assumée et réalisée. Tentation de l'ombre qui n'exclut en aucune manière la lumière, bien au contraire. Comme le souligne très justement la critique Odile Fillion : « Le plus spectaculaire peut-être est l'idée d'un capotage périphérique, comme une grosse bouée rectangulaire et transparente de 8 mètres de hauteur. C'est ce cylindre de verre et de métal, en surélévation sur l'avenue Jean-Jaurès, qui constitue maintenant la façade de l'usine sur la ville. Derrière les courbes vitrées, les dispositifs techniques d'une galerie de maintenance, idée qui a sorti les personnels des sous-sols humides. Étonnante perspective que celle de ces cylindres déserts, de 200 mètres de long, rythmée par des balises au sol et des canalisations. Un vrai décor de film, baigné dans des camaïeux de gris, de béton brut ou gravillonné, et prolongé en terrasse par des plans d'eau... » (*Dominique Perrault*, catalogue de l'exposition organisée à Arc en Rêve à Bordeaux en 1994, éd. Artémis.)

Au vrai, s'enfouir, pour Perrault, est une autre manière de manifester son indifférence, son désintérêt pour l'architecture en tant que telle, pour tout exercice de « façadisme ». Une manière de contester le travail du Mouvement moderne qui, très corbuséen, n'aime rien tant que se détacher du sol, grimper sur pilotis.

Régler des comptes, peut-être ? En tout cas, aucune nostalgie dans cet engagement basé sur l'instinct, le primitif, articulé sur un goût certain du vertige, nourri par une vraie jubilation intellectuelle à transporter le champ expérimental dans ces dimensions-à.

S'il fallait à tout prix chercher et trouver des références historiques à Perrault, on irait plutôt

regression (return to the cave, the matrix) or premonition (the atomic fallout shelter)?
In fact it is something truer and deeper. The literally physical necessity for him to seize control of the territory, to merge the building with the earth, the will to push to the limits the idea that "to give birth to mystery, concept and material must wrestle with each other." The tectonic, telluric architecture with which he has staked out his path testify to this.
Two early and obvious demonstrations of this, in positive and negative, are found in the BnF and the velodrome and Olympic swimming pool in Berlin. To a lesser degree, the SAGEP water treatment plant in Ivry-sur-Seine also testifies to this temptation, which Perrault has accepted and actualized. A temptation of the shadows, which in no way excludes light, quite the contrary. As the critic Odile Fillion rightly emphasizes, "perhaps the most spectacular idea is the one of a peripheral cowling, like a huge rectangular and transparent buoy, 8 meters high. This cylinder of glass and metal, which is raised above the Avenue Jean-Jaurès, now forms the main façade of the plant facing the town. Behind the curved glass nestles a maintenance gallery, the idea was to bring the personnel up and out of damp underground quarters. These deserted cylinders offer an amazing perspective, 200 meters long, punctuated by pipes and beacons on the ground – a fantas-

chercher du côté des grottes rupestres, gigantesques cavités qu'un simple petit trou dans le sol éclaire a giorno. Ou encore du côté du Panthéon de Rome : quelques marches à descendre avant de pénétrer dans un cercle de plus de 60 mètres de diamètre, merveilleusement et mystérieusement éclairé par un oculus zénithal de moins de 7 mètres de diamètre...
Mais c'est véritablement en 1989, lorsqu'il remporte le concours portant sur l'IRSID, le Centre de conférences d'Usinor-Sacilor à Saint-Germain-en-Laye, qu'il va mettre en œuvre pleinement ses concepts en la matière. À cet égard, il est symptomatique de constater que se retrouvent ici opposées les trois «stars» de l'architecture française, et chacune dans un exercice de style incroyablement révélateur : Jean Nouvel avec un cube de verre, Christian de Portzamparc avec un dédoublement du lieu et Dominique Perrault avec une inversion.
Qu'on imagine une grosse maison bourgeoise, laquelle, flanquée de ce qu'il est convenu d'appeler un « suppositoire d'honneur », est dénommée château. Il s'agit de moderniser, de remodeler, d'agrandir. Perrault ne touche pas, ou à peine, à l'existant. Il creuse sous le bâtiment et alentour, construit les fondations qui n'existent pas, et installe nouveaux aménagements et extensions sous une structure en plaques de verre qui remplace le niveau naturel évidé, le complète, le prolonge, le transforme en un nouveau tout.
« En posant le château sur un plateau de verre, on définissait un lieu évident et un signe identifiable, raconte Perrault. Cette évidence est née de la douceur de l'insertion de la partie nou-

tic film-set, bathed in shades of gray, untreated or graveled concrete and extended into a terrace by the filtering ponds..." (*Dominique Perrault*, catalogue from the 1994 exhibition organized at Arc en Rêve in Bordeaux.)
Actually, fleeing for Perrault is just another way of manifesting his indifference, disinterest for architecture as such, for any exercise in "façadism". A way of contesting the work of the Modern movement, which being very Corbusian, likes nothing better than to lift itself off the ground and climb up on stilts.
Getting even perhaps? In any case, there is no nostalgia in this commitment that springs from instinct – the primitive – articulated around a definite taste for the vertiginous, fed by the intellectual jubilation of transporting the experimental field into these dimensions.
If it were absolutely necessary to find historical references in Perrault's work, one would do better to look at Neolithic rock grottos, gigantic cavities with a simple little hole providing daylight. Or to the Pantheon in Rome: descend a few steps before penetrating into a circle of more than 60 meters in diameter, wonderfully and mysteriously illuminated by an oculus of less than 7 meters in diameter.
But it is really in 1989, when he won the competition for the Usinor-Sacilor conference center in Saint-Germain-en-Laye, France, that he fully implemented his ideas on the subject. In this regard, it is symptomatic to observe that the three "stars" of French architecture are up against each other here, each in an incredibly revealing stylistic exercise: Jean Nouvel with a

À Berlin, c'est la déclivité qui donne la mesure. Depuis le verger, le vélodrome et la piscine olympique, capotés de mailles métalliques, oscillent entre primitivisme et vertige.

For Berlin, it is the incline that provides a sense of scale. Viewed from the orchard, the velodrome and Olympic swimming pool, topped off with metallic mesh, waver between primitivism and vertigo.

velle qui vient inclure les dessous de la maison dans un volume de verre enchâssé dans le sol. La géométrie de cette base en forme de cercle fait converger les multiples approches en venant de l'axe principal, de la nouvelle entrée ou bien du fond du parc. Le disque de verre, quant à lui, filtre la lumière naturelle et joue avec la lumière artificielle. En effet, pendant la journée, la plaque est lisse et brillante, et la maison s'y reflète comme dans une pièce d'eau. À la tombée de la nuit, on obtient l'effet contraire, la surface de verre s'éclairant, elle illumine la maison. »

Bel effet de réversion, que viennent enrichir la passerelle qui enjambe un plan dont on ne sait plus s'il est d'eau ou de verre, le léger effet de vertige ainsi provoqué, le sentiment étrange

glass cube, Christian de Portzamparc with a site split in two and Dominique Perrault with an inversion.

Imagine a big bourgeois house, commonly referred to as a *château*. The task is to modernize, remodel and enlarge it. Perrault barely touches what exists. He digs under and around it, lays foundations that do not exist, instals a new layout, facilities and extensions underneath a plate-glass structure that replaces the natural ground level, which has been scooped out. He completes, prolongs and transforms it into a new whole.

"By placing the *château* on a glass tray, we defined an obvious place and an identifiable sign," Perrault recounts. This obvious quality

Depuis l'entrée de la BnF, la sensation est étrange : encavées certes, mais avec une telle découverte sur le ciel...
The feeling in the hall of the BnF is strange; one of being in a cave, of course, but also uncovered and open to the sky.

À Ivry-sur-Seine, l'immense bouée de la SAGEP, cylindre de verre et de métal, quoique en surélévation sur la rue, laisse entrevoir de mystérieux dessous.
In Ivry-sur-Seine, the enormous SAGEP lifebuoy, a glass and metal cylinder, though elevated in relation to the street, allows one to glimpse its underground mysteries.

de passer « à travers le miroir » et, à l'automne, les feuilles mortes qui composent un tapis multicolore simplement agité par le vent. Trois ans plus tard, Aude et Dominique Perrault conçoivent de concert, comme souvent, un nouveau projet, inhabituel pour eux. Sur un terrain de 4 000 mètres carrés en bordure de la mer, la villa One est une maison troglodyte, incrustée dans une pente, creusée dans un schiste pas très dur, et qui comporte cinq côtés puisque l'on marche sur son toit. Un toit planté de genêts et de bruyères comme une véritable lande bretonne, et ponctué de plaques de verre intercalées qui laissent pénétrer la lumière naturelle au cœur de la maison.

La très longue façade, tournée vers la mer qui se devine derrière les arbres, est entièrement vitrée. Parallélépipède rectangle incrusté dans le sol, d'une folle simplicité, cette maison, par le simple jeu subtil du découpage de l'espace intérieur, constitue une idéale maison de vacances.

Sur la partie arrière de la maison se trouvent, totalement enterrées, les chambres. Elles ouvrent sur un couloir longitudinal qu'inondent de lumière des ouvertures zénithales. Maison à l'évidence tectonique, tellurique, qu'Aude

grows out of the softness of the insertion of the new part, which includes the house in a volume of glass set into the ground. The circular geometry of the base creates a convergence of multiple approaches, whether coming from the main axis, the new entry or from the far end of the park. The glass disk filters the natural light, playing it off against the artificial light. Actually, during the day it is smooth and shiny, and the house is reflected in it like in a pool of water. At nightfall, the opposite effect is obtained with the glass surface illuminating the house."

It is a beautiful effect of reversal, which enhances the impact of the footbridge. You cannot tell whether it is crossing water or glass, which causes a slight effect of dizziness, a strange sensation of "passing through a mirror". And in the autumn dead leaves form a multicolored carpet blown about by the wind.

Three years later, Aude and Dominique Perrault designed a project together, as they often do; a new and unusual project for them. On a 4,000 m^2 parcel of land by the sea, the Villa One is a troglodyte house, embedded into the side of a slope, dug out of the hard shale and comprising five sides, because you can walk on the roof. The roof is planted with broom and heather, like a genuine Breton moor, and punctuated with plate-glass inserts allowing natural light to penetrate into the heart of the house.

The very long façade turned towards the sea, which shows through the trees, is entirely glassed-in. A parallelepiped rectangle embedded in the ground, the house is of an insane simplicity, and makes for a perfect vacation house through the subtle play of the separation of interior spaces.

À l'hôtel du département de la Meuse, à Bar-le-Duc, Perrault laisse aussi affleurer sa tentation de l'ombre.
Again, for the Meuse administrative headquarters in Bar-le-Duc, France, Perrault allows his taste for shadow to emerge.

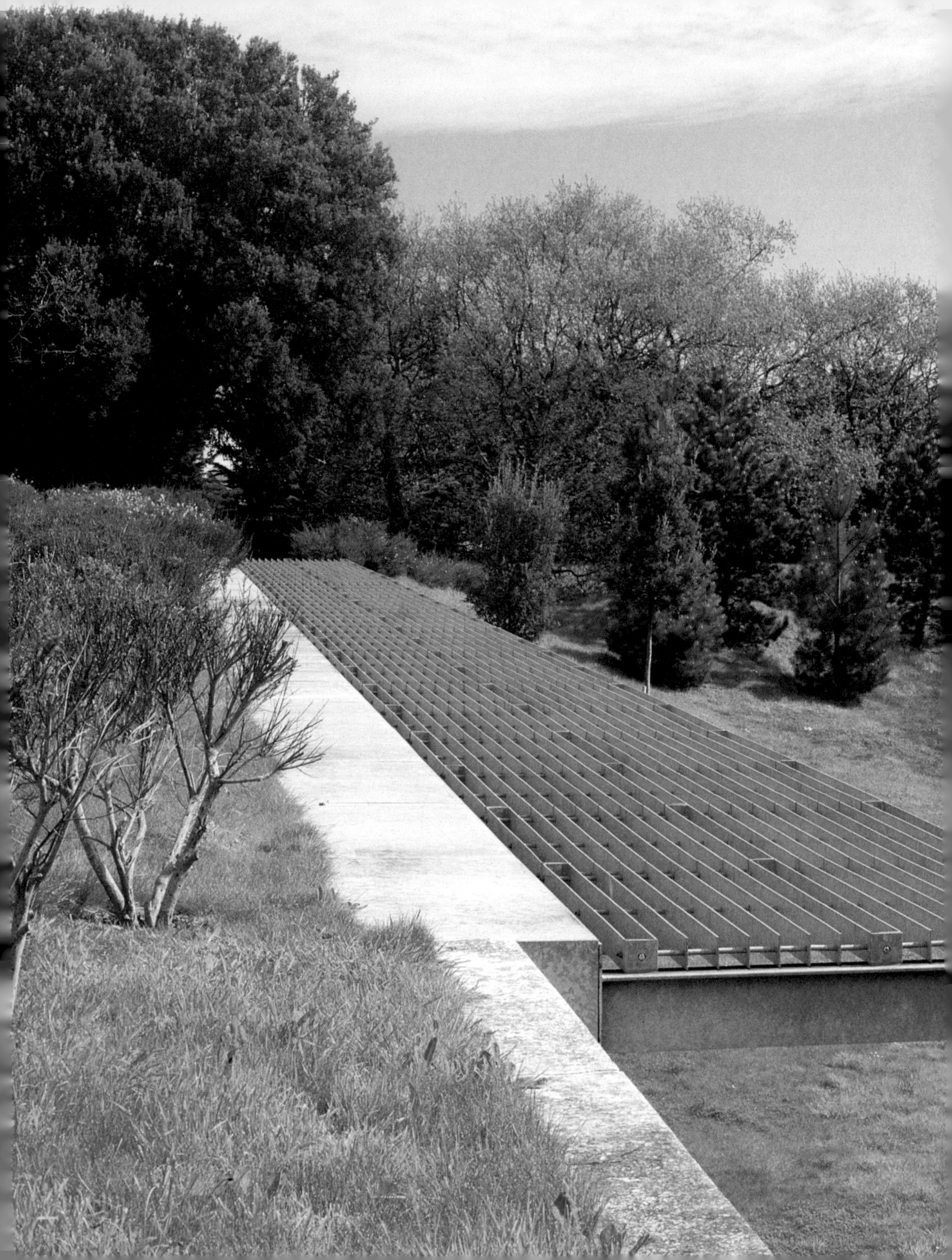

Perrault, la «mérienne», décrit en ces termes : « Ailleurs, au bord de mer, conteneur rejeté par les flots, échoué, encastré, niché, lové dans la dune, un ailleurs, un vide, un "entre-ciel-et-terre", un "entre-deux-eaux", une bouée, une vague, une déferlante...

« Il n'y a pas de ponton, il y a un champ, il n'y a pas l'infini, il y a des chênes, il n'y a pas le mouvement de l'eau, il y a celui de la vallée, il n'y a pas le miroitement, il y a ces mille reflets capturés, il n'y a pas les embruns, il y a ce rideau de pluie ruisselante. Il n'y a pas le sillage qui s'efface, mais il y a l'absence de trace, il y a l'apesanteur, il y a le dénuement, il y a la lumière, il y a le total envahissement, soleil, vent, ciel, nuages, nature, et leurs caprices piégés... dehors ? dedans ? présence ? absence ?

« Maison regard, regard sur le monde, interrogation, question, dispartion, sans concession, sans limite, sans barrières, rebelle, libre, hors du temps, vide, pleine. Il n'y a pas de maison, il y a un ailleurs, il y a un rêve et une ancre, un mouillage, pour se souvenir du goût du bonheur. Maison toit, leur maison, leur enfance, leur eau de mer. » Métaphore océane pour une maison terrienne...

Completely buried at the back of the house, one finds the bedrooms. They open onto a longitudinal corridor inundated with light pouring in from the glass openings overhead. An obviously tectonic, telluric house that Aude Perrault, the "seafarer," describes in these terms: "Elsewhere, by the sea, a container thrown up in the flotsam, a castaway, embedded, nestled, coiled up in a dune, elsewhere, a void, between sky and earth, in between two waters, a buoy, a breaker, rolling in...

"There is no bridge, there's a field; there is no infinity, there are oak trees; there's no movement of the water, but movement of the valley; there is no mirror-effect, there are thousands of trapped reflections; there's no ocean spray, there is a dribbling curtain of rain. There is no furrow disappearing, but the absence of a trace, there is weightlessness, there is austerity, there is light, there is total invasiveness, sun, wind, sky, clouds, nature and their captured caprices. Inside? Outside? Presence? Absence?

"Gaze on the house, gaze on the world, interrogation, question, disappearance, without concession, limit or barriers, rebellious, free,

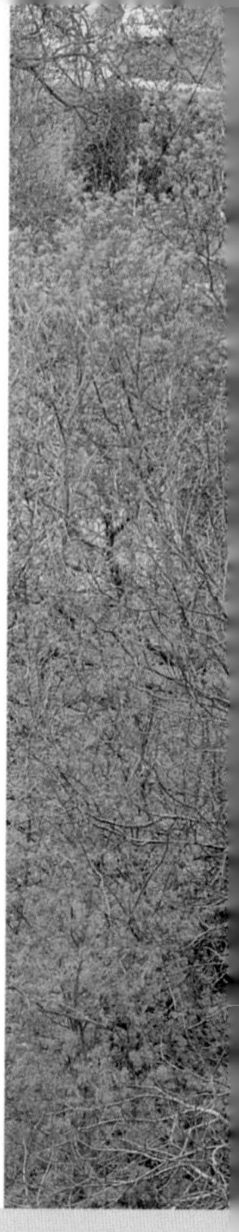

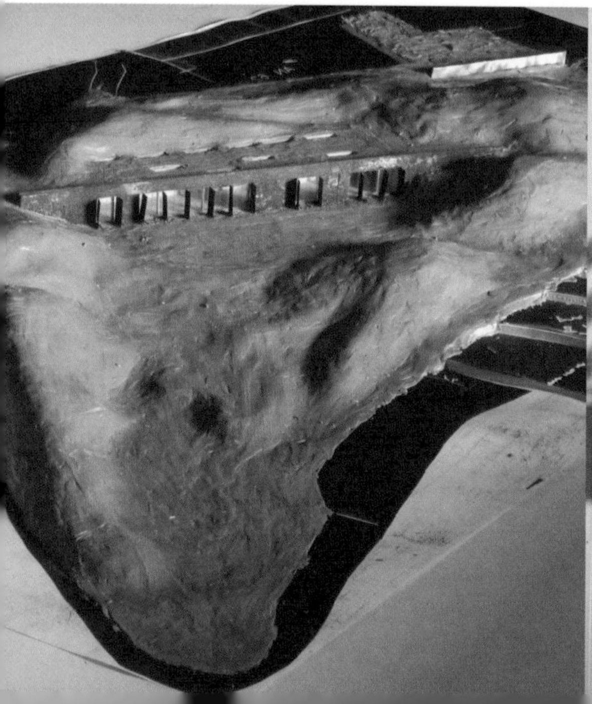

Maison tellurique, tectonique
plus encore que troglodyte,
parallélépipède rectangle
incrusté dans le sol,
la Villa One est une maison
double : terrienne
et maritime tout à la fois.

*A telluric house, tectonic
rather than troglodyte,
a parallelepiped rectangle
embedded in the ground,
the Villa One is a double
house: simultaneously
land-loving and seafaring.*

Ivry, Saint-Germain-en-Laye, la Bibliothèque, Berlin, la villa One : la tendance se précise, s'affirme, s'enracine.

Deux autres projets vont suivre, deux « occasions manquées », l'une au Japon, l'autre en Espagne, qui vont permettre à Dominique Perrault d'aller plus loin encore dans cet enchevêtrement d'ombres et de lumières, d'intérieur et d'extérieur, d'apparition et de disparition. À leur propos, l'architecte et historien Marc Bédarida écrira : « Cette architecture tellurique dont les excroissances n'existent que comme signal d'un développement que l'œil ne peut saisir entièrement... ».

En 1996, Perrault participe à un concours organisé au Japon, qu'il ne gagnera pas. Il s'agit de créer, au cœur d'un triangle dont les trois pointes se nomment Kyôto, Nara et Ôsaka, la bibliothèque de la Kansaï Science City. D'emblée, Perrault décide d'enterrer la bibliothèque proprement dite, la Kansaï Kan, sur trois étages, à une profondeur de 10,80 mètres. Mais bien sûr, là encore, le sol est ouvert/entrouvert et laisse déferler la lumière au plus profond. Émergeant du sol, à la manière de la partie visible d'un

beyond time, empty, full, there is no house, there's one elsewhere, there's a dream and an anchor, an anchorage, for remembering the taste of happiness. Roof house, their house, their childhood, their seawater." Ocean metaphors for a land-house.

Ivry, Saint-Germain-en-Laye, the BnF, Berlin, the Villa One, the trend clarifies, asserts itself, takes root.

Two other projects followed, two "missed opportunities," one in Japan, the other in Spain, which allow Dominique Perrault to develop this overlapping of light and shadow, interior and exterior, appearance and disappearance, and about which the historian and critic Marc Bérida writes "This telluric architecture whose outgrowths only exist to signal a development the eye cannot entirely seize".

In 1996, Perrault participated in, and lost, a competition organized in Japan. It was about creating, in the heart of a triangle whose three points are Kyoto, Nara and Osaka, the library for the Kansaï Science City. From the start Perrault decided to bury the library, the Kansaï Kan, on three levels, at a depth of 10.8 meters. But of

Toutes les pièces ouvrent sur un couloir longitudinal, et sont inondées de lumière grâce aux plaques de verre qui ponctuent la promenade de genêts et de bruyères constituant le toit.
All rooms open onto a long central corridor, and are inundated with light due to the plate-glass that punctuates the promenade of broom and heather on the roof.

iceberg, une lame de verre immatérielle est environnée d'un morceau de nature plus japonais que nature.
En réalité, Perrault superpose là ce qu'il appelle trois jardins : le jardin naturel, soit une vaste esplanade de bois formant un large chemin, bordé de pins plantés sur un tapis de mousses et d'herbes rares ; le jardin de verre, constitué par la lame de verre, immatérielle, sorte de cristal aux reflets changeants, habitée par une myriade de verres, opalescents, luminescents, opaques, changeants, permettant à la lumière de se refléter et constituant en même temps un écran de contrôle solaire ; le jardin de lecture enfin, enterré mais bénéficiant de la lumière naturelle que lui offre le « kaléidoscope » qui le domine.
Bel et émouvant exercice de style, que Perrault va prolonger, affiner, développer trois ans plus tard, en 1999, en participant au concours portant sur la création de la Cité de la culture de Galice, à Saint-Jacques-de-Compostelle en Espagne, qu'il ne remportera pas non plus. Un programme de 60 000 mètres carrés comportant une bibliothèque, un musée, un théâtre, un auditorium et une salle de conférences.
À Saint-Jacques-de-Compostelle, Perrault va s'attaquer résolument à la croûte terrestre.
« Nous avons incrusté un grand instrument optique dans la colline pour transformer la géographie en architecture. C'est le paysage de la colline qui est la façade du bâtiment, et l'ensemble de la Cité de la culture est creusé, construit en plein cœur de la topographie. »
Au sommet de la colline, le bloc de verre qui la couronne n'est ni une verrière, ni un patio, ni un passage couvert, ni un élément exclusivement architectural, mais bel et bien un instrument d'optique.
Et ce prisme, tel un immense périscope, introduit la lumière naturelle au cœur de la colline tandis que, la nuit venue, la lumière jaillit des profondeurs et le transforme en une luciole magique et mystérieuse.
À l'intérieur du prisme, un ensemble de miroirs et d'écrans réfracte et diffracte la lumière, mais s'anime également d'images et de couleurs.

La bibliothèque de Kansaï Kan, au Japon, est enterrée sur trois niveaux. La « croûte » de verre imaginée par Perrault, sorte de sol « ouvert/entrouvert », laisse déferler la lumière au plus profond.
The Kansai Kan library in Japan is buried on three levels. Perrault's glass "crust," a kind of open/half-open ground, allows light to pour into the deepest recesses.

Trois jardins ponctuent le parcours : un jardin de mousse, un jardin de verre et un jardin de lecture.
Three gardens mark the itinerary: a moss garden, a glass garden and a reading garden.

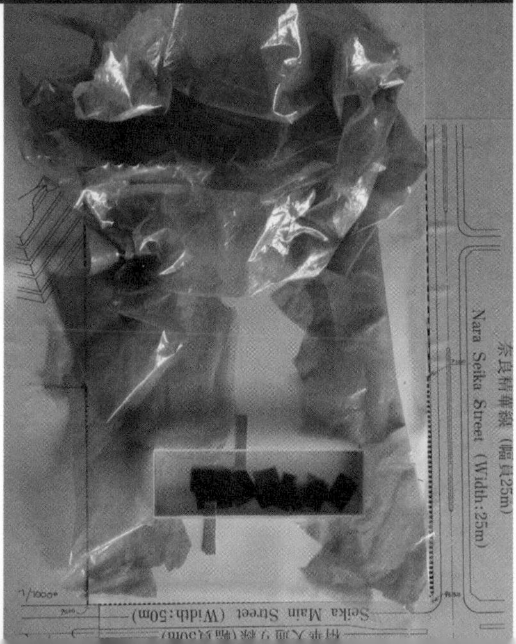

course, here again, the ground is open/half-open and allows the light to pour into the deepest corners. Emerging from the ground like the tip of an iceberg, a blade of immaterial glass is surrounded by a piece of nature, more Japanese than natural.
Actually, Perrault superimposes what he calls three gardens: the naturel garden, a vast esplanade in wood forming a broad path, bordered by pines planted amongst a carpet of rare moss and grasses; the glass garden, composed of the immaterial glass blade, a sort of crystal of shifting reflections, inhabited by myriad pieces of opalescent, luminescent, opaque, ever-changing glass, allowing for the reflection of light, while at the same time composing a kind of sunscreen. And finally the reading garden, buried but enjoying natural light provided by the "kaleidoscope" overhead.
A beautiful and moving stylistic exercise that Perrault will prolong, refine and develop further three years later, in 1999, when participating in the Galicia City of Culture competition for Santiago de Compostela in Spain, and which he did not win either. It was to be a 60,000 m^2 program comprising a library, museum, theater, auditorium and lecture hall.
This time, in Santiago de Compostela, Perrault resolutely attacked the earth's crust. "We embedded a huge optical instrument into the hill so as to transform geography into architecture. The hill's landscape serves as the building's façade, and the entire City of Culture is dug out, built right into the topography".
The block of glass crowning the top of the hill is neither a veranda, nor a patio, nor a covered passageway, nor an exclusively architectural element, but a genuine optical instrument. This prism, like an enormous periscope, introduces natural light right into the very heart of the hill. While at nightfall, light shoots up from its depths, transforming it into a magical and mysterious firefly.
Inside the prism, a set of mirrors and screens refract and diffract light, but colors and images

Se compose là un étrange ballet qui mêle lumière naturelle, lumière artificielle et lumière virtuelle. Et l'ensemble agit également comme un miroir à deux faces : de l'intérieur, on peut voir le paysage extérieur et des fragments de la ville de Saint-Jacques-de-Compostelle ; de l'extérieur, on peut voir, à la manière d'un endoscope, l'intérieur du corps du bâtiment.
Étrange sensation, émerveillement garanti, pureté des lignes, liberté du mouvement, impressionnant jeu de masques... Comme une lentille de Fresnel, ce kaléidoscope savant et mutin à la fois transforme le paysage en architecture, et l'architecture en paysage. Un projet charnière et dont la publicité fera école...
Comme si Perrault, d'une expérimentation tellurique l'autre, s'amusait à contredire systématiquement Timothy O'Sullivan, considéré comme le tout premier géologue américain, qui tenait la géologie pour une succession de catastrophes.

are also moving. What follows is a strange ballet that mingles natural, artificial and virtual light. And the whole acts as a two-way mirror: from inside, one can see the landscape and fragments of the town of Santiago de Compostela; from the outside, one can see, as if through an endoscope, right into the very heart of the building.

A strange sensation, wonder is guaranteed, there is purity of line, freedom of movement and an impressive game of masks. Like one of Fresnel's lenses, this ingenious and mischievous kaleidoscope transforms the landscape into architecture, and the architecture into landscape. It was a pivotal project, which became a reference point.

As if Perrault, from one telluric experiment to another, amused himself by systematically contradicting Timothy O'Sullivan, considered the preeminent American geologist, who held that geology was a series of catastrophes.

À Saint-Jacques-de-Compostelle, Perrault s'attaque littéralement à la croûte terrestre. Il pose au sommet de la colline qui domine la ville, un bloc de verre, signal majeur de la Cité de la culture. Véritable instrument d'optique, ilfonctionne à la manière d'un périscope géant qui introduit la lumière naturelle à l'intérieur, et se transforme la nuit en luciole magique et mystérieuse.

In Santiago de Compostela, Perrault literally wrestles with the earth's crust. On top of the hill that dominates the town, he places a block of glass. This sign for the City of Culture is a genuine optical instrument, functioning like a giant periscope by introducing natural light deep into the interior, and at night transforming into a magical and mysterious firefly .

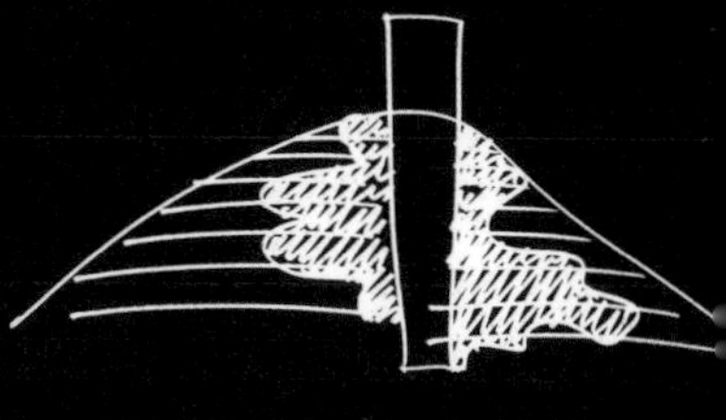

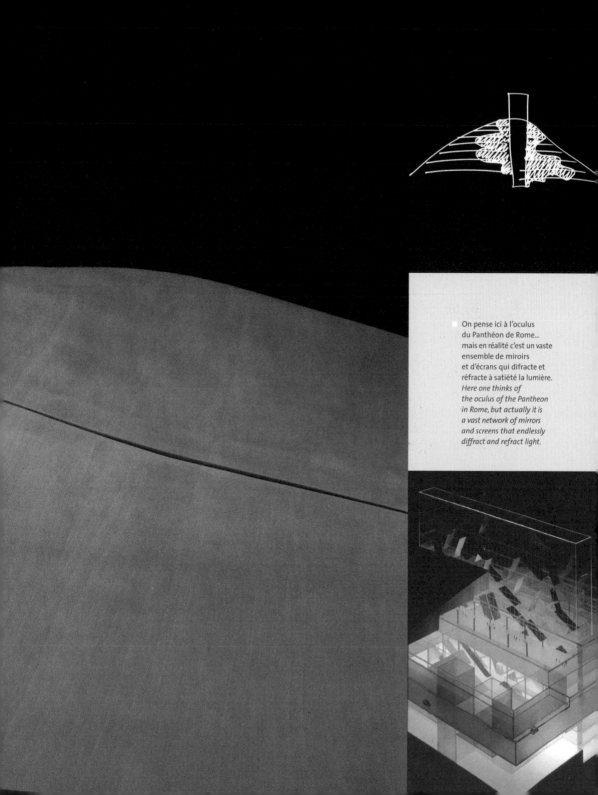

On pense ici à l'oculus du Panthéon de Rome... mais en réalité c'est un vaste ensemble de miroirs et d'écrans qui difracte et réfracte à satiété la lumière.

Here one thinks of the oculus of the Pantheon in Rome, but actually it is a vast network of mirrors and screens that endlessly diffract and refract light.

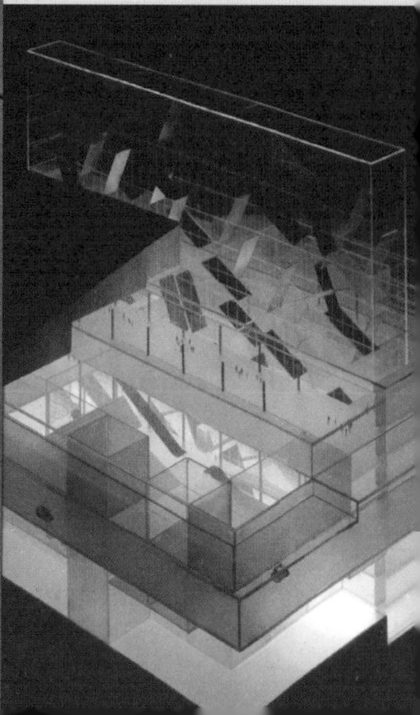

8

tension
tension

La loi des corps

« Sportif ? Perrault ! » L'interrogation-exclamation est suivie d'un grand rire franc et amusé. Aude Lauriot-Prévost, architecte, épouse Perrault, sportive émérite sur l'eau comme sur la terre, est hilare. Puis, soudain sérieuse, elle ajoute : « Quoique… Tu sais, on l'a mis à la voile, au tennis, au golf, et il est incroyablement doué pour tout. Mais le problème, c'est que, dès qu'il a compris – et Dieu sait qu'il comprend vite –, tout devient trop lent, ça l'ennuie et il passe à autre chose. » Lorsqu'on pose la même question à Perrault, lui aussi répond, l'œil malicieux et le cigare au bec – à la manière d'un Churchill affichant à 80 ans son insolente santé et l'éclairant d'un tonitruant et hilare « no sport, ever ! » –, que le sport, non… Pour peu qu'on insiste, qu'on le force à remonter le fil de sa mémoire (exercice périlleux, tant il est vrai que cet homme qui ne sait qu'aller de l'avant

Tension, geste, mouvement, élégance, justesse, coordination, souplesse, évanescence, densité... à Berlin, déjà, Dominique Perrault expérimente la loi des corps.
Tension, gesture, movement, elegance, accuracy, coordination, flexibility, evanescence, density... in Berlin Dominique Perrault is already experimenting with the laws of physics.

The law of bodies

"A sportsman? Perrault!" This is followed by a broad and amused laugh. Aude Lauriot-Prévost, architect, Perrault's wife and an experienced sportswoman, on land and especially water, finds this idea hilarious. Then, suddenly serious, she adds: "Although, you know, we got him to go sailing, play tennis, golf... he's incredibly good at everything. The problem is, as soon as he's understood – and God knows he understands quickly – everything becomes too slow, it starts to bore him and he moves on to something else."

When you ask Perrault the same question, with a mischievous eye and the cigar stuck between his teeth – like Winston Churchill showing off his insolent good health at 80 – he bellows hilariously: "No sport! Ever!" If you insist a bit, force him to think back (a danger-

a du mal à regarder en arrière), il accepte de se souvenir qu'il a pratiqué l'athlétisme en ses jeunes années. Le 110 mètres haies, naturellement. Comment aurait-il pu en être autrement ? Le 110 mètres haies allie, mieux que toute autre course, extrême vitesse, systématisation des obstacles, stratégie.

La vitesse est une dimension constitutive du sport, quelle que soit la discipline envisagée : athlétisme, cyclisme, aviron, natation, ski, moto, automobile, voile, tennis, sports d'équipe...

On imagine bien, d'ailleurs, que si Perrault avait été footballeur professionnel, il aurait aimé pratiquer son sport en Angleterre, loi du *kick and run* oblige : la balle lancée droit devant, qui file à toute allure vers le but, et celui-ci marqué de la tête, évidemment...

La vitesse donc. Mais l'excellence sportive, tout comme l'architecture, nécessite d'autres qualités : la force, l'adresse, l'instinct, l'équilibre, la grâce, le réflexe, la capacité à l'action collective. Et puis, ne s'agit-il pas, en l'occurrence et avant tout, de tensions, de trajectoires et de stratégies ?

« Un architecte, c'est quelqu'un qui a la capacité de conceptualiser des dimensions », répète souvent Perrault. Et qu'est donc un sportif sinon celui-là ? Sport et architecture, même combat : du temps dans l'espace.

ous exercise, given that he really only knows how to go forward and has trouble looking back), he accepts that he practiced athletics in his youth – the 110 meter hurdles, naturally. How could it have been otherwise? The 110 meter hurdles combine, better than any other race, extreme speed, systematization of obstacles and strategy.

Speed is always a component of sport. Whatever discipline one contemplates: athletics, cycling, rowing, swimming, skiing, motorcycling, car racing, sailing, tennis, team sports... One can easily imagine that if Perrault had been a professional soccer player he would have loved to play in England, with its taste for the kick-and-run – the ball launched straight ahead, flying towards its goal.

So, it is about speed. But excellence in sports, as in architecture, requires other qualities: strength, dexterity, instinct, balance, grace, reflexes and an ability to collaborate. And finally, in this case, is it not first and foremost about tensions, trajectories and strategies?

"An architect is someone who has the ability to conceptualize dimensions," Perrault often repeats. And what does a sportsman do if not that? Sports and architecture, the same battle of time in space.

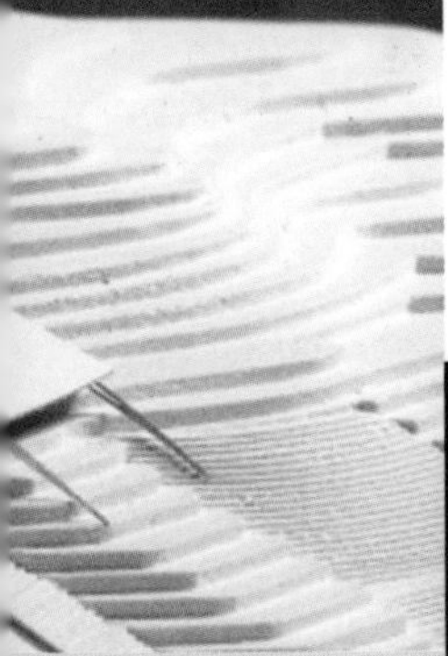

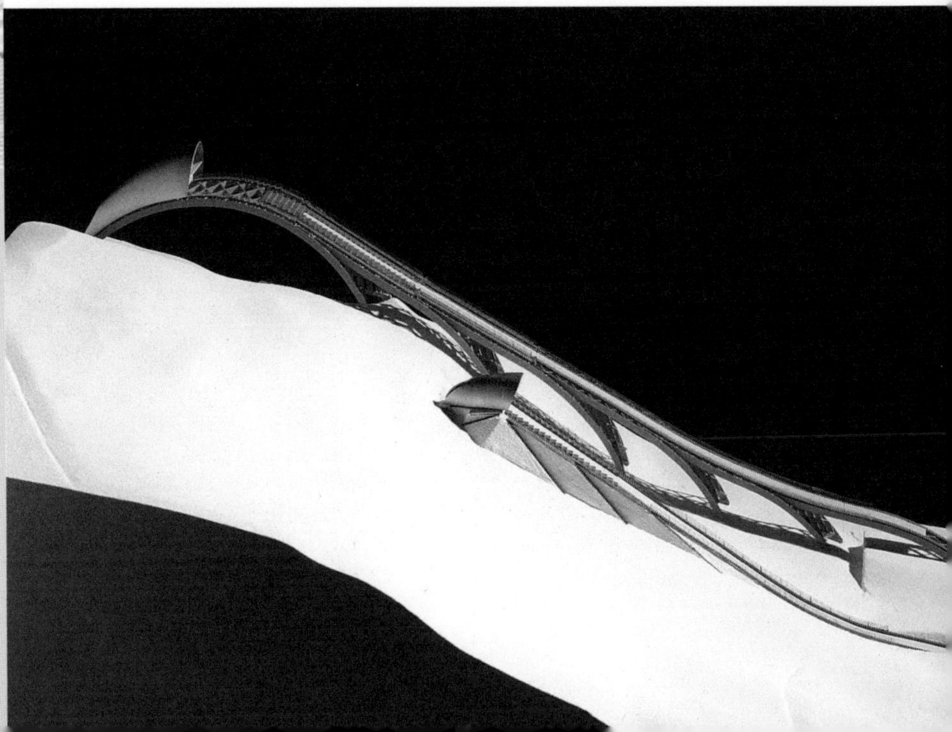

À Courchevel et à Innsbruck, deux projets de tremplin de saut à skis qui ressemblent fort à une métaphore directement liée à l'architecte : prise de risque et vitesse.
In Courchevel and Innsbruck, two projects for ski jumps work as metaphors for the architect's approach of risk taking and speed.

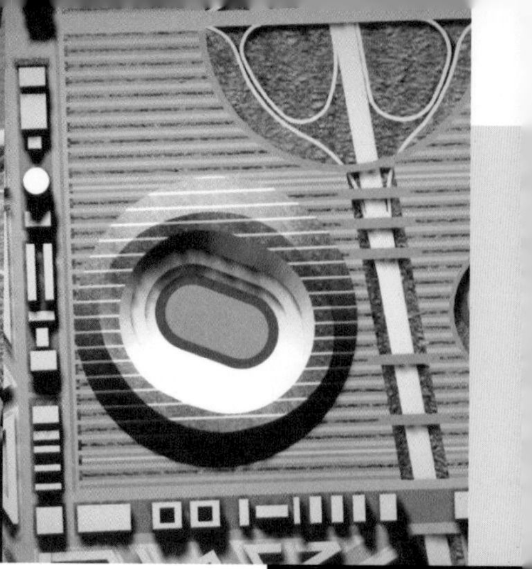

Les aventures « architecturalo-sportives » de Perrault sont nombreuses et variées, qu'elles aient été ou non couronnées de succès.
Le vélodrome et la piscine olympique de Berlin en sont, naturellement, la manifestation la plus éclatante, la réalité la plus convaincante.
Il n'en a pas toujours été ainsi.
On imagine ce qu'auraient pu être les deux tremplins de saut à skis, le premier conçu pour le Pral de Saint-Bon à Courchevel, en 1988, dans la perspective des Jeux olympiques d'hiver qu'accueillit la France à Albertville, en 1992 ; le second imaginé sur le Bergisel à Innsbruck, en Autriche, en 1997.
On imagine bien ce qu'auraient été les lieux, tour de saut, piste de 120 mètres, piste de 90 mètres et piste d'arrivée, dessinés par cet amoureux des lignes de fuite, de la netteté, de la précision, de l'effleurement...
Perrault n'a du reste pas été beaucoup plus heureux avec le football. Dans la perspective de la Coupe du monde que la France accueille et remporte en 1998, l'architecte participe, en 1993, au concours du Grand Stade dont l'implantation est prévue dans la ville nouvelle de Melun-Sénart. Soit une énormité de 100 hectares à transformer en zone d'urbanisation et paysagère, sur laquelle prendront place, entres autres, un stade de 85 000 places, 12 000 places de parking et un

Perrault's sports-related architectural adventures are numerous and varied, whether they have been crowned with success or not. The velodrome and Olympic swimming pool in Berlin is naturally the most dazzling manifestation, the most convincing reality. This has not always been so.
One can only speculate on how the two ski jumps might have looked if they had, in fact, been built. The first was designed for the Pral de Saint Bon in Courchevel in 1988, for the Winter Olympic Games hosted by France in Albertville in 1992; the second one in 1997 for the Bergisel at Innsbruck, Austria. One can picture them – the ski jump, its 120-meter trail and 90 meter arrival trail – as drawn by this lover of vanishing traces, of clarity, precision and lightness of touch. Perrault, by the way, was not much better off with football.
France hosted and won the Soccer World Cup in 1998. Leading up to this, in 1993, Perrault entered the competition for a new stadium, whose intended site was the new French town of Melun-Sénart. Of course it was a huge project; one hundred hectares to be transformed into a landscaped urban zone which would comprise, among other things, a 85,000-seat stadium, 12,000 parking spaces

Depuis Melun-Sénart et ce projet pour le premier « Grand Stade » jusqu'à Zürich, en passant par Lille et Marseille, Perrault aura plus d'une fois foulé la cendrée, couru vite, toujours plus vite.
■

From the project for the new stadium at Melun-Sénart, to Zurich, passing by Lille and Marseille, Perrault just keeps running faster, and faster still.

stade d'entraînement. Perrault exulte : il est déclaré lauréat du concours. Mais à peine les études sont-elles commencées que la décision est annulée. Le Grand Stade, qui prendra par la suite le nom de Stade de France, est « délocalisé ». Il s'édifiera à Saint-Denis, aux portes de Paris. Là encore, le lauréat, Jean Nouvel, n'édifiera pas le stade…
Deuxième tour, Perrault est à nouveau invité à concourir, en 1995, toujours dans la perspective de la Coupe du monde de football 1998. Cette fois-ci, la scène se passe à Marseille, et il s'agit de mettre aux normes et d'expanser le stade existant, de créer des parkings et d'amé-

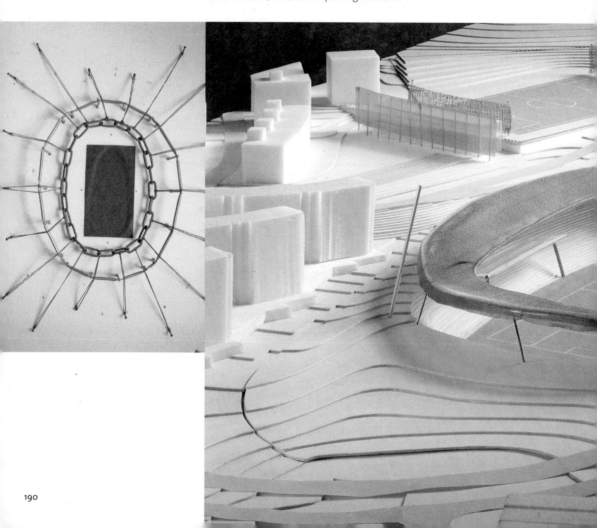

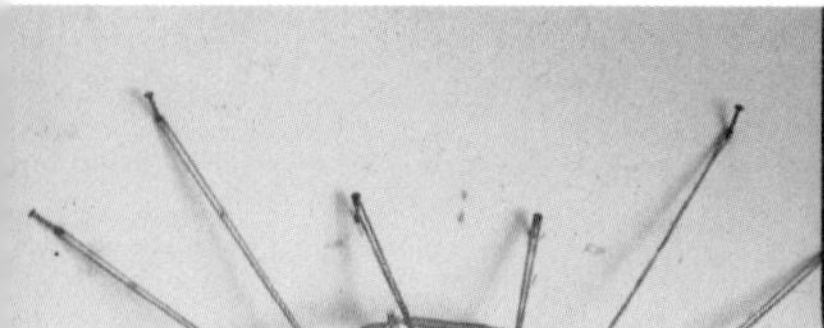

and a training stadium. Perrault, exulted, won the competition. But, with the preparatory studies barely begun, the decision was cancelled. The new stadium, later baptized the Stade de France, simply got "relocated." It would be built in Saint-Denis instead, at the gates of Paris. And once again, the winner, this time Jean Nouvel, would not build the stadium.
For the second round in 1995, Perrault is again invited to compete, again as part of the preparation for the Soccer World Cup in 1998. This time, the show takes place in Marseille: a project to upgrade and expand the existing stadium, to create car parks and to develop

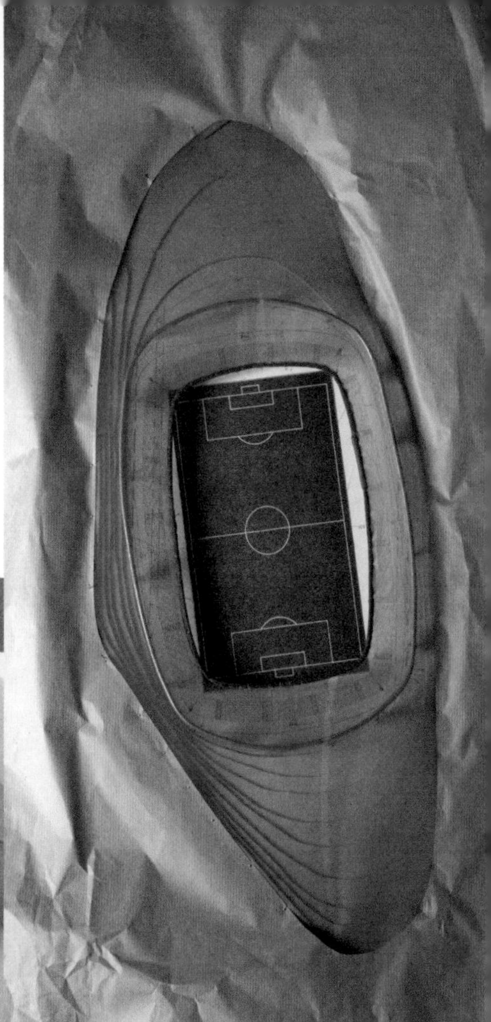

À Badalona, dans la périphérie de Barcelone, de quoi s'agit-il ? d'une tente de nomade posée là ? d'un filet de pêcheur tendu sur une forêt de poteaux ? d'un gigantesque insecte dont la membrane toute de maille s'expanse à l'infini ?… Du stade de football Montigalà.
In Badalona, in suburban Barcelona, what is it? A nomad's tent; a fisherman's net stretched out over a forest of poles; a gigantic insect whose mesh membrane is in infinite expansion? It is the Montigalà football stadium.

nager les abords. Le choix de Perrault, construire une seule et grande tribune de 60 000 places ne convainc pas.

Troisième tour, à Lille cette fois-ci, en 2001. Là encore, il s'agit d'une mise aux normes, d'une extension, d'une tribune de 20 000 places, de création d'équipements et d'aménagements d'espaces, à l'ombre de la citadelle de Vauban. Là encore, Perrault ne sera pas lauréat.

Trois regrets pour l'architecte, parce que, dans l'édification d'un stade et de ses abords, se faufilent les notions de territoire, de géographie, de topographie et de paysage. Tout simplement parce que, la plupart du temps, ces monstres sont cantonnés, perdus en marge de la ville, aux marches de la cité, et généralement dans d'étranges no man's land qu'il s'agit de prendre à bras le corps et de transfigurer.

Heureusement, il y a l'Espagne. En 1997, Dominique Perrault est invité à concevoir, en bordure de l'agglomération de Barcelone, à Badalona, le complexe sportif de Montigalà. Et le voilà de nouveau au milieu de nulle part, au cœur d'un enchevêtrement de voies routières et ferrées inextricables, avec pour mission l'établissement d'un plan d'urbanisation et de paysagement comprenant l'insertion d'équipements sportifs sur une surface de 40 000 mètres carrés, et notamment un stade de football de 8 000 places, un terrain d'entraînement, un

the surrounding areas. Perrault chose to build one huge stand with 60,000 places, but failed to convince.
For the third round, in Lille this time, in 2001, there is a new project to upgrade the existing 20,000 seat stadium – another expansion – as well as designing new facilities, all in the shadow of Vauban's fortress. Once again, Perrault lost.
Three regrets for the architect, because interwoven into the building of a stadium and its surroundings are notions of territory, geography, topography and landscape. And quite simply because, most of the time, these monsters are walled off, lost at the edges of the city, usually in a strange no-man's land where you can really grapple with the terrain and transfigure it.
Fortunately, there was Spain. In 1997, Dominique Perrault was invited to design the Montigala sports complex in Badalona, in Barcelona's outskirts. And here he was in the middle of

Madrid est candidate à l'organisation des Jeux olympiques de 2012. Il lui faut un centre de tennis sur terre battue digne de l'événement. Perrault livre un objet pluriel tendu d'une peau de mailles.
Madrid is a candidate for the 2012 Olympic Games and needs a tennis stadium with clay courts deserving of the event. Perrault delivers a multi-functional object, hung with mesh.

hall sportif, une piscine couverte, un terrain de basket-ball, un pôle de fitness...
Les travaux sont actuellement en cours, mais déjà, se glissant dans le paysage, épousant la vallée, préservant une ville dans cette banlieue extrêmement dense, ancrant une topographie architecturale dans une topographie très présente et très complexe, se dessine une étrange carapace.
De quoi s'agit-t-il ? d'une tente de nomade posée là, d'un filet de pêcheur séchant, tendu sur une forêt de poteaux, d'un gigantesque insecte dont la membrane, toute de maille, se dilate à l'infini ?... Entre mer et montagne, laissant filer le regard, un filet, oui, vibrant, aléatoire, musical.
L'Espagne continue de faire les yeux doux à Perrault. En 2002, il est invité à présenter sa copie dans le cadre d'un concours international portant sur un complexe multisports au Parque del Manzanares à Madrid. Comme à Berlin dix ans plus tôt, l'enjeu est de taille puisque ce concours s'inscrit dans la perspective de la candidature de Madrid à l'organisation des Jeux olympiques de 2012. Équipement multifonctionnel certes, mais avec priorité donnée au

nowhere, in the heart of an inextricable tangle of highways and railways, with a mission to establish an urban landscape plan including sports facilities with a surface of 40,000 m^2, and in particular, an 8,000 seat football stadium, a training field, an indoor sports arena, a covered pool, basketball court and a fitness center.
The project is under construction but is already sliding into the landscape, marrying the valley, preserving a town in this incredibly dense suburb, anchoring the architectural topography within another very present and complex topography; a strange carapace is taking shape.
What is it? A nomad's tent put there, a fisherman's net drying in the sun, hung out over a forest of poles, a gigantic insect with an infinitely dilating mesh membrane? Between the mountains and the sea, allowing the gaze to slide. Yes! It's a net: vibrating, random, musical.
Spain is still flirting with Perrault. In 2002, he was invited to present a design for the international competition for Madrid's Parque Del Manzanares sports complex. As in

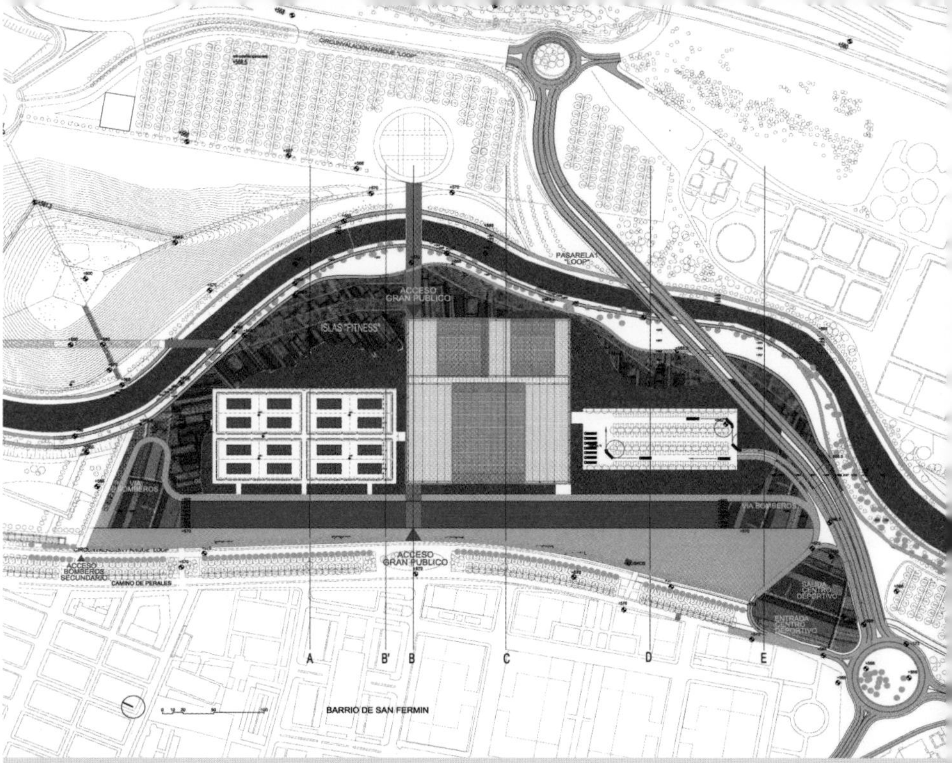

Souple et malléable, la structure se transforme en salle de concerts ou de spectacles.
Flexible and malleable, the structure transforms into a hall for big shows and concerts.

Le tennis d'abord et avant tout, mais aussi le basket-ball, le handball, le volley-ball...
Tennis first and foremost, but basketball, handball, and volleyball too.

Le Centre olympique de tennis posé sur une friche madrilène est l'occasion pour l'architecte d'opérer un travail sur le territoire, la topographie, la géographie, le paysage.

The Olympic tennis center, placed on a vacant Madrid terrain, is the architect's opportunity to operate on the territory, the topography, the geography, the landscape.

tennis sur terre battue, domaine d'excellence pour l'Espagne. D'autres activités sportives doivent y prendre place, comme le basket, le volley, le hand-ball, ainsi que des concerts et des événements divers.

Perrault emporte le concours haut la main sur la base d'une approche d'une grande justesse urbaine. Dans cette périphérie indistincte, il convenait, bien plus que d'édifier un bâtiment, de mettre en scène une ou des architectures, d'inventer un paysage, de superposer des mondes spécifiques.

D'abord, donc, d'installer une architecture. Chose faite au moyen du concept d'étui, de « boîte magique », enveloppant des bâtiments sportifs et multifonctionnels. Cette enveloppe qui s'ouvre et se ferme, suivant les usages du complexe sportif, crée une silhouette changeante et

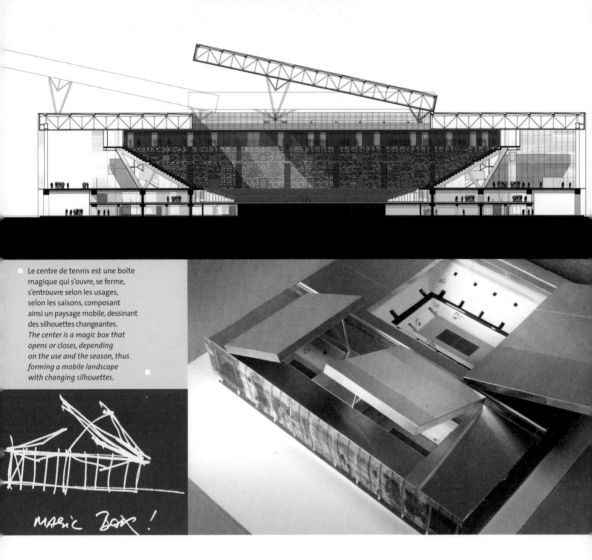

Le centre de tennis est une boîte magique qui s'ouvre, se ferme, s'entrouvre selon les usages, selon les saisons, composant ainsi un paysage mobile, dessinant des silhouettes changeantes.
The center is a magic box that opens or closes, depending on the use and the season, thus forming a mobile landscape with changing silhouettes.

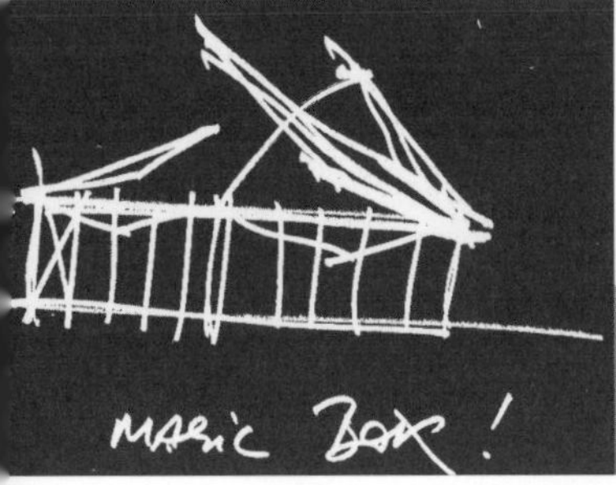

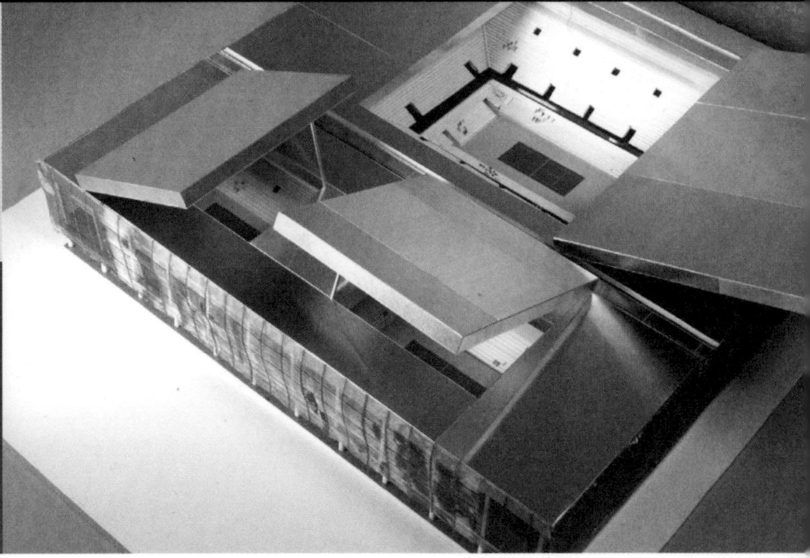

Berlin, ten years earlier, the stakes are high because the competition is part of Madrid's bid for the 2012 Olympic Games. There must be multifunctional facilities of course, but priority is given to tennis on clay courts, Spain's special area of excellence. Other sporting activities must also be included, like basketball, volleyball, and handball, as well as concerts and diverse types of entertainment. Perrault won the contest easily, on the basis of a highly appropriate urban approach. In this indistinct periphery, what is called for, much more than constructing a building, is to stage architecture, invent a landscape, to superimpose different worlds.

First of all, architecture must be installed. This is achieved via the concept of the case, of a "magic box" enclosing the sports facilities. This

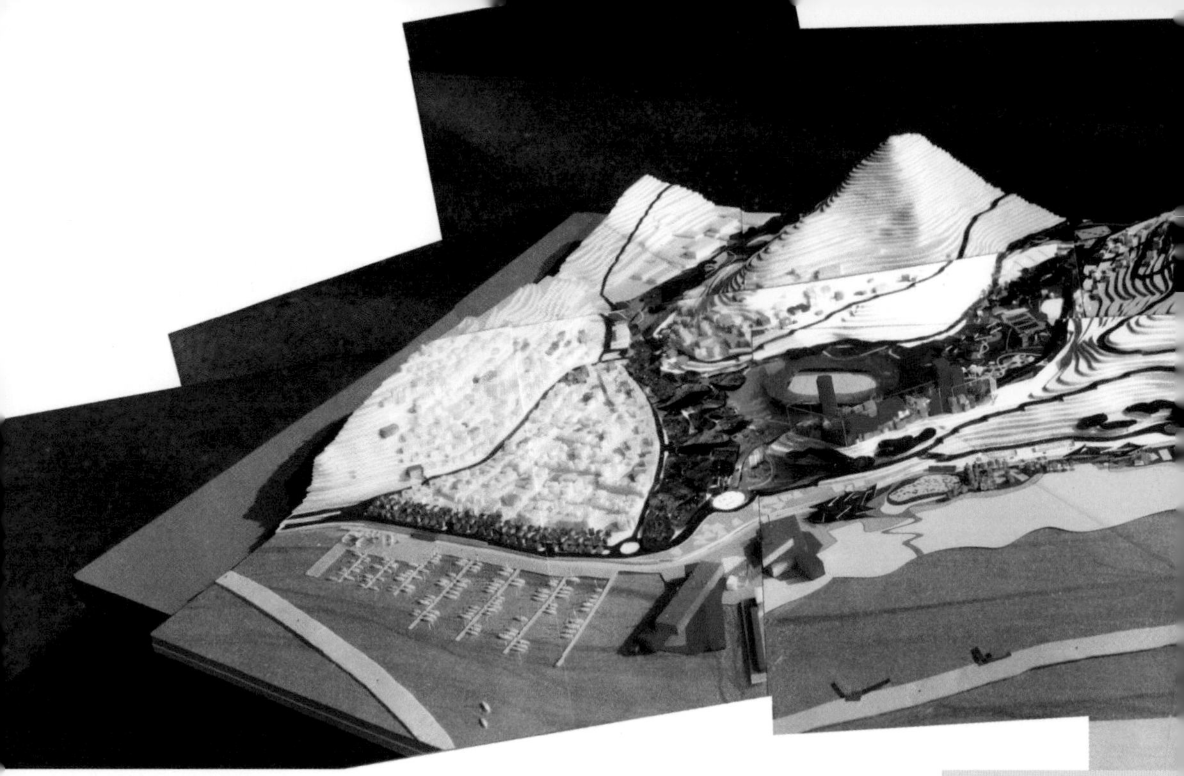

vivante dans le paysage. Une peau de mailles, mobile et vibrante, filtre le soleil, casse la force du vent et protège, comme d'une enceinte légère, les halls de sport.
Comme un vêtement protecteur, la boîte magique est composée de plusieurs tissus : filtrant, réfléchissant et opaque de jour ; scintillant de lumière, mystérieux et festif comme une scène de théâtre la nuit.
Ensuite, inventer un paysage en jouant avec trois séquences essentielles. L'eau, qui devient un lac pour définir un grand plan horizontal de référence, un immense miroir naturel. Les îles, morceaux de nature aride ou luxuriante suivant l'irrigation et qui permettent la promenade sportive ou de loisir. Les promenades qui, au fil des passerelles, pontons et places, dégagent des points de vue sur l'ensemble du paysage.
Superposer des mondes spécifiques enfin, en installant les publics « spécialisés » (sportifs, VIP, presse...) au niveau de l'eau, et le grand public au-dessus de l'eau, favorisant ainsi promenades, traversées, rassemblements et relations avec la ville.
Au total, une architecture aussi mouvante et changeante qu'un vêtement, un lieu de promenade et de fête, un paysage ouvert jour et nuit. Un ensemble « houssé » donc, et qui renvoie au projet pour la Maison de la Paix des Nations-unies à Genève, jamais réalisé.
« C'est vrai, mais les deux projets sont extrêmement différents, réplique Perrault. Genève, c'était un bloc de lumière, Madrid, c'est une boîte magique. À Genève, il s'agissait de matérialiser un sujet ; à Madrid, il s'agit de dématérialiser un objet. »
Il n'empêche, ce qu'on peut appeler la housse tendue, parfaitement géométrique, donne un statut au bâtiment, dans le même temps que la « dématérialité » de la maille le plonge dans un rapport dialectique ambigu.
« Ce qui est amusant, poursuit l'architecte, c'est de regarder ce complexe en biais. Apparaissent soudain une façade ouverte et une façade pleine. C'est alors un drôle de jeu qui se met en place. Un jeu sur le déconstructivisme en quelque sorte, sur la perméabilité et l'imperméabilité. En réalité,

Non plus le sport, mais les loisirs. Soit toujours le corps. Avec la plage et la montagne de Las Teresitas, à Tenerife, aux Canaries, Perrault s'attaque à un vaste programme de reconstruction totale d'un paysage saccagé par une longue et lourde présence militaire.
No longer sports but leisure, so still the body. With the beach and the Las Teresitas mountain, in Tenerife in the Canary Islands, Perrault tackles a vast program to totally reconstruct a landscape scarred by a longstanding military presence.

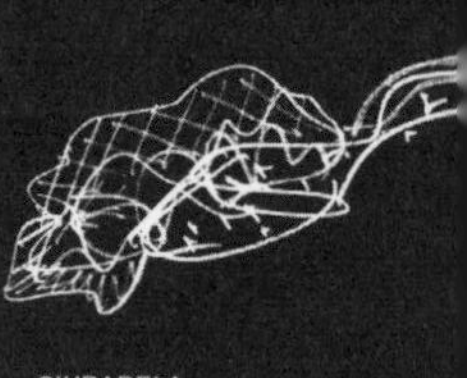

CIUDADELA

envelope, which opens and closes according to the event, creates a living, shifting silhouette on the landscape. A mobile and vibrant mesh skin which like a thin wall, protects the arenas from the sun and the wind.

Like a piece of protective clothing, the magic box is composed of several fabrics: filtering, reflecting and opaque in daylight; scintillating with light, mysterious and festive like a stage set at night.

The next task is to invent a landscape with three essential sequences: water, which becomes a lake to define a great horizontal plane of reference, an immense natural mirror; the islands, bits of nature, arid or luxuriant according to their irrigation, and which allow walks, for exercise or leisure; the promenades which, as they cross over footbridges, pontoons and plazas, open up different views over the entire landscape.

Finally, superimposing specific worlds by installing "specialized" users (contestants, VIPs, media...) at water level, and the general public above the water, encouraging walks, crossings, gatherings and relationships with the city.

All in all, the architecture is as versatile as an article of clothing, and provides a place for walks and for parties; the landscape is open day and night. An ensemble with a skin, the complex reminds one of the unrealized project for the United Nations' Maison de la Paix in Geneva.

"It's true, but the two projects are extremely different," Perrault replies. "Geneva was a block of light, Madrid is a magic box. In Geneva I wanted to materialize a subject, in Madrid I'm striving to dematerialize an object." Nevertheless, what we could call a perfectly geometric stretched skin gives the building status, and the "demateriality" of the mesh thrusts it into an ambiguous diametric rapport.

"What is really amusing," the architect continues, "is to look at the building from an angle. Suddenly, a façade appears: an open and a full

CUEVAS

on est face à une boîte à quatre angles droits, mais la maille qui fonctionne comme une housse annule, justement, la boîte, la dématérialise, la dénie en tant qu'objet statique. »
La transfiguration, si présente dans la pensée et la pratique de Perrault, trouve une fois encore sa place ici. La nuit, l'ensemble se transmue en une gigantesque lanterne magique à l'échelle du territoire. Et alors, exhale tout son mystère.
À Madrid, en 1960, le vieux torero Rafael el Gallo disait : « Un torero est un artiste quand il y a un mystère à dire et qu'il le dit. »
À Tenerife, aux Canaries, toujours en Espagne, ce n'est plus de sport dont il s'agit mais de loisirs, plus de housse mais de rideau et de chapeaux. Perrault s'en explique : « Un rideau, peut-être, mais je préfère l'idée de l'évocation d'un rideau. Autant le vélodrome et la piscine oplympique de Berlin nous ont donné l'opportunité de créer, de composer un paysage à partir de rien, autant le projet de Las Teresitas à Santa Cruz de Tenerife nous offre l'occasion de reconstruire un paysage. La plage de Las Teresitas est un arc de cercle parfait. C'est une plage de ville comme Copacabana à Rio de Janeiro ou Malibu à Los Angeles, active de jour comme de nuit, proche, accessible, vivante. Dominée par la montagne, les contreforts, les escarpements, les levées.
« Généralement, en architecture, on s'appuie sur l'histoire. Ce qui m'intéresse, moi, c'est de construire de l'histoire sur la géographie. À Tenerife, je suis servi. La colline essentielle de l'ensemble a été décapitée par les militaires pour y installer des batteries. Les batteries parties, ne restait que la colline étêtée. Il fallait lui redonner vie, lui redonner une tête. C'est le rôle de l'hôtel, mys-

façade. Then a curious game is set in play, of deconstructivism, of permeability and impermeability. Actually, you're facing a box with four right angles, but the mesh "skin" cancels out the box, dematerializes it, negates it as a static object."
Transfiguration, so present in Perrault's thinking and practice, finds a place here as well. At night, the whole composition transmutes into a gigantic magic lantern on the scale of the territory, exhaling all its mystery.
In Madrid, in 1960, the aging torero Rafael El Gallo said: "A torero is an artist when there is a mystery to tell and he tells it."
In Tenerife, in the Canary Islands, and so still in Spain, the focus shifted from sports to leisure, not a skin but a curtain and a hat. Perrault explains: "A curtain, perhaps, but I prefer the idea of the evocation of a curtain. Whereas the velodrome and Olympic swimming pool in Berlin gave us an opportunity to create, to compose a landscape starting with nothing, the Las Teresitas project in Santa Cruz de Tenerife offers us an occasion to reconstruct a landscape. The Las Teresitas beach forms a perfect arc. It is a city beach, like Copacabana in Rio de Janeiro, or Malibu in Los Angeles; busy day and night, close, accessible and lively. This scene is dominated by the mountain, foothills and escarpments.
Architecture often heavily relies on history. What's interesting for me is to build history on the geography. In Tenerife, I couldn't ask for more. The greater part of the site was decapitated by the army for battery installations. With the batteries gone, nothing

Un arc de cercle parfait.
Une plage recomposée
dont le sable blond est tout
droit venu du Sahara.
Des palmiers et un hôtel
pour couronner le tout.
Et un long *paseo* qui relie
le village au cap.

*The perfect arc.
A reconstituted beach
whose yellow sand comes
straight from the Sahara.
Palm trees and a hotel
crown the whole. And
a long paseo links village
to cape.*

Au sommet de la colline, dominant le tout, un considérable bâtiment abrite l'hôtel, mais aussi un centre de sport et de santé, des piscines, des restaurants, des boutiques, et des parkings.

At the top of the hill, dominating everything, a significant structure housing the hotel, but also a sports and health center, swimming pools, restaurants, boutiques, and parking.

térieusement enveloppé dans cet immense rideau. Peut-être que, au lieu du mot rideau, je devrais utiliser celui de voilette. Surtout en Espagne : tous ces visages de femmes, voilés et dévoilés, de façon si aérienne, par le même masque... Oui, l'image est émouvante. Mais, pour moi, ce rideau est bien plus qu'un rideau. Il est la matérialisation d'une métaphore qui renvoie à la géographie initiale, et qui me paraît autrement pertinente que la seule reconstruction paysagère naturaliste. Là encore, il y a, de ma part, prise de position volontaire, non par rapport à un contexte immédiat, mais bien en fonction d'un lieu. »

Le projet de réaménagement de la plage de Las Teresitas a fait l'objet d'un concours international d'idées organisé en 2000 et remporté par Dominique Perrault. L'ensemble sera achevé en 2006. À proximité immédiate du village de San Andres, à Santa Cruz de Tenerife, une colline désolée, vierge de toute végétation et de toute construction. Autrefois, s'y élevait la Ciudadella, une batterie militaire, disparue depuis. Le projet porte donc avant tout et essentiellement sur cette colline, sur laquelle doit se reconstituer le vieux couple nature-culture. Soit plantations et architecture, histoire et géographie.

En premier lieu, un bâtiment assez considérable puisqu'il culmine à 60 000 mètres carrés. Soit 20 000 mètres carrés consacrés aux activités hôtelières (500 chambres), 30 000 mètres carrés de parking (1 000 places) et 10 000 mètres carrés réservés à d'autres usages, tels restaurants, boutiques, thalassothérapie, gymnase, piscines... Mais un bâtiment qui, très radicalement, dissimule la réalité de sa construction architecturale sous un

remained but this headless hill. The task was to resuscitate the hill, to give it back a head. The hotel fulfils this role, mysteriously wrapped in this curtain. Perhaps I should use the word veil instead of curtain. Especially here in Spain, where so many women's faces are veiled and unveiled, in such an airy manner, all by the same mask... it's a moving image. But for me this curtain is more than just a curtain. It's the materialization of a metaphor referring to the initial geography, and which seems to me far more relevant than merely reconstructing a naturalistic landscape. Here as well I purposely take a position, not with regard to the immediate context, but in relation to the place."

The Las Teresitas project was the subject of an international competition organized in 2000 and won by Dominique Perrault. Project completion is scheduled for 2006. Right next to the village of San Andres, in Santa Cruz de Tenerife, rises a desolate hill, all construction without a sprig of vegetation. In the past was the Ciudadella, a now vanished military battery. The project concerns first and foremost this hill upon which that old couple nature/culture must meet again; gardens and architecture, history and geography.

Firstly, a significant building totaling 60,000m^2 – of which 20,000m^2 is dedicated to the hotel business (500 rooms), 30,000m^2 to parking (1,000 spaces) and 10,000m^2 for other purposes, such as restaurants, boutiques, thalassotherapy, gymnasiums and swimming pools – is to be constructed. But the building radically dissimulates the reality of its archi-

immense voile de mailles métalliques, vibrant tel un organisme vivant, et filtrant la lumière en un jeu constant de densités mouvantes et irisantes. Tout autour de cet organisme, se déploie un nouveau paysage au sein duquel se mêlent le préexistant et le recréé, tandis que, sous les voiles et les tulles de mailles, s'étirent promenades et *paseos*.

Face à la montagne et aux vallées, l'oeil caresse le développement de l'urbanité de San Andres et le jardin botanique.

Face à la mer, le regard embrasse un arc de cercle parfait, l'immense plage dont le sable est tout droit venu du Sahara.

Des palmiers ponctuent un long *paseo* qui relie le village au cap. Sur les arrières, en partie gagnés sur les « délaissés » et les contreforts, un long ruban torsadé, en tissu métallique lui aussi, s'étire au-dessus des parkings, et compose comme d'immenses canisses qui tissent l'ombre et la lumière à satiété. Le dos à la mer, face à la montagne, contemplant son chantier géographique en devenir, Dominique Perrault lance soudain : « Je me souviens que Robert Venturi disait "Je suis un monument". Je préfèrerais dire "Je suis un paysage". »

tecture and construction beneath a huge metallic mesh-veil, which vibrates like a living organism, filtering the light in a constant play of shifting and iridescent densities.

Around this "building" a new landscape is formed, where pre-existing and recreated elements mingle, while under the veils and the tulles of mesh, promenade and *paseo* extend outward. Facing mountain and valley, the eye sweeps across the urban cluster of San Andres and the botanical gardens. And facing the ocean, the gaze embraces a perfect arc, the immense beach whose sand came directly from the Sahara.

The *paseo* linking the village to the cape is studded with palm trees. Further up the hill, partially erected on the "wastelands" and foothills, a long and twisting ribbon, also in metallic fabric, stretches out above the car parks, like an enormous giant reed, tirelessly weaving the light with shadow.

With his back to the sea, facing the mountain, contemplating his project take shape, Dominique Perrault suddenly blurts: "I remember Robert Venturi used to say: 'I am a monument,' I prefer to say 'I am a landscape'."

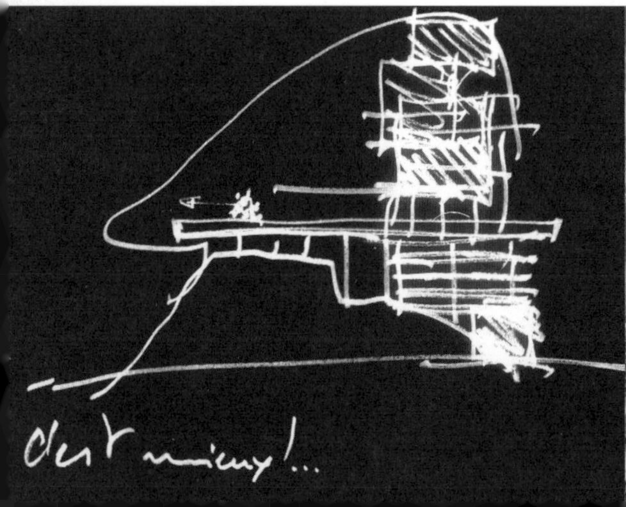

Et, toujours omniprésente, la maille, travaillée en tulles, en voiles, en voilettes et en rideaux, structurant un paysage qui mêle l'existant et le recréé, organisant promenades et traversées, tissant l'ombre et la lumière.

Always omnipresent, the mesh – worked in veils, in gauze, in sails and curtains – structures the landscape, mingling the existing and the recreated, organizing promenades and crossings, weaving shadow and light.

9

scansion
scansion

L'usine Aplix
The Aplix factory

Sur la route qui mène d'Ancenis à Nantes, apparaît soudain, à main gauche, un trait flamboyant. Ralentir, regarder, s'arrêter, s'interroger : de quoi s'agit-t-il ? Qu'est-ce que ce trait flamboyant ? Une sorte de longue façade métallique qui semble absorber tout le paysage en elle. À moins que ce ne soit le contraire... D'autant que les effets lumineux provoqués par le soleil couchant créent d'étranges sensations d'orange et d'ambre, de rose et d'argent. Souffle coupé et regard à la dérive. Présomption de chef-d'œuvre ?

Nous sommes au Cellier, et le trait flamboyant n'est autre que la façade (la non-façade ?) de l'usine Aplix édifiée ici, au milieu de nulle part, par Dominique Perrault. Commande directe et circonstanciée du président de la société, Jean-Philippe Billarant.

Première commande directe pour Perrault, plus habitué à la logique des concours, elle précède celles que lui passeront les familles Mölk (supermarchés MPreis en Autriche), Kufferath (usine GKD aux États-Unis) et Barilla (Centre de formation et d'étude au sein de l'usine, à Parme, en Italie), sans oublier Bruno Figueras et José Antonio Castro Sousa à Barcelone...

D'emblée, Jean-Philippe Billarant énonçait un programme, bien en amont de l'habituel cahier des charges qui tient lieu, la plupart du temps, de programme. « Pourquoi un parti et un pari architectural ? C'est un choix volontaire, le moyen d'éviter la banalité, d'affirmer notre vision de la modernité. Pour cela, il nous fallait un architecte disponible, attentif, avec lequel nous pouvions élaborer, édifier, mettre en forme cette

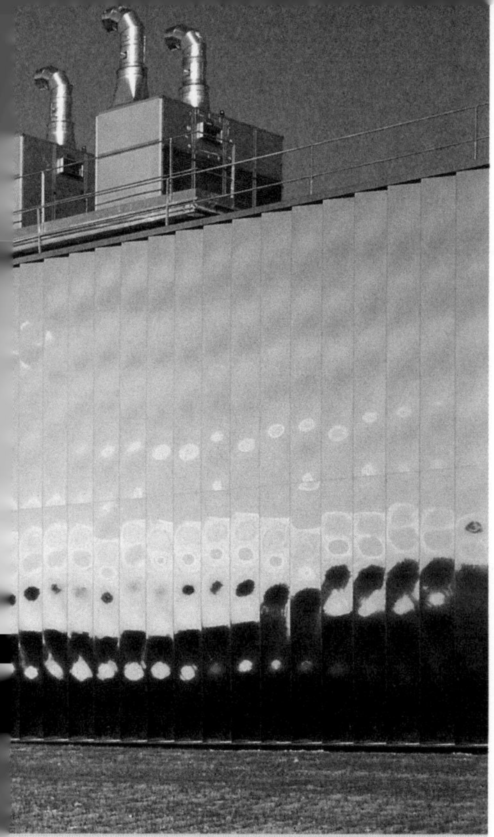

L'usine Aplix est la première commande directe passée à Dominique Perrault, lequel, comme nombre de ses pairs architectes, est né de la politique des concours.
The Aplix factory was Dominique Perrault's first private commission. Like many of his fellow architects, he comes from a background of public competitions.

Bernard Blaise, le pépiniériste de Derly France, Françoise et Jean-Philippe Billarant, Gaëlle Lauriot-Prévost et Dominique Perrault choisissant les arbres destinés aux trois jardins de l'usine.
Bernard Blaise, the nursery owner from Derly, France, Françoise and Jean-Philippe Billarant, Gaëlle Lauriot-Prévost and Dominique Perrault choose the trees for the factory's three gardens.

Along the road running from Ancenis to Nantes, a flamboyant streak suddenly appears on the left. Slow down, look, stop, ask yourself what it could be. What is this flamboyant streak? It is a kind of long metallic façade that appears to soak up the whole landscape. Unless the opposite is true. The effect of the setting sun only heightens the strange orange and amber, rose and silver sensations. Flabbergasted and astonished; are we in the presence of a masterpiece?
Actually, we are in Cellier-sur-Loir, France. That flamboyant streak is nothing other than the façade (or non-façade) of the Aplix factory installed here, in the middle of nowhere, by Dominique Perrault.
It is a direct commission, Perrault's first, personally addressed by the company's president, Jean-Philippe Billarant. Perrault, more accustomed to the logic of public competitions, will receive more later, from the Mölk family (MPreis supermarkets in Austria), the Kufferath family (GKD factory in the US) and the Barilla family (factory, training and research center in Italy), and not forgetting Bruno Figueras and José Antonio Castro Sousa in Barcelona.
Jean-Philippe Billarant stated his program straight away, before delivering the specifications that usually serve as a project's program. "Why this architectural position and risk? The choice is made deliberately; it's a way of avoiding banality and of affirming our modern vision. For that we needed an architect who was available, attentive, with whom we could elaborate, build and shape a strategy. We wanted to give him a maximum of constraints with the specifications brief, but a maximum of liberty in the design. It's a question of morality, of ethics."
Modernity, constraints, liberty, morality, ethics – the founding words guiding the process were there from the beginning. At the head of Aplix, the second manufacturer of self-adhering systems in the world (Velcro is the first), Jean-Philippe Billarant presides over the destiny of a high-tech company which has a

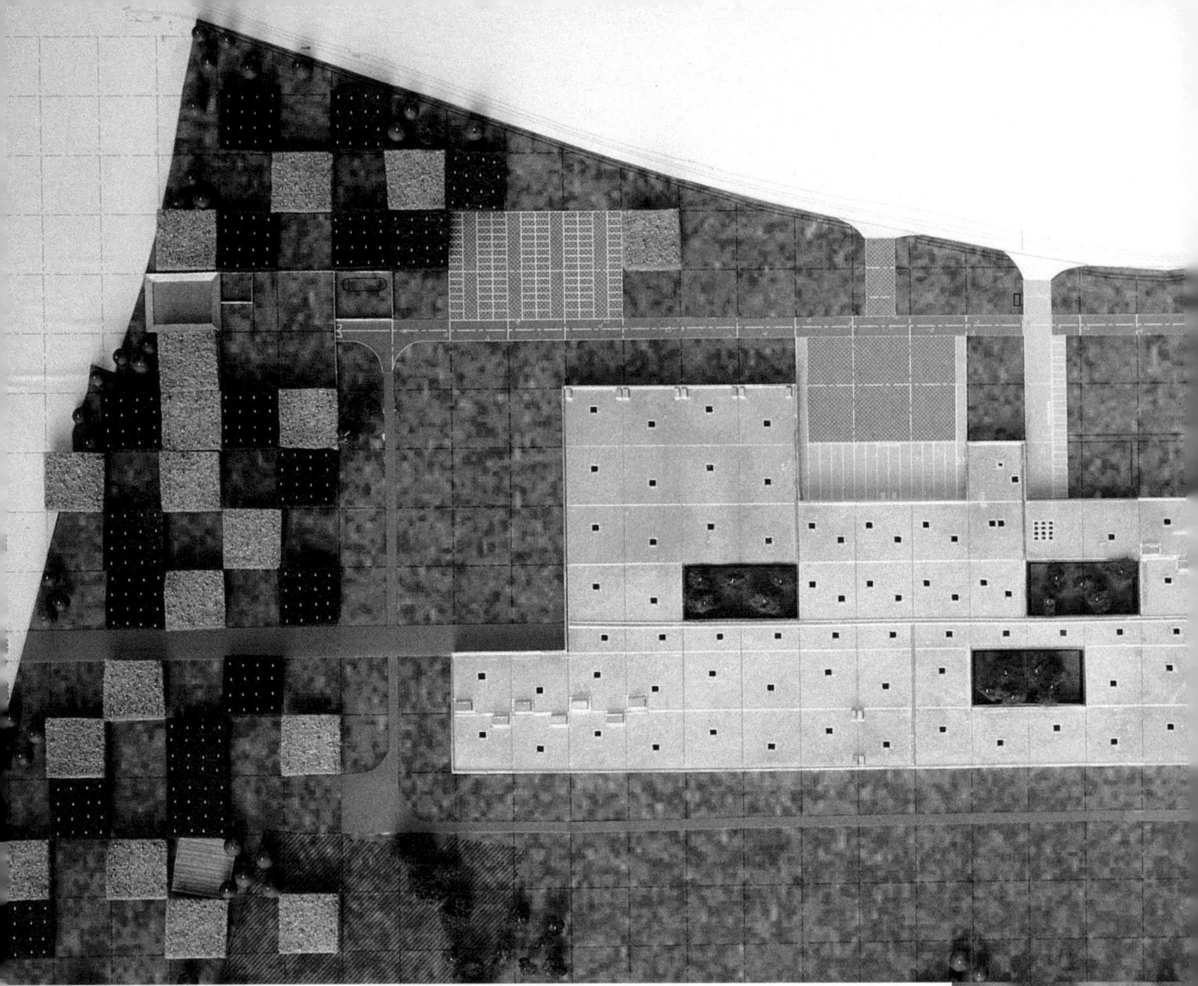

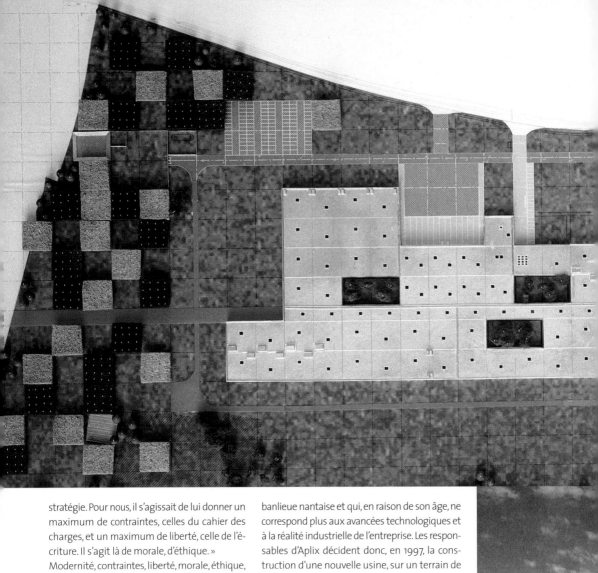

stratégie. Pour nous, il s'agissait de lui donner un maximum de contraintes, celles du cahier des charges, et un maximum de liberté, celle de l'écriture. Il s'agit là de morale, d'éthique. »
Modernité, contraintes, liberté, morale, éthique, les mots clés, les mots fondateurs sont là, dès la première minute, qui vont guider tout le processus. À la tête d'Aplix, numéro deux mondial des systèmes autoaggripants (dont Velcro est le numéro un), Jean-Philippe Billarant préside aux destinées d'une société implantée dans une dizaine de pays, essentiellement en France et aux États-Unis, et qui compte près de 1 000 employés. Une société hautement technologique, à la tête de 200 brevets et 3 000 produits, à l'étroit dans son usine de Carquefou dans la banlieue nantaise et qui, en raison de son âge, ne correspond plus aux avancées technologiques et à la réalité industrielle de l'entreprise. Les responsables d'Aplix décident donc, en 1997, la construction d'une nouvelle usine, sur un terrain de 15 hectares qu'ils viennent d'acheter à 19 kilomètres à l'est de Nantes, au Cellier.
Économiste, industriel et gestionnaire, Jean-Philippe Billarant est également, en compagnie de son épouse Françoise, un redoutable et avisé collectionneur d'art contemporain. Leur collection, essentiellement minimale et conceptuelle, a été plus d'une fois exposée dans les meilleurs musées, et la relation qu'ils entretiennent avec les artistes est une relation vivante, riche et intelligente.

presence in ten different countries, essentially France and the US, and a total headcount of around 1,000 employees. Seated atop a pile of 200 patents and 3,000 products, things had become a bit tight in the factory at Carquefou in suburban Nantes, which, due to its age, no longer matched the company's advanced technologies and industrial processes. The Aplix company's directors therefore decided to build a new factory in 1997, on a 15-hectare parcel of land they had recently bought about 19 kilometers east of Nantes, in Cellier.

Economist, industrialist and manager, Jean-Philippe Billarant also happens to be, along with his wife, a formidable and knowledgeable contemporary art collector. Their essentially minimalist and conceptual collection has been shown in fine museums on several occasions. And they maintain lively, rich and intelligent relationships with artists. In addition, Jean-Philippe Billarant is president of the board of two cultural institutions: the Centre d'Art Concret in the south of France, and the Cité de la Musique in Paris.

Billarant was determined to apply the same approach and commitment to the site at Cellier that he does to art and music. "In these areas, we have always had a strong desire to learn; we demonstrate a constant state of modest attention. For our new factory, before deciding, we wanted to explore, discover and compare. That is why we needed a guide, a translator, we had to learn."

They received ten briefs; a considerable amount of information. They began sorting, based on the data, eventually arriving at a short list of four architects. They met with each of these firms and visited their buildings. They settled on Dominique Perrault.

"Why Perrault? No doubt because the functional role predominates in his work, and

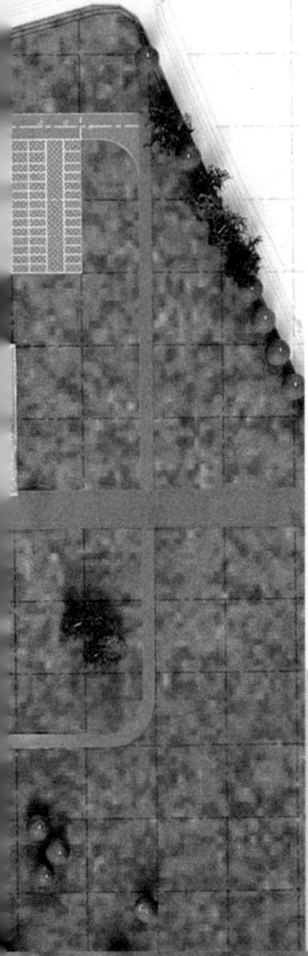

L'ensemble, conçu selon une trame orthogonale de 20 x 20 mètres, compose un damier de surfaces métalliques végétales alternées. Une sorte de grille de mots croisés extensible à volonté.

The whole, designed on a 20x20 meter grid forms a checker-board of alternating metallic and vegetal surfaces: a kind of endlessly expandable crossword puzzle.

Par ailleurs, Jean-Philippe Billarant préside deux conseils d'administration, celui du Centre d'art concret dans le midi de la France, et celui de la Cité de la musique.
Pour l'usine du Cellier, il est fermement décidé à appliquer la même démarche et le même engagement dont il fait vocation en matière d'art et de musique. « Nous avons toujours eu, en ces domaines, une réelle volonté d'apprentissage. Un souci constant de modestie et d'écoute, en quelque sorte. Pour notre nouvelle usine, avant de décider, de choisir, nous voulions tout d'abord explorer, découvrir, comparer. C'est pourquoi il nous fallait un guide, un traducteur, il nous fallait apprendre. » Dix dossiers sont donc constitués à leur intention, soit une somme d'informations considérable. Puis, s'opère, à partir de ces données, une sélection de quatre architectes avec rencontres, présentation d'agences, visites de bâtiments, discussions. Et, en final, le choix de Dominique Perrault.
« Pourquoi Perrault ? Sans doute parce que le rôle de la fonction prédomine dans son travail, et que nous avions une usine, un outil à fabriquer. Dans tous les bâtiments de Perrault que nous avons visités, ce rôle de la fonction était éclatant, avec une écriture assez systématique dans sa simplicité. Et de cette conjugaison naissait, à l'évidence, la beauté. Et toujours cette constatation que, avant même l'écriture, il y avait l'idée. Au

we have a factory, a manufacturing tool. In all of Perrault's buildings that we visited, the functional role was striking, with an architectural signature that was systematically simple. And from the conjugation of these two, obviously, beauty is born. And there was always the observation that before designing, there is always an idea. Basically, Perrault fits right into the lineage of artists we love, extending from Matisse up to Rutault."
Perrault set his mind to work on the idea, to conceptualizing and developing it; to satisfying the development requirements and anticipating needs for expansion. He elaborated a very flexible grid, a bit like one for a crossword puzzle.
"We marked off a 20x20-meter grid on the site, creating a checker-board of metallic and vegetal surfaces. The factory's composition juxtaposes 20x20 meter blocks with ones 7.7 meters high. In the initial plan, the factory took the form of a long crenellated rectangle. The windowless façade translates a desire for interiorization, linked to both the architectural project and the company's need for confidentiality in production activities, with the strict design of a straight line, and only a few treetops protruding from the roof.
"An internal street, parallel to the highway, is the backbone of the building. A continuous and fluid space, it allows for the circulation of forklifts and the intersection of the entire flow of

Les ateliers des différentes divisions s'organisent autour des jardins.
Different divisions' workshops surround the gardens.

Trois jardins intérieurs et enclavés, plantés de pins sylvestres à la houppe très haute, ponctuent un ensemble très clos et lui dispensent une lumière naturelle en premier jour.

Three enclosed gardens planted with Sylvester pines, which have a very high canopy, punctuate this closed organization and allow natural early-morning light to filter in.

fond, Perrault, à mes yeux, s'inscrivait dans la lignée des artistes que nous aimons, depuis Matisse jusqu'à Rutault. »

Perrault donc s'attelle à l'idée, la conceptualise, la développe et, constatant les besoins de développement, de prolifération future de l'usine, met au point une grille très souple, un peu comme celle d'une grille de mots croisés.

« Nous avons mis en place une trame orthogonale de 20 x 20 mètres sur le site, constituant un damier de surfaces métalliques et végétales. La composition de l'usine juxtapose des blocs de 20 x 20 mètres et de 7,7 mètres de haut. Dans le plan initial, la forme de l'usine est celle d'un long rectangle rythmé par les redans. La façade, traitée sans fenêtre, traduit une volonté d'intériorisation liée au projet architectural et à la confidentialité de l'activité de production avec le dessin strict d'une ligne filante d'où émergent les cimes de quelques arbres. Une rue intérieure, parallèle à la route nationale, véritable colonne vertébrale du bâtiment, espace continu et fluide, permet la circulation des chariots et le croisement de tous les flux de matières premières et de produits finis. Adjacents à la rue intérieure, s'accrochent alors trois jardins de base rectangulaire de 20 x 40 mètres, aux hautes plantations : le pin sylvestre à l'écorce rousse et au feuillage bleuté les anime. Son allure de houppier laisse passer la lumière réfractée dans la rue intérieure. Autour de ces trois jardins, et pour chacune des deux divisions, les différents ateliers s'organisent, marquant le cycle de réalisation du produit. Le matériau apparent est un bardage métallique brillant. Expression idéalisée des constructions agricoles, il réfléchit la nature environnante, permettant à l'usine de s'intégrer en douceur. Tout est conçu pour permettre d'en-

materials in the production process and the finished products. Three rectangular gardens, each measuring 20x40 meters, run along the interior street. Sylvester pines with their russet bark and bluish needles enliven them, and allow refracted light to filter into the interior street. The productions cycle is marked off around these three gardens, and on either side of the street.

"The visible material here is a shiny metallic cladding. A sort of idealized expression of agricultural structures, it reflects the surrounding nature, allowing the factory to slip softly into the environment. The whole design of this flexible space allows for workshop and parking extensions. Thus, the rigorous thinking behind the composition of masses and effects remains open to change. Extensions are made possible through the random articulation of additional squares that could create visual accidents, to the front line in particular. While one should not prejudge these extensions, the desire is to enable a game of chance caused by the encounter of volumes with metal/vegetal reflections." Actually, what followed demonstrated the success of this game, because during construction, the factory's capacity was extended by 50 percent.

Only eighteen months passed between the commission and the factory's delivery. Eighteen months to design and build a 30,000m² facility deploying an uninterrupted façade one kilometer long, and including administrative and social offices, research laboratories, production lines, storage areas, loading and delivery docks and, of course, almost fifteen hectares of landscape.

The whole project brings together all the constants specific to Perrault: presence/

Le jeu des volumes, des reflets, de la lumière et de la fluidité compose des espaces et des lieux étonnamment ouverts et respirants.

The interaction of volumes, reflections, light and fluidity produce amazingly open and airy spaces.

(page suivante)
La longue ligne métallique avale le paysage. On ne sait si elle s'y fond ou si elle le vampirise. Ce bardage agricole traité en « plissé miroir » façon couture provoque un parfait effet de réversion.

(following page)
The long metallic line swallows the landscape. You can't tell if it melts into it or if it dominates it. Agricultural cladding made with couture-like pleated mirror once again creates a perfect example of reversion.

visager des extensions d'ateliers et d'aires de parking dans cet espace flexible. Ainsi, la pensée rigoureuse dans la composition des masses et des effets reste susceptible de variations. Des extensions sont possibles par l'articulation aléatoire de carrés supplémentaires qui créeraient ainsi des accidents visuels, notamment dans la ligne frontale. Sans préjuger de ces extensions, s'exprime ici la volonté d'un jeu de hasard causé par la rencontre des volumes et des reflets entre métal et végétal. » La suite le démontrera, le jeu de hasard concernant les extensions a été parfaitement maîtrisé puisque, en cours de route, la capacité de l'usine a augmenté de 50 %.

Résultat : dix-huit mois seulement se sont écoulés entre la passation de commande et la livraison de l'usine. Dix-huit mois pour concevoir et réaliser un ensemble de 30 000 mètres carrés déployant une façade ininterrompue d'un kilomètre. Et regroupant des locaux administratifs et sociaux, des laboratoires de recherche, des ateliers de production, des lieux de stockage, des quais d'expédition et de livraison et, bien évidemment, presque 15 hectares de paysage.

Un ensemble qui réunit toutes les constantes propres à Perrault : présence/absence, dilatation/absorption, apparition/disparition, dématérialisation, géométrie, capture du paysage (dans les reflets comme dans les jardins intérieurs), déréalisation..., d'une façon tellement juste et précise qu'elle pousse Brigitte David, dans la préface au catalogue de l'exposition *Morceaux choisis*, à s'interroger : « Que reste-t-il de l'architecture quand celle-ci, à ce point, semble s'absenter d'elle-même ? »

Oui, une simplicité telle qu'elle confine à l'indicible. Un chef-d'œuvre de dématérialisation, ce qui est un comble pour un outil de production industrielle. Et, à l'évidence, du génie dans l'invention de rythmes.

Perrault raconte que l'idée du bardage est née en à peine trente secondes, au cours d'une habituelle réunion du samedi matin durant laquelle se règlent tous les problèmes, les grands comme les petits, avec Gaëlle Lauriot-Prévost. Le choix s'est immédiatement porté sur un inox polimiroir du type que l'on trouve plus fréquemment dans les salons de coiffure... « L'idée, c'était de faire un plissé miroir. Avec Gaëlle, nous avons pris 300 % de risque et passé six mois de mise au point au quotidien avec les gens d'Usinor. La taille, l'absence de chutes, le pliage, l'assemblage,

Une longue rue intérieure, parallèle à la nationale, offre un espace continu et fluide permettant la circulation des chariots et le croisement des flux de matières premières et de produits finis.
The long interior street, parallel with the national highway, offers a continuous and fluid space that allows for the circulation of wagons and the intersection of raw materials and finished products.

Aplix est le numéro deux mondial des systèmes autoaggripants.
Aplix is number two worldwide in self-gripping systems.

absence, dilatation/absorption, apparition/disappearance, dematerialization, geometry, capturing the landscape (in reflections as in the interior gardens), derealization... so appropriately and precisely that it drove Brigitte David, in the preface to the catalog for the exhibition *Selected Works* to wonder: "What remains of architecture when it seems so absent from itself?"

Yes, it is of an indescribable simplicity. A masterpiece of dematerialization, which is incredible for a tool of industrial production. And there is evidently genius in the invention of rhythms. Perrault recounts that the idea for the cladding came in a 30-second flash, during a customary Saturday morning brainstorming, a big and little problem-solving meeting with Gaëlle Lauriot-Prévost. They settled immediately on a mirror-finished stainless steel like one often sees in hairdressing salons. "The idea was to make a pleated mirror. Gaëlle and I shouldered 300 percent of the risk and spent six months, on a daily basis, with the people from Usinor to perfect it. The size, the absence of drain pipes, the bending, assembly – all of that was unimaginable intellectual, mechanical and physical gymnastics." As to the outcome, one must admit that the "pleated mirror" by Perrault, Lauriot-Prévost and Morisseau is every bit as wonderful as Issey Miyake's pleated garments.

So, eighteen months – or six months of encounters, discussions, definitions, sketches,

De nombreux brevets et secrets de fabrication sont la propriété d'Aplix. Malgré ses ouvertures, la « forteresse » exprime sa confidentialité.
Aplix possesses numerous patents and manufacturing secrets. Despite its openings, the "fortress" conveys its secret nature.

tout ça a été une gymnastique intellectuelle, mécanique et même physique invraisemblable. » À l'arrivée, force est de constater que le « plissé miroir » du quatuor Perrault, Lauriot-Prévost, Morisseau vaut largement le « plissé soleil » d'Issey Miyaké...
Dix-huit mois donc. Soit six mois d'approches, de rencontres, de discussions, de définitions, d'esquisses, de plans, de calculs, et douze mois de construction. Seule une relation quasiment intime a permis de tels délais, une telle performance. Une relation client-architecte et non plus maître d'ouvage-maître d'œuvre que Perrault analyse ainsi : « Je suis né de la commande publique et Aplix a été ma première commande privée. D'une certaine manière, cela a été la plus dure, mais aussi la plus belle et la plus vraie. Avec ce type de commande, la relation est plus douce parce que plus profonde, mais aussi plus violente parce que plus réelle. Ce qu'il y a de formidable dans cette relation client-architecte, c'est que s'évacuent nécessairement tout mensonge, tout masque, toute supercherie,

plans, calculations – and twelve months of construction. Only an intimate relationship would enable them to meet these deadlines. A client-architect relationship rather than one of contracting authority-architect, which Perrault sees like this: "I was born from public projects and Aplix was my first private commission. In a way, it was harder, but also more beautiful and more authentic. With this kind of commission the relationship is smoother and deeper, but also more violent because it is more real. The fantastic thing about this client-architect relationship is the necessary elimination of all lies, masks, trickery, false issues, and little power games."

If we believe Perrault the entire collaboration was conflict-free. Jean-Philippe Billarant confirms this: "For the basics, there wasn't one disagreement. Occasionally, of course, hard economic decisions had to be made, but that was nothing compared with the whole. There was such fantastic harmony between our

tous faux enjeux, tous petits jeux de pouvoir... » À en croire Perrault, aucun conflit ne s'est fait jour tout au long de cette collaboration. Ce que confirme Jean-Philippe Billarant : « Sur le fondamental, il n'y a eu aucun conflit. Il a, bien sûr, fallu parfois trancher sur des points économiques, mais cela a été peu important au regard de l'ensemble. Il y avait une telle adéquation entre notre souci de rigueur, de modestie et de modernité et la cohérence de son projet, qu'il n'y avait pas place pour le conflit. Ce que nous voulions, c'était un projet avec sa cohérence de projet. Et que cette cohérence donne naissance à une oeuvre, et je crois que nous l'avons. Notre rencontre a fait naître une situation. Cette situation est devenue parole. Au fil du temps, le projet s'est élaboré, a avancé, s'est modifié, a évolué, s'est amplifié, s'est réduit, a progressé. Ce projet, nous l'avons mené de concert, par la parole. Ce fut un constant travail d'expéri-

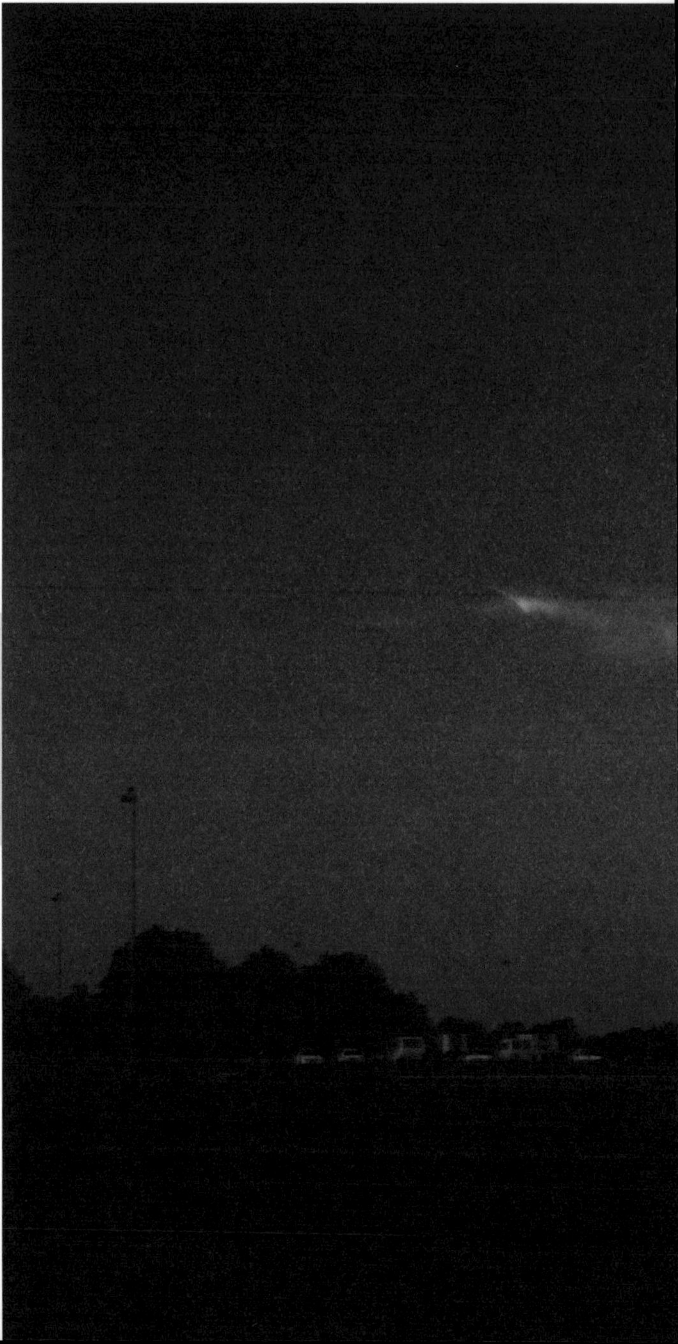

Les effets lumineux provoqués par la course du soleil créent d'étranges et magnifiques sensations de rose et d'argent, d'ambre et d'orange. La plasticité du lieu est, ici, portée à son acmé.

Light effects caused by the sun's trajectory create strange and magnificent rose and silver, amber and orange impressions, pushing the plasticity of the site to its zenith.

desire for rigor, modesty and modernity and the consistency of his project, that there was simply no reason for disputes. What we wanted was a project with his coherence. And this coherence resulted in a masterpiece. I think we have one. Our encounter created a situation. This situation evolved into language. As time passed, the project developed, advanced, was modified, evolved, grew, shrank, progressed. We led this project together with our dialog. It was a constant labor of experimentation. From our words sprang a work."

mentation. Et de la parole a jailli une œuvre. »
De la parole... Comment éviter cette évidence ? C'est bien sur les mots, sur l'énoncé, que se fonde une relation. Et à comparer ceux de Billarant et ceux de Perrault, force est de constater qu'ils sont les mêmes : pensée, idée, concept, écriture, modernité, stratégie, rigueur, simplicité, efficacité...
L'usine Aplix est une réussite technique, économique, architecturale, plastique et dialectique. La démonstration par l'évidence de la nécessité de la parole. Inaugurée en mai 1999, elle fonctionne à plein régime. Qu'en est-t-il désormais des relations entre Billarant et Perrault, entre le client et l'architecte ? « Le souci de rigueur, d'éthique et de modernité a d'emblée créé une réelle connivence, une réelle complicité entre nous. Maintenant que l'usine est terminée, qu'elle vit sa vie, complicité et connivence sont devenues amitié », sourit Jean-Philippe Billarant.

From words... How can one avoid the obvious: of course a relationship is based on words, the statement. Comparing those of Billarant with those of Perrault, one cannot help but see they are the same: thought, idea, concept, modernity, strategy, rigor, simplicity, effectiveness...
The Aplix factory is a technical, economic, architectural, visual and dialectic success. A demonstration of the necessity of language. Inaugurated in May 1999, it runs at full capacity. How are relations between Billarant and Perrault nowadays, between the client and the architect? "The concern for rigor, ethics and modernity immediately created a real complicity and connivance between us. Now that the factory has been completed, that it is up and running, complicity has turned into friendship," smiles Jean-Philippe Billarant.

Pour Billarant et Perrault, pour le client et l'architecte, il est évident que tout naît de l'échange, de la confrontation voire de l'affrontement. Au Cellier, l'œuvre a jailli de la parole.

For Billarant and Perrault, for the client and the architect, it is obvious that everything flows from exchange, discussion and even confrontation. The work on the Aplix factory sprang from this dialog.

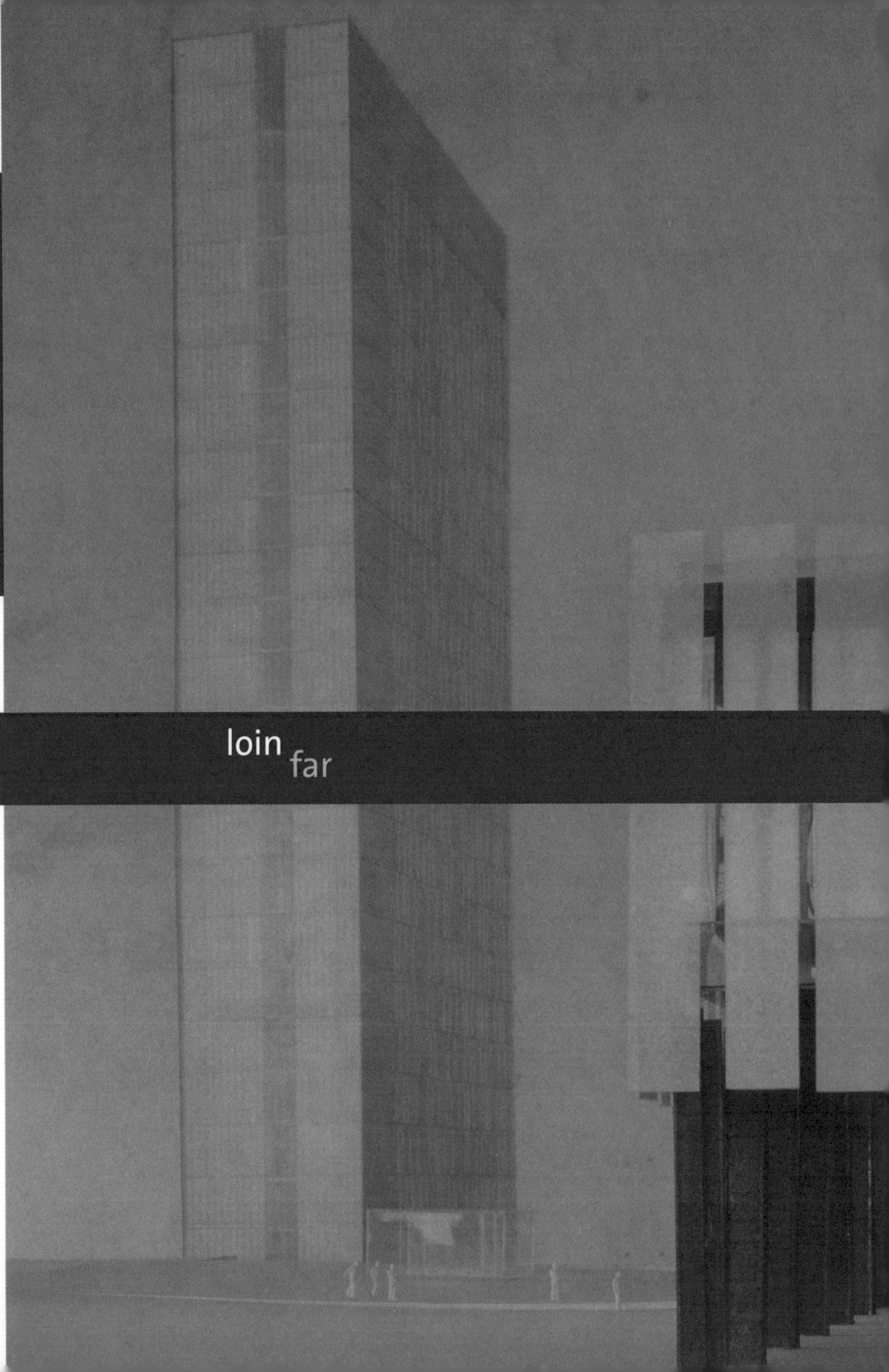

loin far

10

Les quatre « livres ouverts » de la Bibliothèque nationale de France, jaillissant dans le ciel parisien, témoignent du goût vif de Perrault pour la dialectique.
The four "open books" of the BnF, thrusting up into the Parisian sky, bear witness to Perrault's taste for dialectic.

Go east, young man

Go east, young man

Bien sûr, il y a le sud avec Barcelone (hôtel et bureaux sur la Nueva Diagonal), Badalona (stade de Montigalà), Madrid (complexe multisports, Reina Sofia), Santiago de Compostella (Centre de culture de Galice), Tenerife (plage de Las Teresitas), Venise (université d'architecture), Milan (place Gramsci), Rome (Centre de congrès), Naples (temple de Mitra et gare)...
Bien sûr encore, il y a l'ouest avec Boulogne-Billancourt (Fondation Pinault), Saint-Germain-en-Laye (IRSID), Laval (archives de la Mayenne), Le Cellier (usine Aplix), et, beaucoup plus loin,

Of course there is the south, with Barcelona (hotel and offices on the Nueva Diagonal), Badalona (Montigalà stadium), Madrid (sports complex, Reina Sofia), Santiago de Compostela (Galicia cultural center), Tenerife (Las Teresitas beach), Venice (University of Architecture), Milan (Piazza Gramsci), Rome (convention center), Naples (temple of Mithra and station)...
To the west there is still, of course, Boulogne-Billancourt (Fondation Pinault), Saint-Germain-en-Laye (IRSID), Laval (Mayenne archives), Le Cellier (Aplix factory), and much further,

La nuit, la BnF se transmue en un bloc de lumière et de sensations.
At night, the BnF transmutes into a block of light and sensations.

Mexico (Centre d'information sur la France contemporaine), New York (Museum of Modern Art) et, à venir, l'usine GKD en Caroline-du-Nord… Mais surtout, il y a l'est. Comme si la trajectoire de Dominique Perrault était aimantée par, aspirée vers l'orient. Un périple qui va nous mener depuis Paris jusqu'à Kyôto.

C'est au soir tombant qu'il faut s'y engager : peut-être parce que, dans le registre des sensations, la nuit précède le jour. Emprunter les quais de la Seine à partir de la gare d'Austerlitz, juste à l'aplomb du pont Charles-de-Gaulle, qui aurait tout aussi bien pu être celui imaginé par Perrault, et filer résolument vers l'est . Très vite, à main droite, s'imposent les quatre livres ouverts de la Bibliothèque nationale de France qui, déjà, racontent le goût, la passion de Perrault pour la dialectique. Une dialectique

Mexico (information center on contemporary France), New York (Museum of Modern Art) and soon, the GKD factory in North Carolina... But there is especially the east. As if Perrault's trajectory were pulled inexorably eastward by a magnet. This voyage will lead us from Paris all the way to Kyoto. It is nightfall when the time comes to head out: maybe because, in the range of sensations, night precedes day. Take the road along the Seine at the Austerlitz train station, just above the Charles de Gaulle bridge (for which Perrault also conceived a project), drive due east. Very soon, on the right, loom the BnF's four open books; they already bear witness to Perrault's taste and his passion for the dialectic; expressed in terms of full and empty, complexity, brilliance and depth, transparence and reflection, appearance and dis-

La BnF est un parfait exemple de la capacité de Perrault à provoquer des lectures diverses des lieux qu'il édifie, en fonction de l'heure, de la saison, de la lumière, de l'humeur.

The BnF is a perfect example of Perrault's skill at provoking diverse readings of the places he builds, depending on the hour, season, light and mood.

qui s'exprime en termes de pleins et de vides, de complexité, de brillance et de profondeur, de transparence et de reflet, d'apparition et de disparition. Le soleil, très bas à cette heure-ci, accentue ce sentiment de lectures diverses que l'on peut avoir des architectures de Perrault, et où se mêlent l'échelle urbaine, l'assemblage volumétrique, le souci constant et très « miesien » du détail, le basculement dans la vie nocturne qui va les transformer en blocs de lumière, en vibrations.

Aux barrières de Paris, à main droite encore, jaillit, en plein milieu de nulle part, l'hôtel industriel Berlier : « J'aime les phénomènes d'inclusion », sourit l'architecte pour expliquer sa capacité à gérer les contraires. De l'autre côté de la Seine se dessine, vaguement, le rocher de Vincennes qui, à l'instar de Jean-Paul Goude et de bien d'autres, fit beaucoup rêver Perrault.

appearance. The sun, quite low at this hour, accentuates the feeling that a range of readings of Perrault's architecture is possible, where urban scale, volumetric assembly, the constant "Miesian" attention to detail and the sliding into night transforms them into blocks of light, into vibrations.

At the edge of Paris, still on the right, the Hôtel Industriel Berlier springs up in the middle of nowhere: "I like phenomena of inclusion," smiles the architect, explaining his ability to handle contraries. On the other side of the Seine, in the distance, you can just make out the rock in the Vincennes wood, inspiration for many of Perrault's dreams, just as for Jean-Paul Goude and countless others. Night is falling faster, and suddenly the Hôtel Industriel Berlier lights up, a light on an urban scale made to measure for the beltway over which

Ruptures d'échelle, assemblages volumétriques subtils, sens du détail, l'architecte s'amuse et joue des phénomènes d'inclusion.
Abrupt shifts in scale, subtle volumetric assemblages, a sense of detail, the architect plays with phenomena of inclusion.

La nuit avance à grands pas, et soudain le Berlier s'éclaire comme un lumimaire à l'échelle citadine, à la mesure du périphérique qu'il domine de toutes ses vibrations. En l'espace d'un souffle, la transparence est devenue réversible. Perrault, décidément, excelle à assurer le passage des sensations et des émotions depuis le virtuel jusqu'au réel, et à tout agencer pour qu'advienne la réciproque.
Passé Paris, voici Ivry, avec toujours la Seine comme fil conducteur. Un fil qui mène jusqu'à une machine de 9 hectares, un vaste rectangle qui affiche 200 mètres de longueur, curieusement défini comme usine de fabrication d'eau potable. La nuit est dorénavant noire. La galerie cylindrique horizontale qui enserrait l'ensemble, aérienne et tendue pourtant, n'existe plus. La structure métallique couverte de verre a disparu pour laisser place à un voile de lumière. Étrange sentiment de flottaison, d'irréalité. Une lumière dans la ville, rien d'autre. S'approcher, découvrir, pénétrer. À l'intérieur, la présence de l'eau est poignante. Vibrations, suintements, rumeurs, bourdonnements, impression d'engloutissement. Seul, entre ville et eau. Univers clos et sensation de liberté. La maîtrise de la matière, pour peu qu'on la domine également, est

Pour la BnF, Gaëlle Lauriot-Prévost et Dominique Perrault se sont attachés à créer un mobilier spécifique et singulier.
For the BnF, Gaëlle Lauriot-Prévost and Dominique Perrault worked hard to create a specific and singular line of furnishings.

En 1993, Perrault est lauréat du concours portant sur la requalification du zoo de Vincennes. À sa grande joie, puisqu'il habite juste en face. Las, le projet demeure aujourd'hui sans suite.
In 1993, to his great joy and excitement, Perrault won the competition for the renovation of the Vincennes zoo. Alas, the project remains in suspension.

it looms, with all its vibrations. In the space of a breath, the transparence has become reversible. Perrault does excel at managing the transition across the full range of sensations and emotions, all the way from the virtual to the real, and at arranging everything so that it becomes reciprocal.
After Paris, with the Seine still the guide, we get to Ivry, to a vast 9-hectare machine, a 200-meter long rectangle, curiously identified as a plant for manufacturing drinking water. Night has now turned black. The horizontal and cylindrical gallery, airy yet tense, that surrounds the whole no longer exists. The glass-covered metallic structure has disappeared, giving way to a veil of light, provoking a strange, floating feeling; it has become a light in the city, nothing more. Approach, discover, penetrate – inside, the presence of the water is atmospheric. Vibrations, oozing, whispers, rumblings, an impression of quicksand; alone, between city and water; a closed universe with a feeling of liberty. The mastery of matter, provided it remains under domination, generates

génératrice de sens. De sens, de symbole et de consonance. Et c'est la consonance qui créé la poésie. Une simplicité biblique apparente qui abrite des mécanismes et des fonctionnements incroyablement complexes. Seul, entre ville et eau, voici qu'émergent les rêves conjugués du capitaine Nemo régnant sur les profondeurs abyssales, et de Little Nemo dominant la jungle des villes de toute son innocence.

« L'architecture produit de l'émotion avant tout, et cette émotion, c'est la clé de voûte », distille Perrault, lequel, à cette heure-ci, doit être chez lui, à quelques centaines de mètres, sur la rive droite, face au zoo de Vincennes.

Au petit matin, reprendre la route, au-delà du pont, et filer à Marne-la-Vallée, la ville nouvelle de référence, celle qui a donné naissance à tant d'architectes aujourd'hui célébrés, à l'image de Perrault et de Portzamparc, pour ne citer qu'eux. Là, nous attend la grande aile de l'ESIEE (École supérieure d'ingénieurs en électronique et électrotechnique), le bâtiment qui a fait émerger Perrault en pleine lumière. « Comme un avion sans aile... », chantait Charlélie Couture au temps de ses *Poèmes rock*. Aurait-on retrouvé cette aile perdue à Noisy-le-Grand ? D'autant que le mot « couture » a une sonorité très précise dans l'univers de Perrault.

À peine plus loin, et toujours sur le territoire de Marne-la-Vallée, à Bussy-Saint-Georges, s'élève une merveille de géométrie simplifiée, le Centre technique du livre, réalisé dans le même mouvement que la Bibliothèque nationale de

Neuf hectares pour fabriquer l'eau potable du sud parisien. À Ivry-sur-Seine, la SAGEP est un incroyable patchwork de possibles, où s'entrelacent bâtiments et galeries, bassins et passerelles, machineries complexes et mystérieuses.
Nine hectares to "manufacture" drinking water for southern Paris. At Ivry-sur-Seine, the SAGEP is an incredible patchwork of possibilities, where buildings, galleries, pools, footbridges and complex and mysterious machines are deftly interwoven.

meaning; meaning, symbol and consonance. This consonance creates poetry. An apparent biblical simplicity shelters incredibly complex mechanisms and functions. Alone, between city and water, here is where dreams conjugate, Captain Nemo reigns over the bottomless chasm, and Little Nemo innocently dominates the jungle of the city.
"Architecture produces emotion first, and this emotion is the keystone" is Perrault's distillation. At this hour he must be at home, a few hundred meters away, on the right bank, facing the Vincennes zoo.

At daybreak, hit the road again, over the bridge and beyond, there is Marne-la-Vallée, an important new town which produced so many of today's most celebrated architects, such as Perrault and Portzamparc to mention just two. Waiting there, the great wing of the ESIEE (Ecole Supérieure d'Ingénieurs en Electronique et Electrotechnique), the building that pushed Perrault out into daylight. "Like a plane without wings..." sang Charlélie Couture during his *Poèmes Rock* period. Perhaps, we would have stumbled across them at Noisy-le-Grand? And don't forget, in Perrault's universe,

France, un magasin de stockage doublé d'ateliers de réparation des livres. Le tout d'une superficie de 25 000 mètres carrés. Autant pour la Bibliothèque il s'agissait de marquer le territoire, de créer une géographie urbaine, autant ici Perrault s'interroge : « Comment ne pas faire d'architecture ? » La réponse est immédiate, ce sera une simple lame de métal rectangulaire avec, déjà, des sortes de trouées au cœur desquelles Perrault pratique la méthode chinoise : les maisons, là-bas, s'articulent autour de cours carrées ; trois côtés sont habités, le quatrième, aveugle, est chaulé blanc pour mieux renvoyer la lumière...

Plus loin à l'est, Bar-le-Duc où Perrault a réalisé l'hôtel départemental de la Meuse et où déjà s'affirme ce qu'un an plus tard il mettra hardiment en pratique à Saint-Germain-en-Laye pour le Centre de conférences d'Usinor-Sacilor. À demi enfoui seulement, mais déjà la fusion s'élabore.

Et puis, voici Genève où aurait pu s'édifier la Maison de la paix des Nations unies revêtue de sa housse en fil de soie métallique et qui mieux que toute autre exprimait l'idée d'apparition et de disparition, de solidification et de liquéfaction.

Le temps d'un souffle et voici qu'apparaît Luxembourg, dominé par le plateau de Kirchberg. Le fameux plateau, le grand projet « architecturalo-urbanistique » luxembourgeois qui accueille quelques pointures à l'image du Sino-Américain I. M. Pei (le musée), des Français Christian de Portzamparc (la Philarmonique) et Claude Vasconi (la chambre de commerce)...

Il s'agit de marquer une pause, d'autant que le chantier, ici, avance à grands pas.

À Kirchberg, Perrault a remporté le concours portant sur l'unification et l'augmentation de la Cour de justice des Communautés européennes. Un bâtiment initié en 1973 et ayant déjà fait l'objet de deux extensions, en 1988 et 1992, respectivement par les architectes Bohdan Paczowsky et Paul Fritsch, devenus depuis des partenaires et des amis. Sur 7 hectares bordés

the word "couture" has a very precise sonority. A stone's throw away, but still in the region of Marne-la-Vallée, at Bussy-Saint-Georges, rises a marvel of simplified geometry, the Centre Technique du Livre, built at the same time as the BnF. This storage facility coupled with restoration and repair shops for books totals 25,000m². Whereas for the library the idea was to mark the territory, to create an urban geography, here Perrault wonders: "How not to do architecture?" The answer is immediate, it will be a simple rectangular metal blade, with holes through to the center in the Chinese method. There houses cluster around square courtyards; three sides are inhabited, the fourth, being blind, is whitewashed to better reflect the light.

Further east, in Bar-le-Duc, Perrault housed the region's administrative offices in the Hôtel Départemental of the Meuse. Here he was already asserting what a year later he would boldly put into practice in Saint-Germain-en-Laye for the Usinor-Sacilor conference center. It is only half-buried, but the idea of fusion was forming.

Then pass by Geneva, where Perrault's United Nations' Maison de la Paix might have stood. In its silk metallic skin, it expressed better than all the others the idea of appearance and disappearance, solidification and liquefaction.

Another breath and Luxembourg appears, dominated by the Kirchberg plateau. Here, Luxembourg's great architectural and urban project hosts buildings designed by several of the greatest, like I.M Pei (the museum), Christian de Portzamparc (the concert hall) and Claude Vasconi (the chamber of commerce). Now it's time for a break, all the more so because the project is advancing at breakneck speed.

In Kirchberg, Perrault won the competition to unify and expand the European Court of Justice. The building dates from 1973 and

Toujours à la SAGEP, bâtiment essentiellement utilitaire, l'architecte laisse libre cours à son goût et à sa maîtrise de la géométrie.
Still at the SAGEP, an essentially utilitarian building, the architect gives free reign to his taste and to his mastery of geometry.

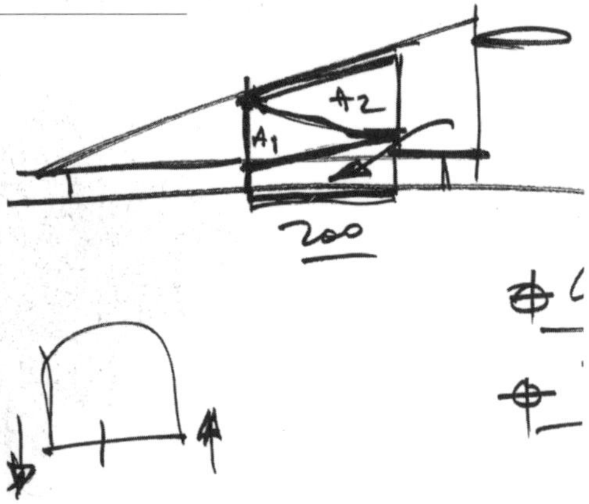

Géométrie encore, en forme d'avion furtif, avec l'ESIEE à Noisy-le-Grand, le bâtiment qui révèle Dominique Perrault.
Geometry again, in the shape of a stealth fighter plane, with the ESIEE at Noisy-le-Grand, the building that first demonstrated Dominique Perrault's talent.

par de grands axes de circulation, ces interventions successives composaient un ensemble éclaté, des scénographies différenciées, des écritures presque contradictoires. L'intervention de Perrault consiste, outre l'unification et l'augmentation, à redonner au cœur de l'ensemble sa prestance, à y focaliser l'attention et à diffuser l'énergie concentrée dans un anneau étendant, comme en suspension, les étages nobles du cœur primitif.

Puis, dans le Palais, d'articuler autour d'un escalier monumental les grandes salles d'audience. Enfin, d'édifier deux tours destinées à accueillir les bureaux hébergeant un millier de traducteurs. Au total, une intervention qui se lit non

has already undergone two prior expansions, in 1988 and 1992, carried out by the architects Bohdan Paczowsky and Paul Fritsch respectively, now partners and friends. On several hectares, bordered by major thoroughfares, these successive projects resulted in a jumbled composition with differentiated scenographies and almost contradictory approaches. Perrault's project also involves, beyond merely unifying and enlarging, restoring presence to the heart of the complex, refocusing attention and diffusing concentrated energy in a ring, stretching, as if suspended, around the upper floors of the earlier core. Inside, the

far

comme une nouvelle greffe, le quatrième élément d'un ensemble, mais bien comme une « injection », témoignant de la primauté donnée à la liaison sur la juxtaposition, à l'unification sur la densification. Une unité notamment obtenue par l'utilisation de la maille d'aluminium anodisé évoquant le laiton et le bronze, et traité en « plissé soleil » pour les façades des deux tours, et en longues « robes » tombant depuis l'anneau d'or du bâtiment des juges jusqu'au parvis, espace public et urbain.
« Ici, à Luxembourg, raconte Perrault, nous ne sommes pas réellement dans la logique du tissu comme élément majeur, quasistructurant. Certes, nous avons édifié deux tours et créé un parvis, mais la base est un travail de réhabilitation et de requalification. La Cour de justice a été édifiée morceau par morceau, trente ans durant, couche après couche, notre intervention comprise. Nous avons, sur un plan purement architectural, effectué un travail "MiesvanderRohien", lyriquement et poétiquement amplifié. Sur un plan dialectique, il s'agissait d'autre chose. Le lieu avait déjà une fonction et un fonctionnement, il fallait lui donner une existence.
« Pour les pays du nord de l'Europe, l'appellation "palais de justice" évoque avant tout la justice. Pour les pays du sud de l'Europe, c'est plutôt

main courtrooms open onto a monumental staircase.
Finally, two towers shoot up which house offices for thousands of translators. All in all, the intervention does not read like a new graft, or the fourth element of a set, but as an "injection," a testament to the primacy given to linkage over juxtaposition, to unification over densification. Unity is achieved, notably through the use of anodized aluminum wire mesh, resembling brass or bronze, and installed like one of Miyake's golden pleats on the façade and in long "robes" falling from the golden ring of this judge's building down to the surrounding plaza – a public and urban space.
"Here in Luxembourg," Perrault recounts "we are not really in the logic of fabric as a major, structuring element. Of course, we've built two towers and created a plaza, but the project's foundation is a work of rehabilitation and re-definition. Including our intervention, the Court of Justice has been built piece by piece, layer by layer, over a thirty-year period. On a purely architectural level, we have done a 'Miesvan-derRohien' work, but lyrically and poetically amplified. On a dialectical level, we've done something else. The place already had a function and a

Traversées, filantes, fluidité, lumière, lisibilité, simplicité, complexité : à l'ESIEE, l'architecte expérimente son vocabulaire propre.
Crossings, threads, fluidity, light, readability, simplicity, complexity, at the ESIEE, the architect experiments with his vocabulary.

l'idée de palais qui prime. La justice, ici, était déjà chez elle. Manquait le palais. C'est-à-dire le statut de la noblesse, l'orgueil de la grandeur. Affirmer et assumer cette noblesse et cette grandeur, c'est aussi respecter le citoyen. Le bâtiment ancien mêlait le rose du granit et le brun rouille de l'acier Corten. L'or et l'ambre, depuis, les ont enrobés. Le regard traverse et caresse les jeux de lumière et de réverbération, et la mémoire s'envole du côté du Camp du Drap d'or. Au fond, ce dont il est question ici, c'est d'un travail de haute couture, c'est une vêture plus qu'une structure. Une robe du soir peut-être… ? ». Poussant plus loin vers l'est, voici l'Autriche dont Dominique Perrault, au fil des années, devient un invité récurrent. Le tremplin de saut à skis non réalisé à Innsbruck, l'étude de Donau City, à Vienne, qui aboutit à la construction d'une tour de 200 mètres de haut abritant hôtel, logements et bureaux, les supermarchés MPreis, qui jalonnent le Tyrol sont là, entre autres, pour en témoigner.

Se profile au loin le Hofburg, la formidable forteresse de Maximilien Ier et de la grande

C'est à Bar-le-Duc, avec l'hôtel du Département de la Meuse, que Perrault initie ce qui deviendra l'une de ses constantes : la fusion avec le sol.
At Bar-le-Duc, with the Meuse region's administrative headquarters, Perrault initiates one of his great constants: fusion with the ground.

process; it needed to be given an existence. In northern Europe, the French term for court-house "*Palais de Justice*" evokes justice first. But for southern Europe, the idea of the *palais* is more important. Justice already has its home here. What it lacked was a palace; I mean the idea of nobility, of pride in the grandeur. To affirm and assume this nobility and this grandeur is also to respect the citizen. The old building mixed rose granite and the brown rust of corten steel. Now it has been draped in gold and amber robes. The eye crosses and caresses the shimmering play of light, and one's mind floats off toward the Field of Cloth of Gold. Actually, this project is really a work of haute couture, it's more a garment than a structure. An evening gown perhaps."

Heading further east, to Austria, where over the years Dominique Perrault has been invited again and again. The unbuilt ski jump at Innsbruck; the Donau City urban planning study in Vienna, whose conclusion is a 200-meter mixed-use tower housing a hotel, apartments and offices; the MPreis supermarkets that dot the Tyrol landscape – all bear witness to his active presence.

Marie-Thérèse, surplombant l'Inn et dominant Innsbruck. Dès qu'on la pénètre, la ville offre une forêt de campaniles et une succession de façades baroques qui composent une étonnante symphonie polychrome.
Au cœur historique de la ville, sur la Adolf Pichler Platz, Perrault s'est livré à un véritable exercice d'équilibriste : construire un hôtel de ville tout en conservant l'ancien bâtiment, recréer une place publique avec un square et des plantations, bâtir un hôtel de 96 chambres ouvrant sur cet espace public et des galeries couvertes ; constituer un rez-de-chaussée général et commercial laissant cohabiter boutiques et grands magasins, restaurants de tradition et fast-foods, l'ensemble totalisant 40 000 mètres carrés. Bref, une belle occasion pour l'architecte de témoigner de ses facultés d'adaptation et de sa capacité à composer un paysage urbain, à la fois complexe et cohérent, en s'appuyant sur une stratégie de construction par morceaux.
À l'évidence et malgré la grande lisibilité, scandée de surprises, et de l'articulation

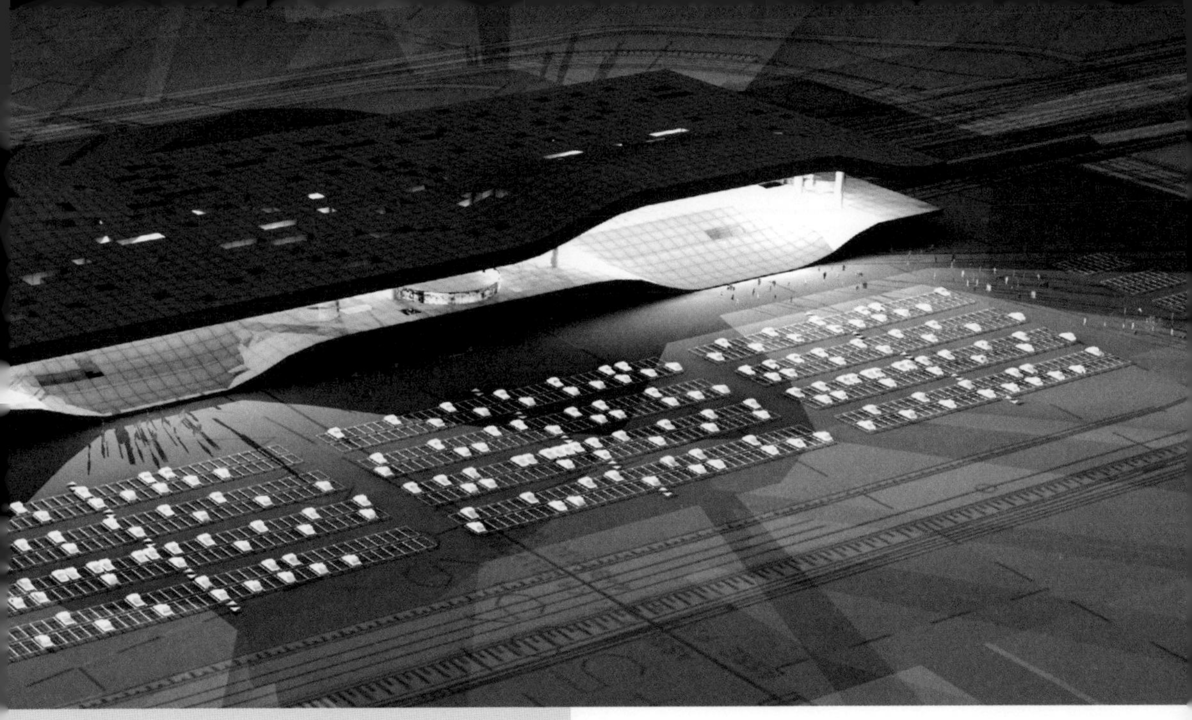

Pour Naples, Perrault imagine une architecture follement futuriste. La gare Afragola semble être un gigantesque vaisseau spatial capable de se dématérialiser, à l'image d'une soucoupe de légende.

For Naples, Perrault conceives a wildly futuristic architecture. The Afragola station looks like a gigantic spaceship capable of dematerializing like a flying saucer.

In the distance, dominating Innsbruck, rises the Hofburg, Maximilian I and Maria-Theresa's fantastic fortress. Once inside, the city displays a forest of bell towers and a series of Baroque façades that create an astonishing polychrome architectural symphony.

On the Adolf Pichler Platz, in the city's historic heart, Perrault revelled in a genuine balancing act: to build a city hall while preserving the original building; recreate a public plaza with a square and garden; build a 96-room hotel opening onto the public plaza, as well as covered arcades; assemble a broad commercial plan for the ground floor with areas for boutiques, department stores, classic and fast food restaurants... the whole covering 40,000m². In short, a wonderful opportunity for the architect to demonstrate his faculty for adaptation and his ability to compose complex and coherent urban landscapes, by relying on a strategy of phased construction.

Sur le plateau de Kirchberg, à Luxembourg, l'intervention de Perrault consistait à réhabiliter l'existant, à augmenter et à unifier la Cour de justice des Communautés européennes. À donner corps et âme à l'une des institutions les plus prestigieuses et essentielles.

On the Kirchberg plateau in Luxembourg, Perrault's intervention consisted of rehabilitating what existed, of expanding and unifying the European Court of Justice: of dedicating himself to one of the most basic and prestigious civic institutions.

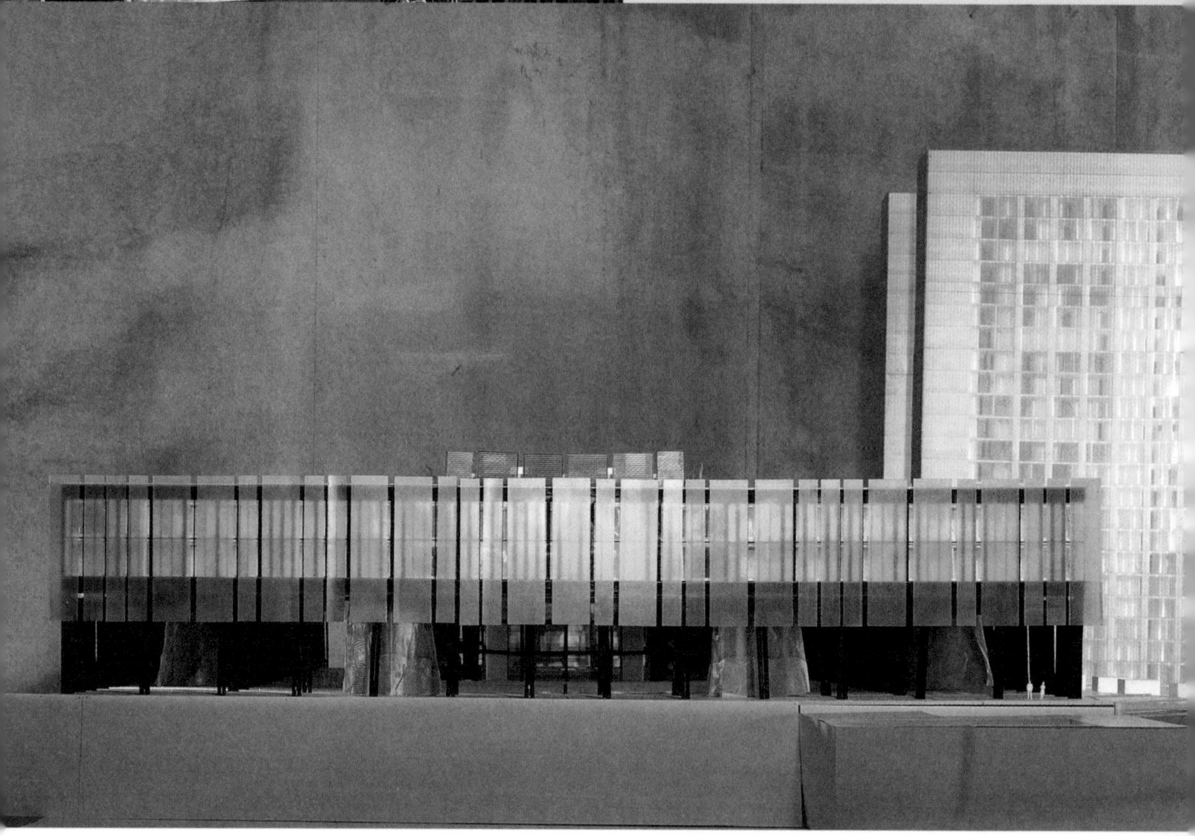

complexe des différents éléments constitutifs de l'ensemble au sein duquel s'enchaînent passages et petits marchés, jardins plantés et cours pavées, Perrault s'est, ici, senti attiré par les sommets. Treize artistes ont été conviés à s'exprimer avec plus moins de présence, parmi lesquels émergent Peter Kogler, et surtout Daniel Buren, avec une étonnante verrière couvrant le grand passage avec laquelle l'artiste organise un jeu de rectangles et de couleurs qui, allié à la lumière zénithale, rend la couleur palpable, diffuse, sensuelle. Et qui, quoique sans le moindre contrat visuel avec elles, dialogue parfaitement avec le rythme des mailles

Despite its easy readability, studded with surprises, and the complex articulation of the varied elements composing the whole, in which passageways and small markets link with planted gardens and paved courtyards, here Perrault felt attracted to the mountains. Thirteen artists were invited to contribute; among them stand out Peter Kogler, and especially Daniel Buren – with an amazing glass roof covering the grand passageway, which the artist organized into a game of rectangles and colors which render color palpable, diffuse and sensual when illuminated by the sun at noon. Though without the slightest visual con-

La maille anodisée, traitée majoritairement en plissé soleil, confère à l'ensemble un statut qui évoque le Camp du Drap d'or.
Anodized mesh, used primarily as a sun screen, provides the whole work with a status reminiscent of the Field of Cloth of Gold.

que l'architecte a tendues tout au long de la promenade. Une fois encore, ses tissages métalliques créent des atmosphères, des douceurs, des luminosités, des brillances, allant bien au-delà de leur simple rôle de protections solaires ou visuelles.

Et, tout là-haut, s'élance le campanile de verre, flanqué d'une « maison sur le toit », laquelle accueille la salle de réunion du conseil municipal. Tandis que, sur le toit de l'hôtel voisin, un jardin et un restaurant s'ouvrent généreusement sur l'infini paysage tyrolien.

Ici encore, Perrault affirme son sens de la scénographie, en créant un espace plus grand que la scène afin que tout respire. À ce petit jeu de l'espace et de la respiration, de l'élargissement et de la profondeur, force est de constater que Perrault excelle.

Après l'Autriche, c'est à une traversée de l'Allemagne qu'on se livre. Munich, où Perrault a tenté d'investir la Theatinerstrasse ; Düsseldorf, où, dans le cadre de l'opération

tact, it dialogues perfectly with the rhythms of the mesh the architect has hung all along the promenade. Once again, his metallic fabrics create atmosphere, softness, luminosity, brilliance – going way beyond their simple role of sun or visual protections.

And way above, the glass bell tower shoots up, flanked by a "house on the roof," containing the city council meeting room, while atop the neighboring hotel, a garden and restaurant open broadly onto a boundless Tyrolean landscape.

Perrault reaffirms his theatrical sense by creating a space bigger than the stage so that everything breathes. Clearly Perrault excels at this little game of space and respiration, of broadening and deepening.

After Austria we cross Germany, first to Munich, where Perrault attempted to invest the Theatinerstrasse. Then to Düsseldorf, where in the context of the Architectural Visions for Europe operation, in 1995, he

Au cœur d'Innsbruck, Perrault se livre à un exercice d'équilibriste : faire cohabiter l'ancien et le nouveau ; édifier un hôtel de ville flanqué d'un hôtel, de galeries, de commerces, de restaurants ; aménager enfin une place publique.

In the heart of Innsbruck, Perrault revels in balancing the old and new; building a city hall flanked by a hotel, arcades, boutiques and restaurants, and redeveloping a public space.

Architectural Visions for Europe, en 1994, il s'est livré à une passionnante étude sur le principe de la *Glass House* ; Dortmund, où il aurait aimé réaliser l'aéroport ; Potsdam, où il a, en 1993, projeté la Wilhelmgalerie ; Berlin enfin, où il a perdu, coup sur coup, l'ambassade de France, une série de bouches de métro et le ministère des Affaires Étrangères, mais où il a gagné le concours de la Lehrter Banhof, un ensemble de bureaux, et, surtout, réalisé le vélodrome et la piscine olympique.
Depuis Berlin, un grand saut vers le sud-est pour évoquer deux projets qui n'ont connu aucun futur. Le premier à Istambul pour la Erol Aksoy Foundation, le second au Caire pour le lycée français...
Retour plein est, le temps de traverser Saint-Pétersbourg et le passionnant projet du Mariinsky II et de s'envoler pour les confins des confins. À Pékin d'abord, avec le projet

indulged in a fascinating study of the principle of the glasshouse. On to Dortmund where he had hoped to build an airport, to Potsdam where, in 1993, he proposed the Wilhelmgalerie. Finally, there is Berlin, where he lost one project after another: the French Embassy, a series of metro entrances for the Ministry of Foreign Affairs. But he also won some: the Lehrter Banhof, a complex including offices; and especially the velodrome and Olympic swimming pool.
Making a broad jump from Berlin to the southeast we discover two projects that never saw the light of day: the first in Istanbul, for the Erol Aksoy Foundation; the second in Cairo for the Lycée Français.
Veer due east and fly over Saint Petersburg to view the fascinating Mariinsky II project, then continue flying east, to its farthest reaches. To Beijing first, with the unsuccessful

À Innsbruck, l'architecte fait appel à treize artistes, parmi lesquels Peter Kogler et Daniel Buren entrent en parfaite résonance avec le travail sur les lignes et la lumière propre à Perrault.
For Innsbruck, the architect called on thirteen artists. Among them: Peter Kogler and Daniel Buren enter into perfect resonance with Perrault's own work on light and line.

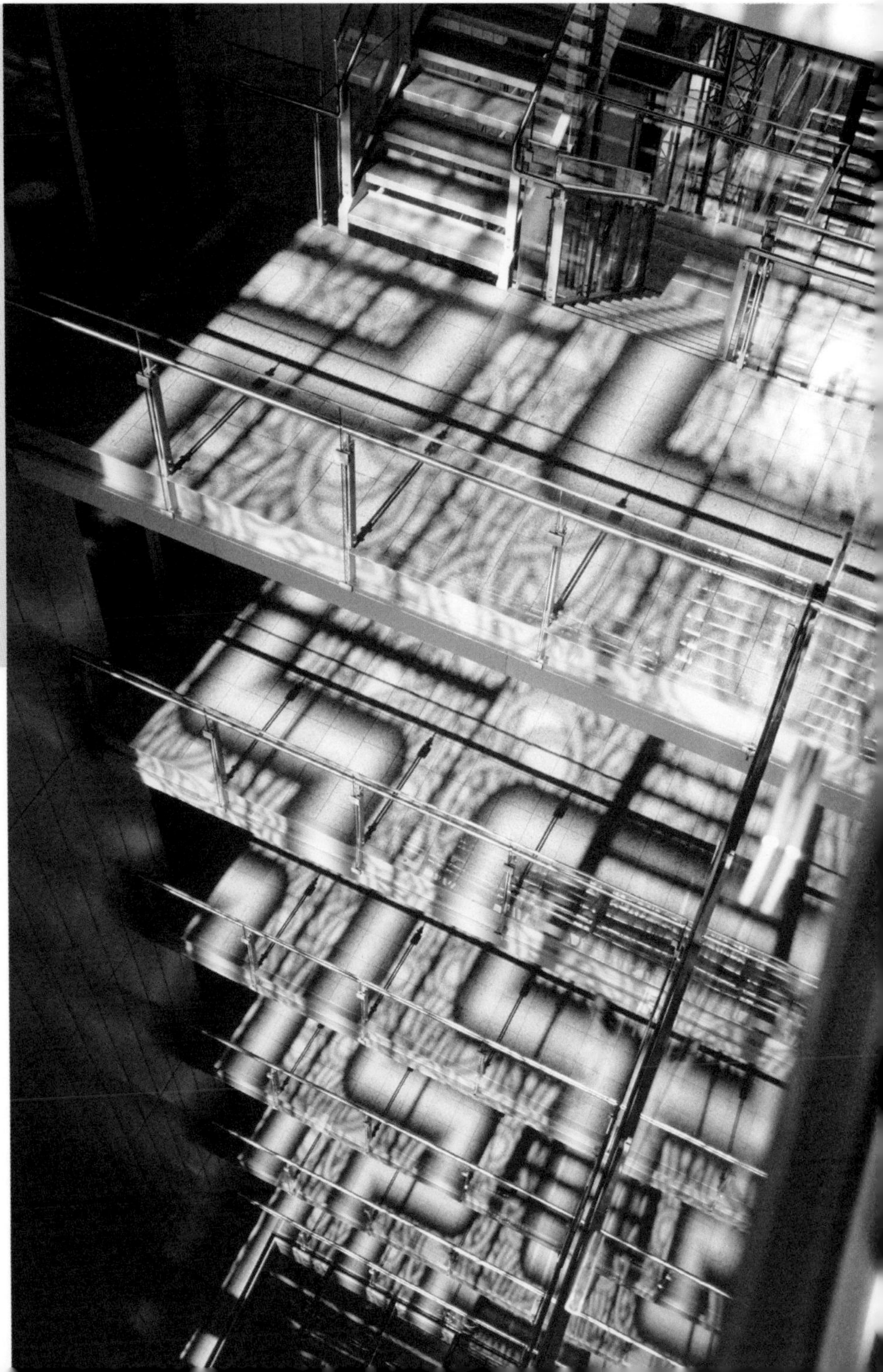

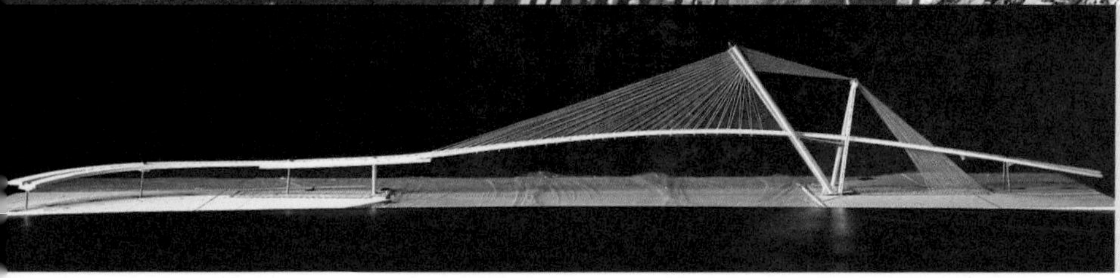

perdu pour le siège de la CCTV (télévision chinoise), puis Shangai pour un autre projet perdu, celui du Business Center de Lu Jia Zui (quoique ici encore les arcanes de décisions soient aussi impénétrables que les voies du Seigneur... colauréat avec l'Anglais Richard Rogers, Perrault sera vite oublié, tout comme Rogers, par les Chinois, lesquels en définitive produiront un étrange mixte des deux projets...). Décidément, la Chine ne sourit pas à Dominique Perrault, puisque le double projet de pont qu'il conçut en 2000 pour enjamber le Rambler Channel à Hong-Kong n'a pas non plus, malgré la performance technique qu'il représente et malgré son incroyable élégance d'écriture, été retenu.

Ne reste plus à l'est que le Japon, et plus précisément Kyôto, où Perrault avait présenté, en 1996, son fabuleux projet pour la bibliothèque de Kansaï Kan que les Japonais ont laissé filer, incompréhensiblement.

Si loin, si proche... Point n'est besoin de courir au bout du monde pour être incompris. Très curieusement, malgré sa participation à deux concours, en 1989, le premier concernant le Lycée des technologies et le second l'Institut français de mécanique avancée (IFMA), Dominique Perrault, pourtant natif de Clermont-Ferrand, n'y a jamais rien édifié.

project for the CCTV-Chinese Television headquarters, then to Shanghai for another lost project, this one for the Lu Jia Zui business center (though here again, the mysteries of the decision-making process are as impenetrable as the ways of the Lord. Co-winner with Richard Rogers, the two were quickly forgotten by the Chinese, who in the end produced a strange mix of the two projects). Indeed, China does not favor Dominique Perrault; the double bridge project he designed in 2000 to straddle the Rambler Channel in Hong Kong was not chosen either, despite the technical triumph it represents and its incredibly elegant conception.

So the last remaining place in the east is Japan, and more specifically Kyoto, where in 1996 Perrault presented his fabulous project for the Kansaï Kan library and the Japanese incomprehensibly let it slip away.

So far, so close... But there's no need to run to the ends of the earth to be misunderstood. For curiously, despite his participation in two competitions in 1989, the first for the Lycée des Technologies and the second for the Institut français de mécanique avancée (IFMA), Dominique Perrault has never built anything in his native city of Clermont-Ferrand.

À Hong-Kong, Perrault propose deux solutions, chacune à l'élégance d'écriture et à la performance technique évidentes, pour le même parcours : la traversée du Rambler Channel.

In Hong Kong, Perrault proposes two solutions for the crossing of the Rambler Channel, each possesses conceptual elegance and technical performance .

11

variation
variation

Un bloc d'étrangeté, oscillant entre effacement et transfiguration.
A block of strangeness, oscillating between disappearance and transfiguration.

En 2001, Perrault participe au concours portant sur la Fondation François Pinault pour l'art contemporain. Il ne sera pas lauréat, mais créera la sensation.
In 2001, Perrault participates in the competition for the Fondation François Pinault for contemporary art. Despite not winning, he provokes a sensation.

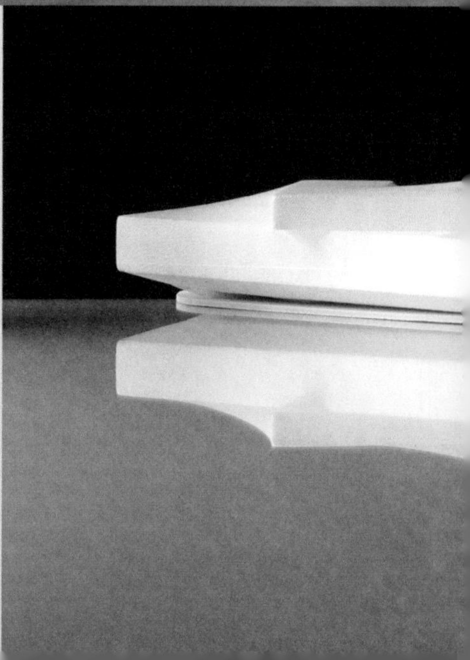

Sur deux thèmes
On two themes

Pour qui ne s'en serait pas aperçu plus tôt, l'opération Bau-Haus, organisée par le *Suddeutsche Zeitung*, qui consistait à confier à quelques architectes un jeu de Lego pour composer des bâtiments rêvés, et que Perrault neutralisa à l'extrême, aura démontré le goût de l'architecte pour le jeu de cubes. Empiler, amonceler, ordonner, aligner, structurer, destructurer, voilà bien ce qui l'anime.

Et puis, deuxième récurrence chez Perrault, une fois les cubes mis en scène, les voiler, les masquer, les gommer, les faire disparaître, voilà bien ce qui l'anime également.

Quatre projets en sont la démonstration éclatante. Le premier français, le deuxième chinois, le troisième russe, le quatrième français à nouveau. D'abord la Fondation François Pinault pour l'art contemporain à Boulogne-Billancourt. Concours international, remporté par le Japonais Tadao Ando, le projet Fondation Pinault est, à bien des égards emblématique de la « manière » Perrault. Un bloc de mystère, oscillant entre effacement

For anyone who might have missed it, the Bau-Haus operation – organized by the *Suddeutsche Zeitung* newspaper and consisting of enlisting a few architects in a game of Lego (which Perrault neutralized in the extreme) – clearly demonstrated the architect's predilection for cubes. Stacking, piling up, ordering, aligning, structuring, de-structuring, this is what drives him. And then, once the cubes are on stage, veil them, mask them, rub them out, make them disappear.

This is brilliantly demonstrated by four projects. Firstly, there is the Fondation François Pinault for contemporary art in Boulogne-Billancourt, on the edge of Paris. This international competition was won by the Japanese architect Tadao Ando, the Fondation Pinault project is emblematic in many ways of Perrault's "style".

A block of mystery, oscillating between disappearance and transfiguration. Its amazing flexibility, its ability to be "read" in a thousand

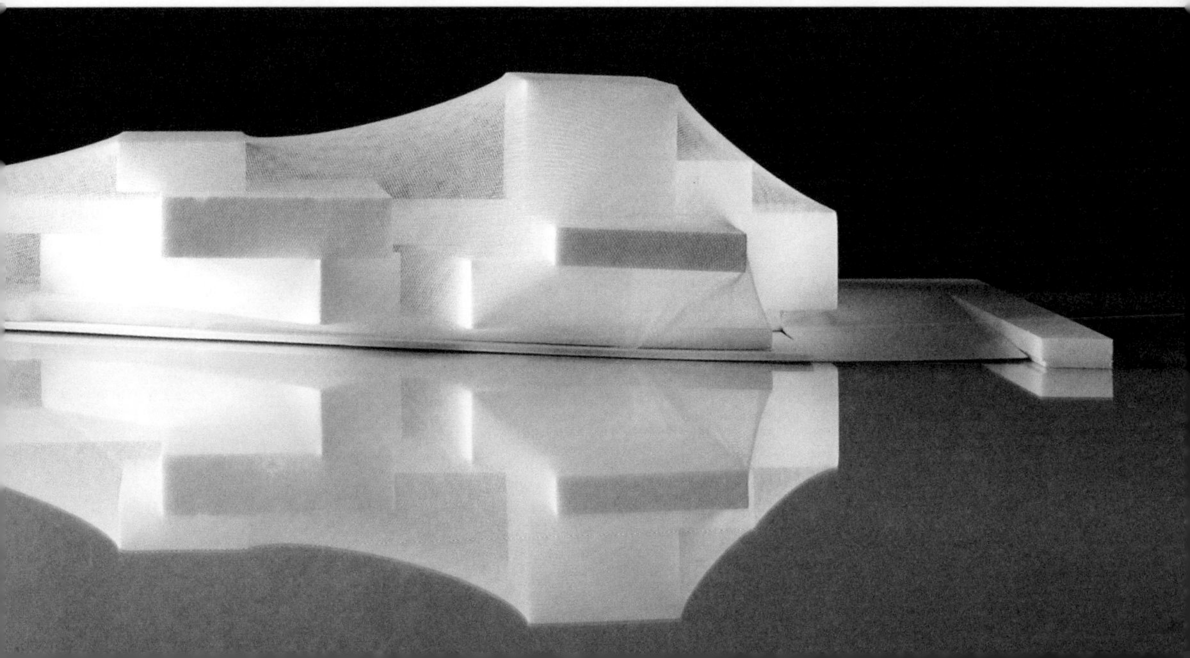

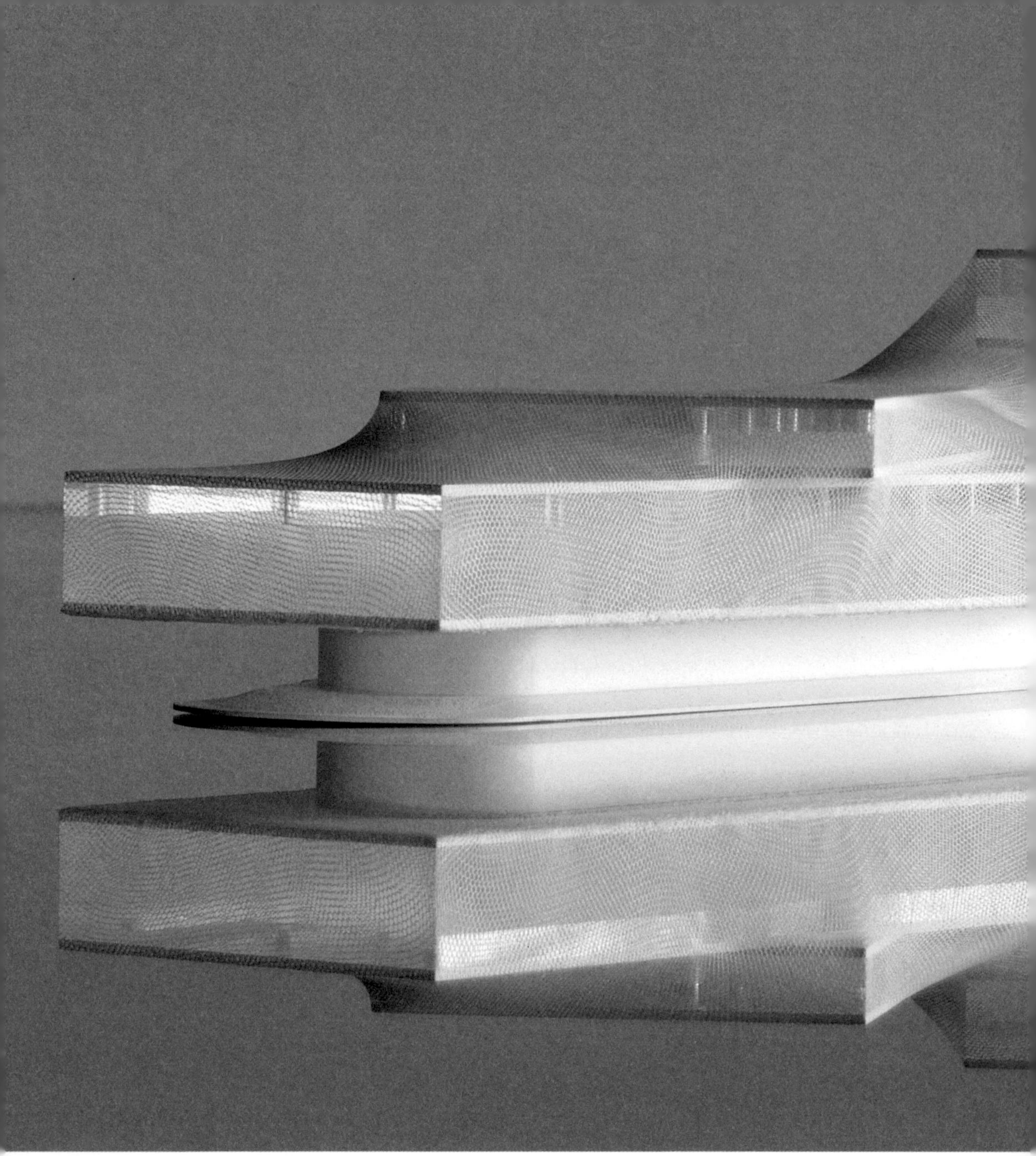

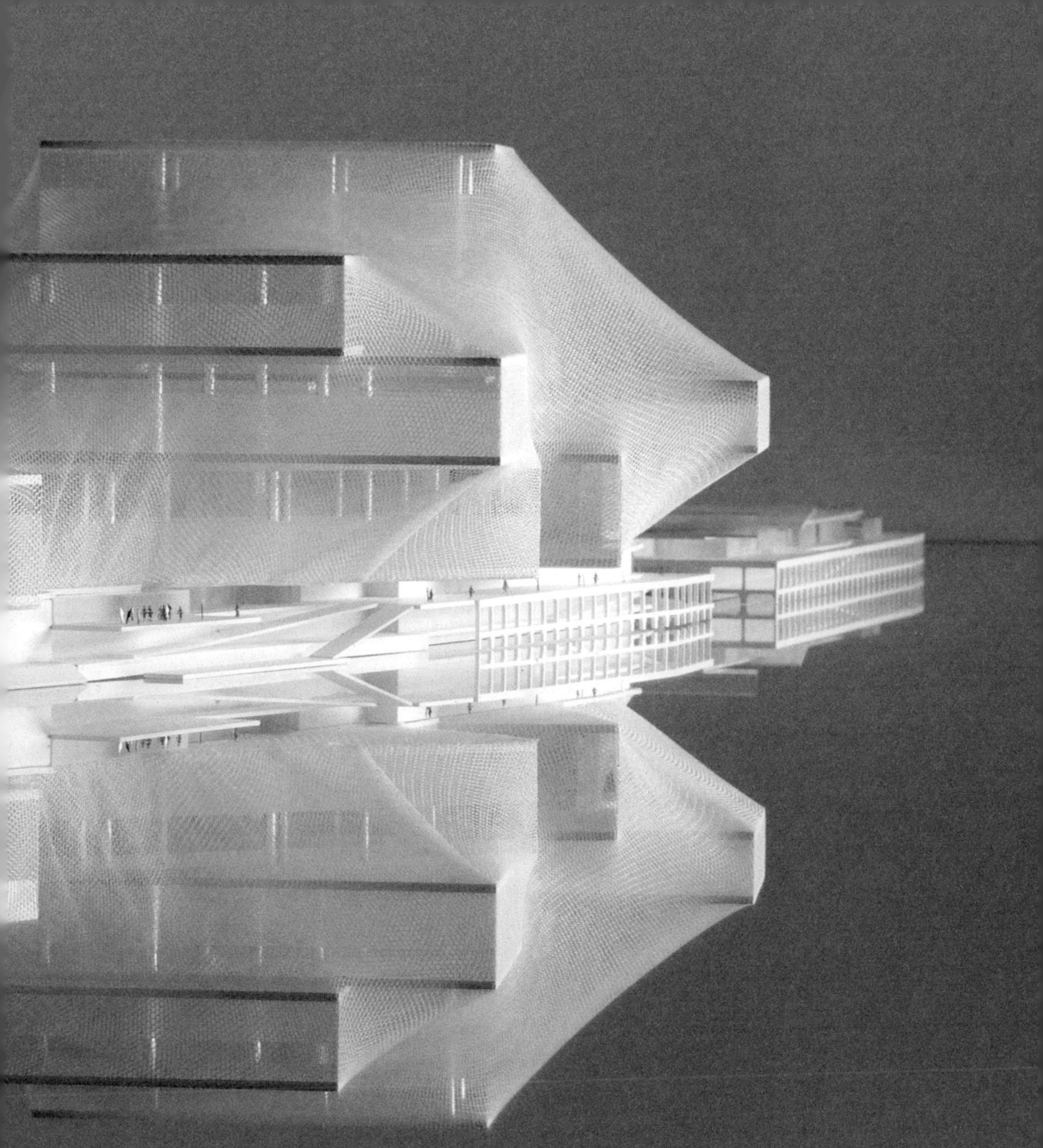

À Boulogne-Billancourt, à la proue de l'Île-Séguin, il provoque une étonnante relation entre le ciel et l'eau, entre la masse et l'évanescence.

In Boulogne-Billancourt, on the prow of the Séguin Island, he provokes an amazing dialog between earth and sky, between mass and evanescence.

et transfiguration, dont l'étonnante flexibilité, la capacité à être « lue » de mille et une manières différentes, la surprenante relation organisée entre le ciel et l'eau, témoignent de la volonté d'inventer une autre approche de l'architecture. Une approche qui, sans la nier ni la dénier, la transforme en ce que Perrault nomme une « robe couleur du temps ». A fortiori si l'on considère le site où la Fondation s'implante : le long vaisseau de l'Île-Séguin, ancré pour l'éternité dans le fil de la Seine, à la hauteur de Billancourt, aux portes de Paris. Plus encore qu'un site, une évidente combinaison entre géographie (l'Île-Séguin) et histoire (la « citadelle ouvrière »), qui compose un paysage extraordinairement chargé.

L'écriture topographique développée ici par Perrault est tout aussi intrigante, puisqu'elle mêle un socle, destiné à isoler et protéger le bâtiment des crues et inondations, et une sorte de « place de grève » dont la pente douce se fond dans l'élément liquide. Le programme est également, en cette occurrence, essentiel, puisque,

Drapant l'ensemble dans un tissu de mailles métalliques, Perrault démontre sa capacité à donner à lire ses architectures de mille manières, mettant en scène ce qu'il appelle une « robe couleur du temps ».

Draping the whole in metallic mesh, Perrault demonstrates his skill at providing a thousand readings of his architecture, staging what he calls a "dress the color of the weather".

different ways, the incredible relationship organized between sky and water, displays the architect's desire to invent another approach to architecture. An approach which, without negation or denial, transforms the architecture into what Perrault calls a "a dress the color of the weather". All the more so if we consider the location of the site: the long vessel that is the Seguin Island, anchored for eternity in the Seine's current, at the level of Billancourt, at the gates of Paris. Even more than a site, it forms an obvious combination between geography (the island) and history ("citadel of the workers"), which produces an extraordinarily charged landscape.

The topographical writing Perrault develops here is just as intriguing, as it mingles a base, intended to isolate and protect the building from floods, whose gently sloping plaza melts into the river, like the original "*place de Grève*". The function is also important. Approximately the same size as the Centre Pompidou (around 60,000m^2) the Fondation Pinault's main purpose is to exhibit one of the world's most important private contemporary art collections, and must also receive a broad general public via a long promenade which traverses forms, volumes and different functions (exhibition halls, auditorium, TV studio, bookstore, boutiques, restaurants, café, gardens), all which share a genuine architectural modesty. A deliberate modesty that prefers to disappear before the art, and encourage simple, direct and intimate encounters.

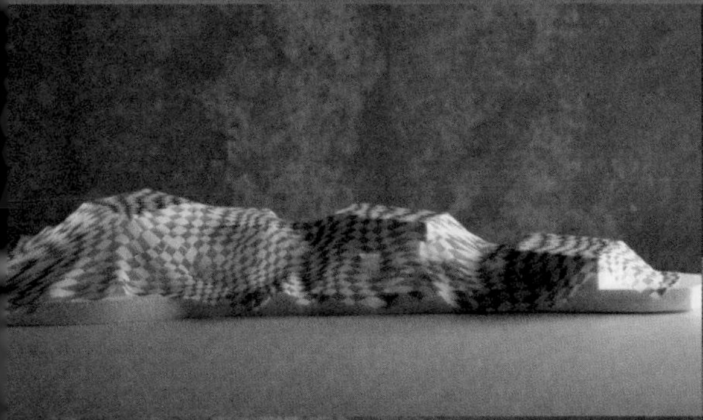

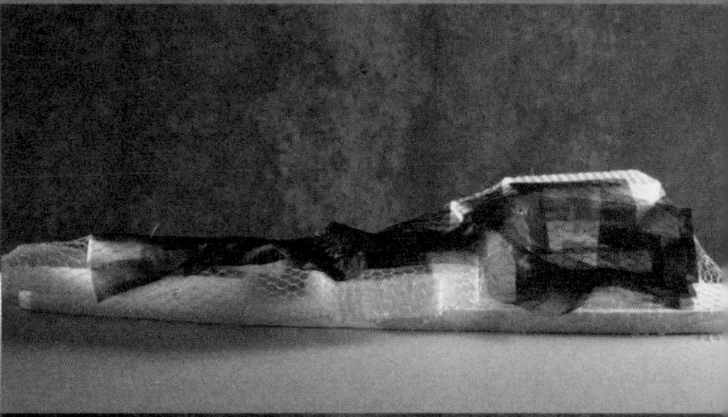

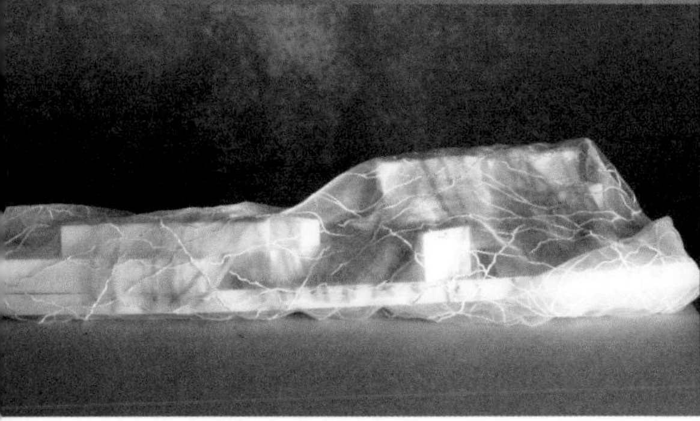

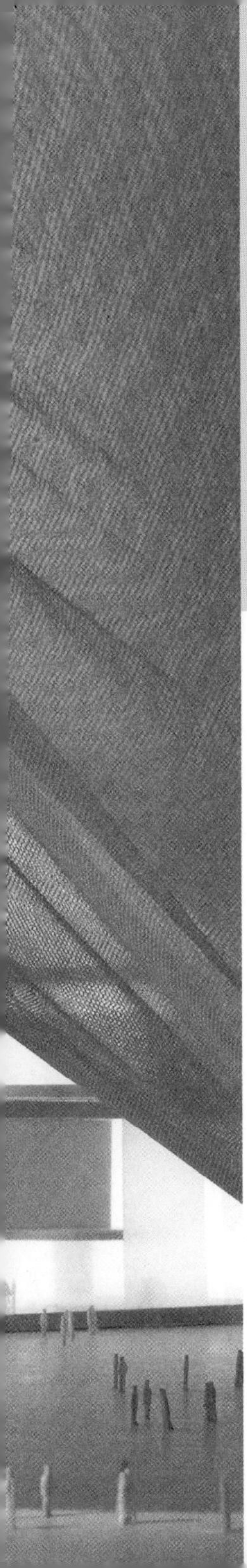

Un projet gigantesque puisqu'il équivaut à la taille du Centre Pompidou ; un programme complexe qui mêle formes, volumes, fonctions et circulations, en une promenade faite de découvertes successives.
A gigantic project – it equals the size of the Centre Pompidou; a complex program that mingles forms, volumes, functions and flows, into a stroll composed of a series of discoveries.

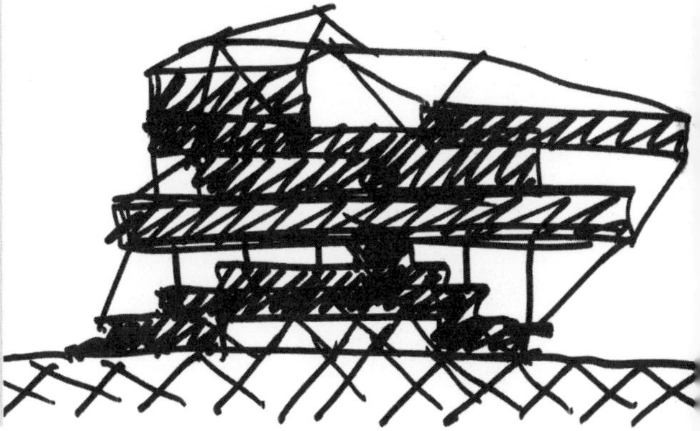

de la taille, ou presque, du Centre Pompidou (environ 60 000 mètres carrés), la Fondation Pinault, qui a pour objet principal d'exposer l'une des collections privées d'art contemporain parmi les plus importantes du monde, a aussi pour vocation d'accueillir un large public au fil d'une promenade à travers des formes, des volumes et des fonctions variés (salle d'exposition, amphithéâtre, studio télé, librairie, boutiques, restaurants, café, jardins), mais qui tous partagent une réelle modestie. Une modestie volontaire puisqu'il s'agit de s'effacer devant l'art, et de provoquer des rencontres simples, directes et intimes. De son côté, le voile en mailles métalliques souple, tendu entre le bâtiment et le socle, provoque une considérable émotion. Celle de l'entre-deux, du dedans et du dehors conjugués, de la présence et de l'absence. Un temps interstitiel où se déploie le génie spécifique de l'architecte, fait d'immatérialité, d'irréalité et d'immanence. Un gigantesque drapé à propos duquel Perrault s'explique : « Ce dont il est question ici, c'est moins d'un jeu de cubes que de l'organisation faussement aléatoire de blocs mêlant, de l'un à l'autre, la réalité, le rêve et le virtuel. Une sorte d'hommage aux grands sculp-

A flexible veil of metallic mesh, hanging from the top of the building to the base, provokes strong emotion: the feeling of being in-between, of a conjugation of inside and outside, of presence and absence; an interstitial time, where the architect's specific genius displays itself fully through immateriality, unreality and immanence. Regarding the gigantic draping, Perrault explains: "Here it is less a question of a set of cubes than a falsely random mingling of blocks, reality, dreams and the virtual; a sort of homage to the great minimalist sculptors. The effect of draping the ensemble erases and transmutes it. So, the hybrid obtained is neither a building nor a façade nor a narration; rather it's an indistinct landscape, a game of masks, reaching out to the spectators' imagination. Depending on their mood, they will read in this deliberate abstraction: a wedding veil, a nocturnal cape or even a coat the color of the weather... Obviously, the work we did for the Fondation Pinault involves abstraction. There is no formal logic between the boxes, but the genesis of thought in action, as opposed to a complete, closed sentence. This is, by the way, what

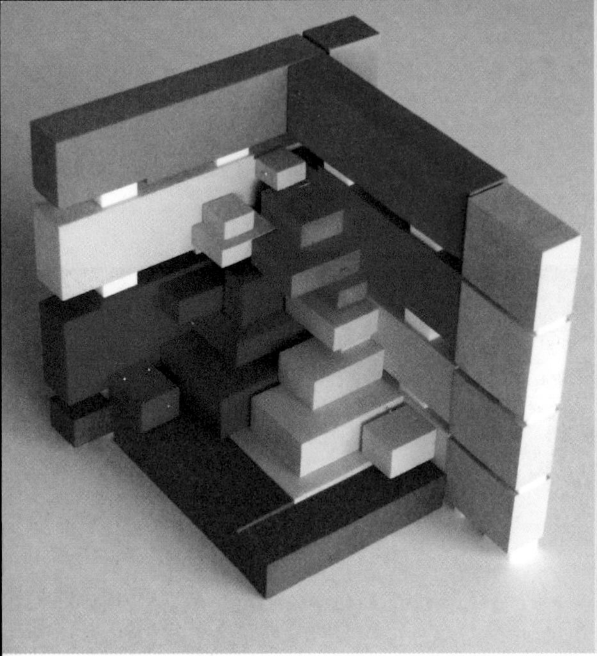

À Pékin, le programme du siège de la CCTV, télévision nationale chinoise, est un écheveau de complexité. Dominique Perrault en simplifie la lecture à l'aide d'un jeu de cubes apparemment enfantin, mais d'une redoutable subtilité.
In Beijing, the program for a national Chinese television company's headquarters is a complex tangle. Dominique Perrault simplifies the reading with the help of a set of cubes, seemingly childish, but of a fearsome subtlety.

La façade, ici, n'est pas une limite. C'est un lieu transitoire, un domaine dynamique dont la transparence accentue l'idée d'une visibilité qui va bien au-delà du regard.
This façade has no limit. It is a transitional space, a dynamic domain whose transparency accentuates an idea of visibility that goes well beyond the gaze.

teurs minimalistes. Draper l'ensemble a pour effet de l'effacer et de le transmuer. Et donc d'obtenir un résultat hybride qui n'est plus un bâtiment, ni une façade, ni une narration, mais un paysage indistinct, un jeu de masques qui va à la rencontre de l'imaginaire du spectateur. Lequel lirait, dans cette abstraction volontaire, et selon son humeur, un voile de mariée, une cape nocturne ou encore une redingote couleur du temps... Le travail que nous avons effectué pour la Fondation Pinault relève, à l'évidence, de l'abstraction. Il n'y a pas de logique formelle entre les boîtes, mais la genèse d'une pensée en action, a contrario d'une phrase aboutie, close. C'est d'ailleurs le propre même de l'art conceptuel, de l'écriture conceptuelle. L'inachèvement encore et toujours. En pratiquant ainsi l'architecture, on laisse le lieu vivre une vie qui échappe à l'architecte. C'est, encore et toujours, un point de vue, un engagement éthique. »
Cet échec n'altère en rien ses obsessions. En 2002, il participe à un autre concours, en Chine cette fois-ci. L'affaire est d'importance. Il ne s'agit de rien moins que d'édifier le siège de la CCTV, la télévision nationale chinoise. Soit un

is specific to conceptual art, conceptual writing; the unfinished now and for always. By practicing this kind of architecture, we allow it to live a life that escapes the architect's control. It is, now and always, a point of view, an ethical engagement."
This setback did not alter his obsessions in the slightest. In 2002, he took part in another competition, this time in China. The project is important: CCTV, China's national television company needed new headquarters. It would be a building of 553,000m², constructed on an 18-hectare site, and one can imagine the complexity of the technical specifications. Offices, studios, technical spaces, car parks, an 800-seat concert hall, a 1,500-seat theater, a hotel, a restaurant, shops, a conference center, a business center and, here and there, gardens – all cohabitating on one site.
Perrault provides a clear answer, and the founding premise of the project is quite strong and obvious. More than just the television's headquarters, what should be installed on such a surface is: a bit of geography, a building-territory, a vertical city composed of vast horizontal

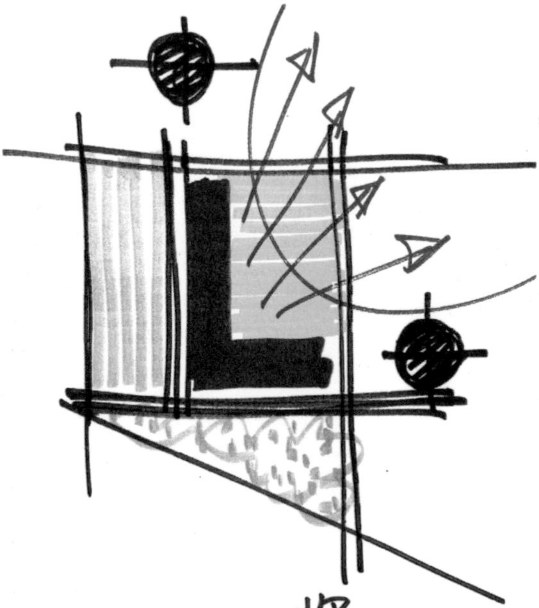

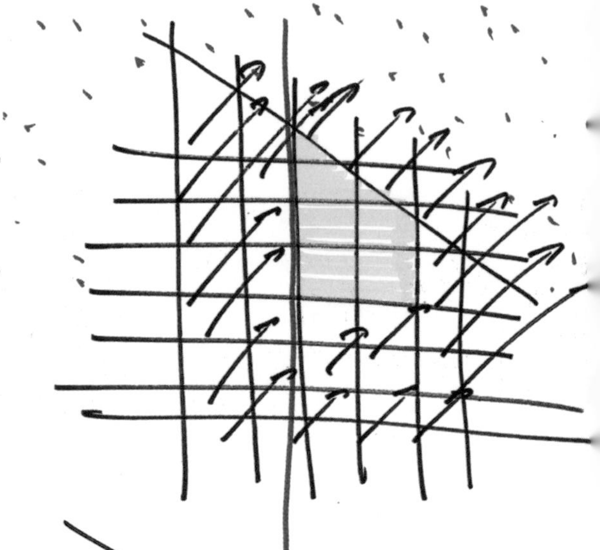

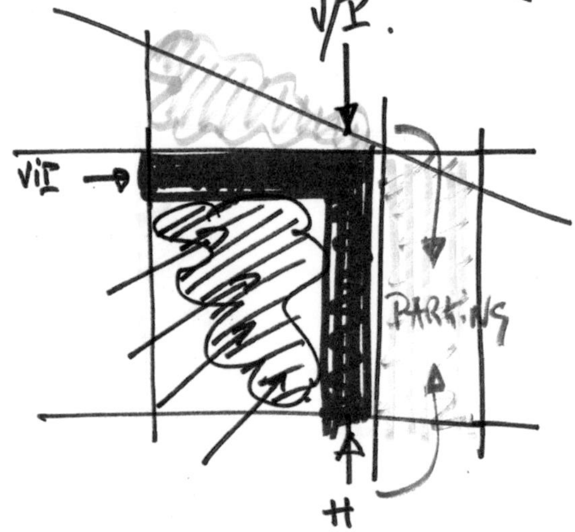
V/I
V/I
PARKING
H

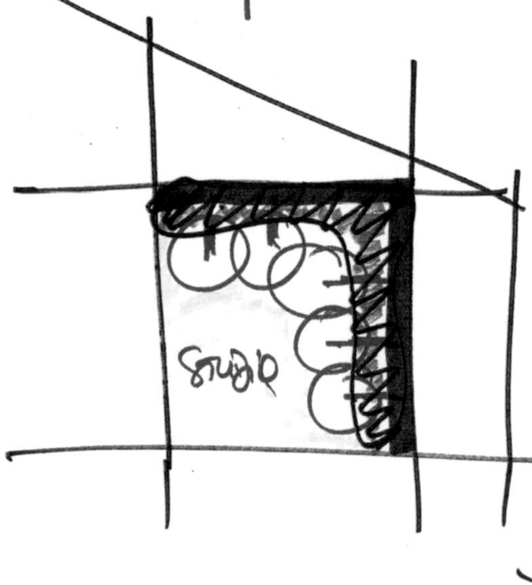
STUDIO

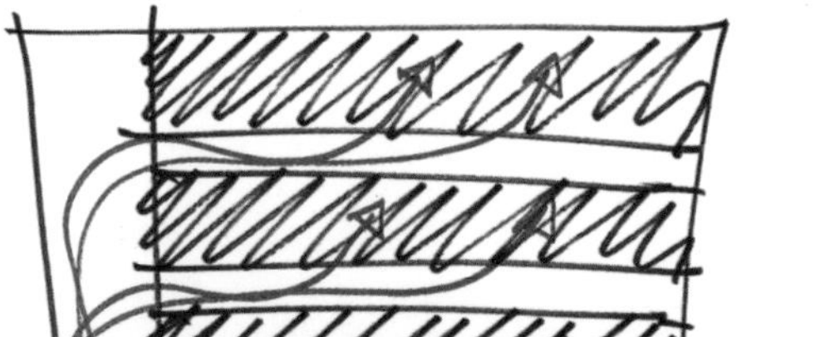

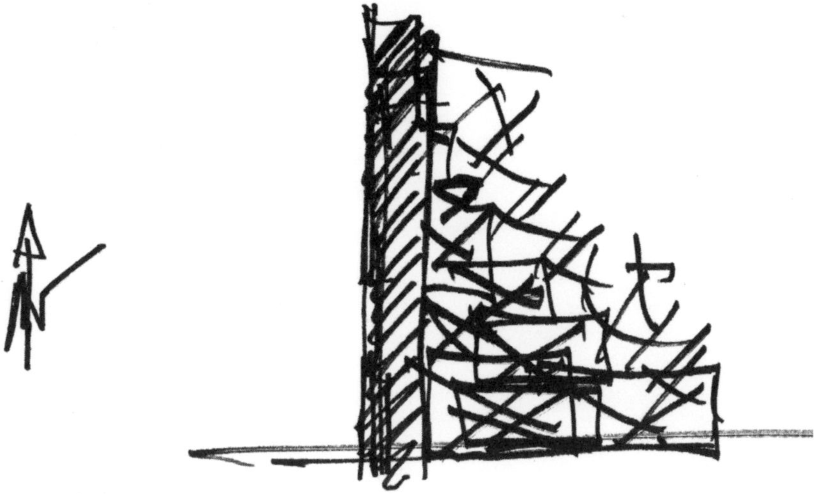

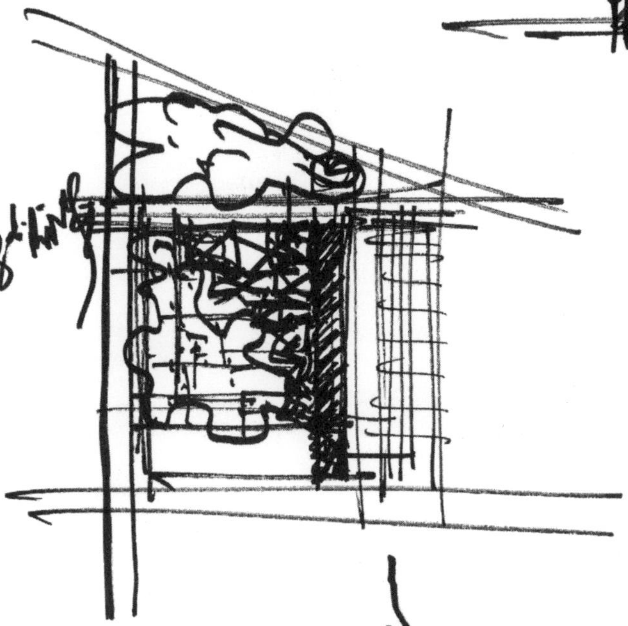

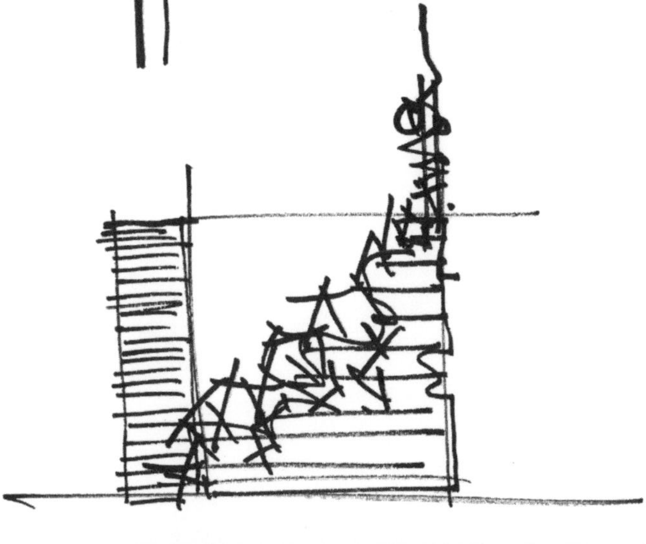

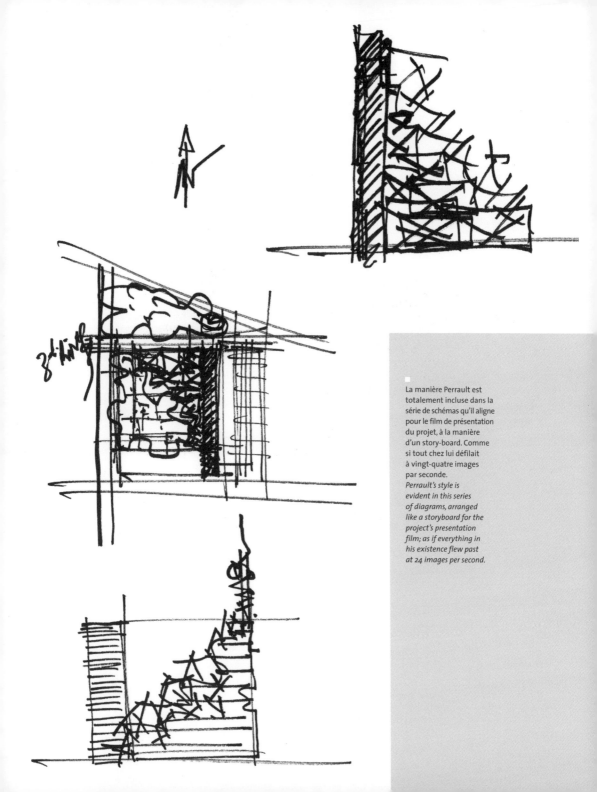

La manière Perrault est totalement incluse dans la série de schémas qu'il aligne pour le film de présentation du projet, à la manière d'un story-board. Comme si tout chez lui défilait à vingt-quatre images par seconde.

Perrault's style is evident in this series of diagrams, arranged like a storyboard for the project's presentation film; as if everything in his existence flew past at 24 images per second.

Une pluie de deux cents ombrelles : mobiles, mouvantes, elles couvrent la façade et sont autant des radars que des images ou encore des arbres. Avec des effets de pluie, de vent, de soleil, de forêt qui, en permanence, transcrivent la vie du bâtiment et la modification de ses usages.

A downpour of 200 mobile umbrellas: they cover the façade and are simultaneously radars and trees. Producing effects like rain, wind, sunshine or forest, which permanently transcribe the building's life and uses.

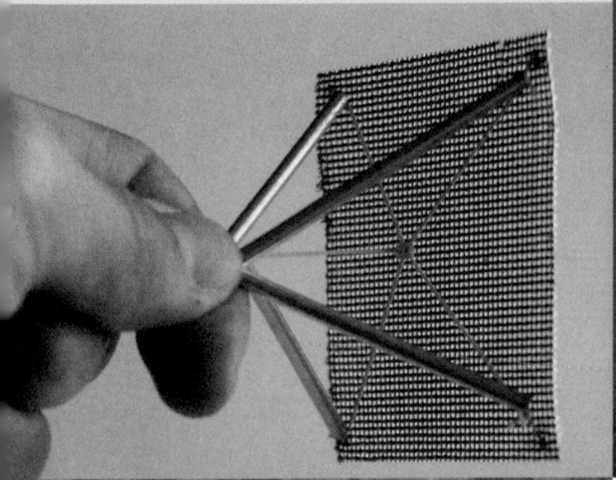

Résultat : un géant revêtu d'une armure chinoise réticulée et dont les nervures forment un réseau changeant, vibrant.

The result is a giant, clothed in reticulated Chinese armor, whose ribs form a vibrating and shifting network.

bâtiment de 553 000 mètres carrés à élever sur un terrain de 18 hectares, avec un cahier des charges dont on imagine la complexité, et la nécessité de faire cohabiter des bureaux, des studios, des locaux techniques, des parkings, une salle de concerts de 800 places, un théâtre de 1500 places, un hôtel, un restaurant, des commerces, un centre de conférences, un *business center* et, de-ci de-là, des jardins.
La réponse de Perrault est claire, et le postulat de départ de son projet d'une grande et simple évidence. Plus encore que le siège de la télévision, ce qu'il convient d'installer sur une telle surface, c'est un morceau de géographie, un bâtiment-territoire, une ville verticale composée de vastes plateaux horizontaux, comme une montagne du haut de laquelle on voit le monde et on communique avec lui.

plateaux, like a mountain from whose summit one sees the world and communicates with it. These would be project "territories" living in perfect harmony: an immense building, a public park and a more intimate sort of vegetable garden, of a more immediate scale. The choice then is to make part of the site denser, rather than the whole, and to mix architecture with nature to better create a genuine urban landscape. The result is a huge building, in the shape of a right angle, opening broadly onto the south and west, and culminating at 220 meters high. It is a sort of mountain, acting as a monumental gate or, better still, as a gigantic screen on the scale of the city of Beijing. This double façade with a double orientation is covered with giant umbrellas, which protect it from sun and wind. This airy covering floats in immense lightness, and tips the architecture into a register at once poetic and scientific. A downpour of two-hundred umbrellas, built from a woven metallic structure, and which transform, in both a random and controlled order, into giant television

Un monde en soi, un morceau de territoire : 18 hectares, 553 000 mètres carrés construits, des bureaux, des studios, des locaux techniques, des parkings, une salle de concert, un théâtre, un centre de conférences, un *business center*, des commerces, des jardins...

Soit des « territoires de projet » faisant cohabiter, en parfaite harmonie, un grand bâtiment, un parc public et une sorte de jardin potager plus intime, à l'échelle plus immédiate. Choisissant donc de densifier une partie du site plutôt que l'ensemble, et mêlant architecture et nature pour mieux composer un réel paysage urbain. Résultat : un très grand bâtiment, en forme d'équerre, ouvrant largement au sud et à l'ouest, et culminant à 220 mètres de hauteur. Une sorte de montagne donc, agissant à la manière d'une porte monumentale ou, mieux, d'un gigantesque écran à l'échelle de la ville de Pékin. Cette double façade à la double orientation est couverte d'ombrelles géantes la protégeant du soleil et du vent, couverture aérienne, qui flotte avec une immense légèreté et bascule l'architecture dans un registre à la fois poétique et scientifique. Une pluie de deux cents ombrelles constituées d'une structure métallique tissée qui se transmuent, dans un ordre à la fois aléatoire et contrôlé, en écrans de télévision géants lorsqu'elles sont recouvertes de verre, en miroirs scintillants d'éclats de lumière lorsqu'elles sont recouvertes de plaques de métal, ou encore en cerfs-volants lorsqu'elles sont recouvertes de textile coloré... Le tout faisant de cette façade un écran animé vingt-quatre heures sur vingt-quatre

Le bâtiment lui-même est un empilement de fonctions en un jeu de *building overplaning*, de façon que celles-ci soient facilement identifiables et repérables. Tous ces éléments, quasi autonomes, sont reliés entre eux par des atriums horizontaux qui, outre la vue qu'ils offrent sur Pékin (et l'animation qu'ils constituent depuis la ville), organisent des fonctions essentielles et multiples, telles l'accueil, la gestion des flux, la sécurité, l'évacuation, l'animation, la convivialité... : maillage extrêmement complexe que Perrault qualifie de *design unlimited*, travail à l'échelle du territoire, sur la dimension et le surdimensionnement, sur l'échelle et le hors d'échelle.

A world unto itself, a piece of territory: 18 hectares, 553,000m^2 of built spaces – offices, studios, technical areas, parking, a concert hall, a theater, a conference center, a business center, shops and gardens…

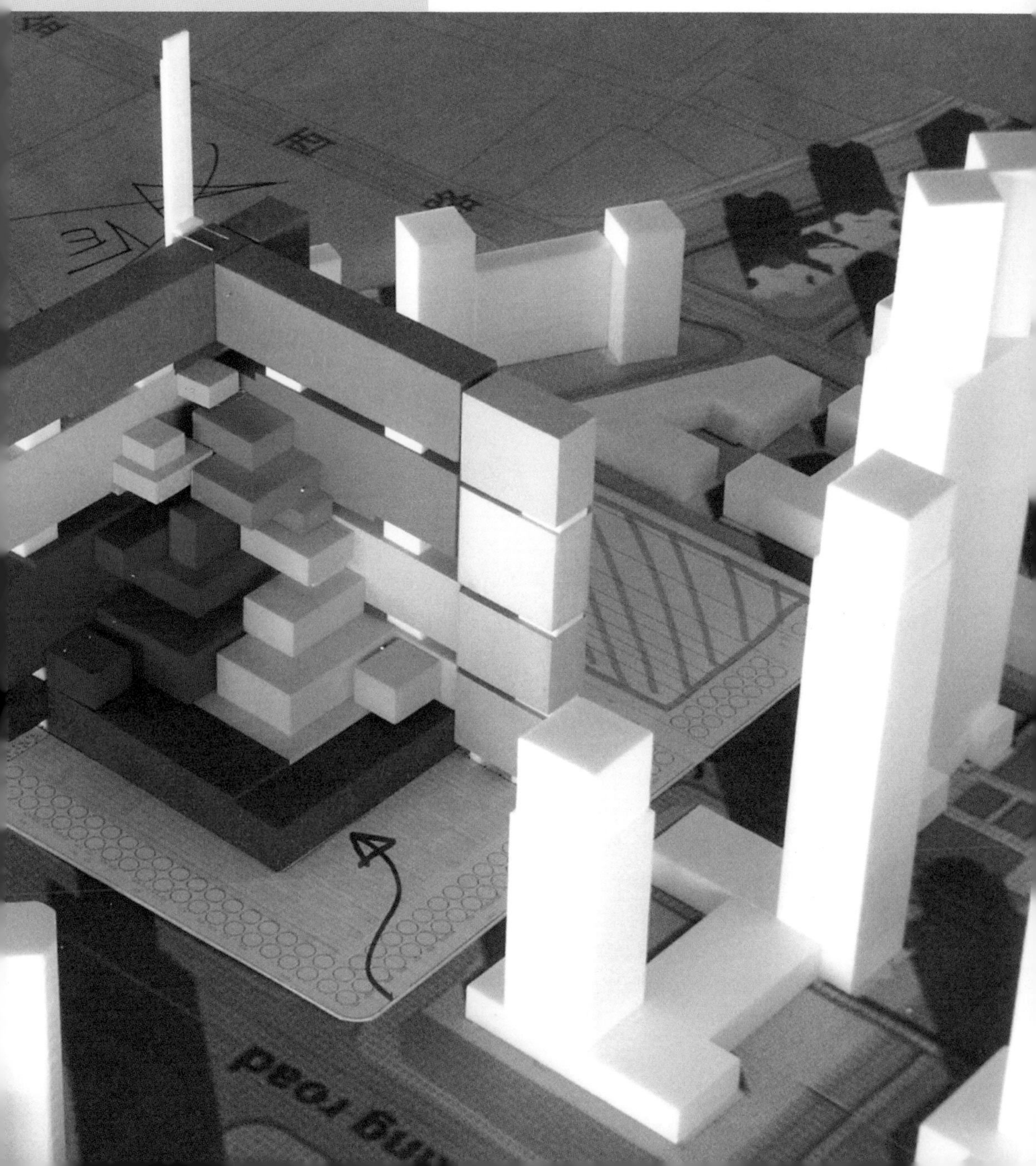

screens when the umbrellas are covered in glass, or into scintillating explosions of light when they are covered with metal plates, or even into flying kites when wrapped in colored textiles... the whole coming together to form an animated screen, 24/7.

The structure itself is a stacking of functions in a game of overhanging buildings, making the functions easy to identify and to find. All these quasi-autonomous buildings are linked together by horizontal atria which, in addition to the view they offer over Beijing and the animation they provide for the city, organize the multiplicity of essential functions, such as reception, flow management, security, evacuation, entertainment, ease of use... So, an extremely complex interwoven network that Perrault qualifies as being an "unlimited design," or a work on the scale of a territory, in and beyond dimension, in and beyond scale.

"Beijing is a flat city," Perrault explains. "CCTV, to my mind, should be a mountain. To play on this scale was to introduce geography into the city, to refuse the logic of the urban network, which is basically a simple reading of the world in two dimensions. In short, contrary to what might appear in a first reading of the project, it is not a question of verticality, but of horizontality, which in fact is more difficult. To leap for the sky is a performance. It is the effect, the *tour de force* one will admire. Horizontality is more complex, it is less about performance and more about thinking. We are indeed in territory, in landscape, and not in building. The façade is no longer a limit; it is rather a transitional place, a dynamic domain, whose transparency accentuates the idea of a visibility that is not simply about one's gaze. Mobile, shifting the umbrellas of Beijing are like so many radars, so many trees, bringing

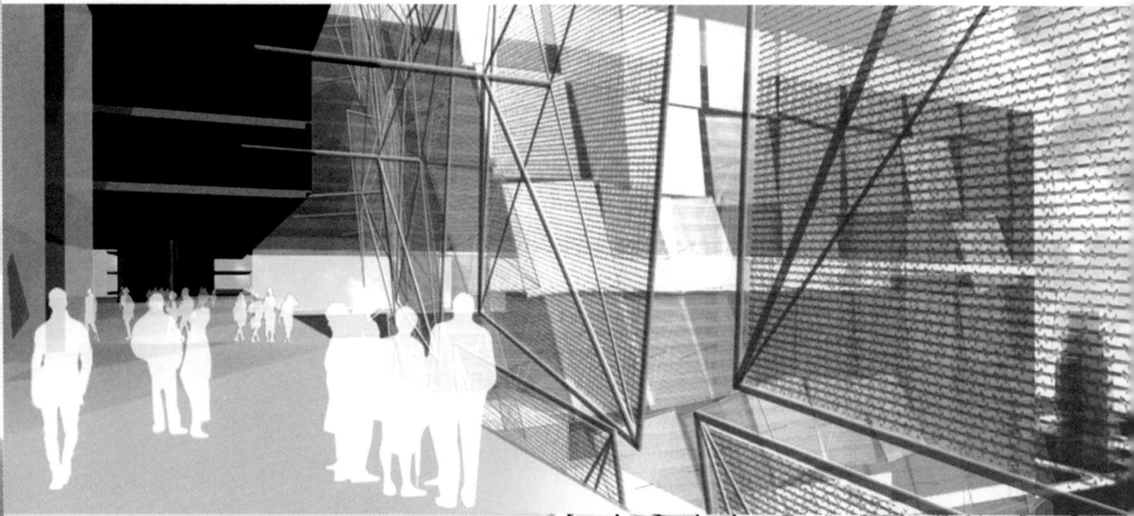

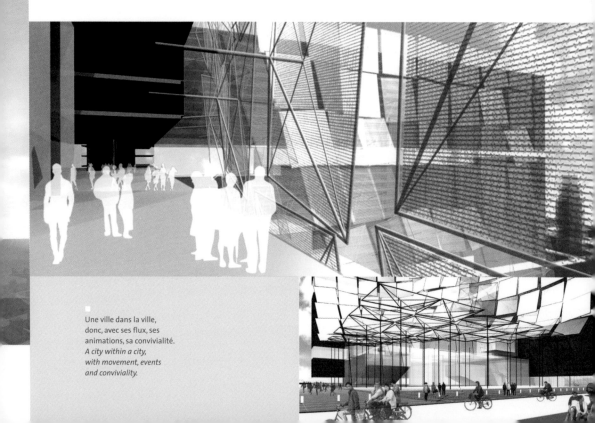

Une ville dans la ville, donc, avec ses flux, ses animations, sa convivialité.
A city within a city, with movement, events and conviviality.

Avec le concours portant sur le Mariinsky II qu'il remporte brillamment, Perrault se frotte à la « ville dorée » dont l'historicisme flamboyant est à l'opposé de tout ce qui le caractérise. Il en livre pourtant sa vision sous la forme d'un étrange scarabée d'or.
By brilliantly winning the Mariinsky II competition , Perrault rubs up against the "golden city," whose flamboyant history is the opposite of everything that characterizes the architect. He delivers his vision in the form of a strange golden beetle.

« Pékin est une ville plate, explique Perrault. Le CCTV, dans mon esprit, devait être une montagne. Jouer de ce registre, c'était introduire la géographie dans la ville, refuser la logique du réseau urbain qui est, au fond, une simple lecture du monde en deux dimensions. Bref, contrairement à ce qui pourrait apparaître à première lecture du projet, il n'est pas question ici de verticalité, mais bien d'horizontalité. Ce qui est plus difficile. S'élancer vers le ciel, c'est une performance. C'est l'effet, le tour de force que l'on va admirer. L'horizontalité, c'est plus complexe, ça relève moins de la performance que de la pensée. Oui, on est là dans le territoire, dans le paysage, pas dans le bâtiment. La façade n'est plus une limite, c'est un lieu transitoire, un domaine dynamique, dont la transparence accentue l'idée d'une visibilité qui n'est pas simplement de l'ordre du regard. Mobiles, mouvantes, les ombrelles de Pékin sont autant des radars que des arbres,

effects of wind, rain, sun and forest, which constantly translate the life of the place and the evolution of its uses."
Alas, what Perrault calls "the mountain" and what one could view as a giant clothed in articulated Chinese armor, whose ribs form a kind of changing, shifting, and vibrant network, will never see the day. Yet, Perrault is not discouraged. Like all architects of his generation, he is used to the waltz of competitions: ten lost for one found.
And then another invitation follows in early 2003, to participate in a stimulating competition which pits him against, among others, Hans Hollein, Arata Isozaki and Mario Botta. To celebrate a 300-year anniversary, the challenge is to design a 2,000-seat opera house for Saint Petersburg, just behind the Mariinsky Theater, across from the Krykov canal, and which will doubtlessly be christened the Mariinsky II.
Mythical, magical Saint Petersburg: the Gulf of

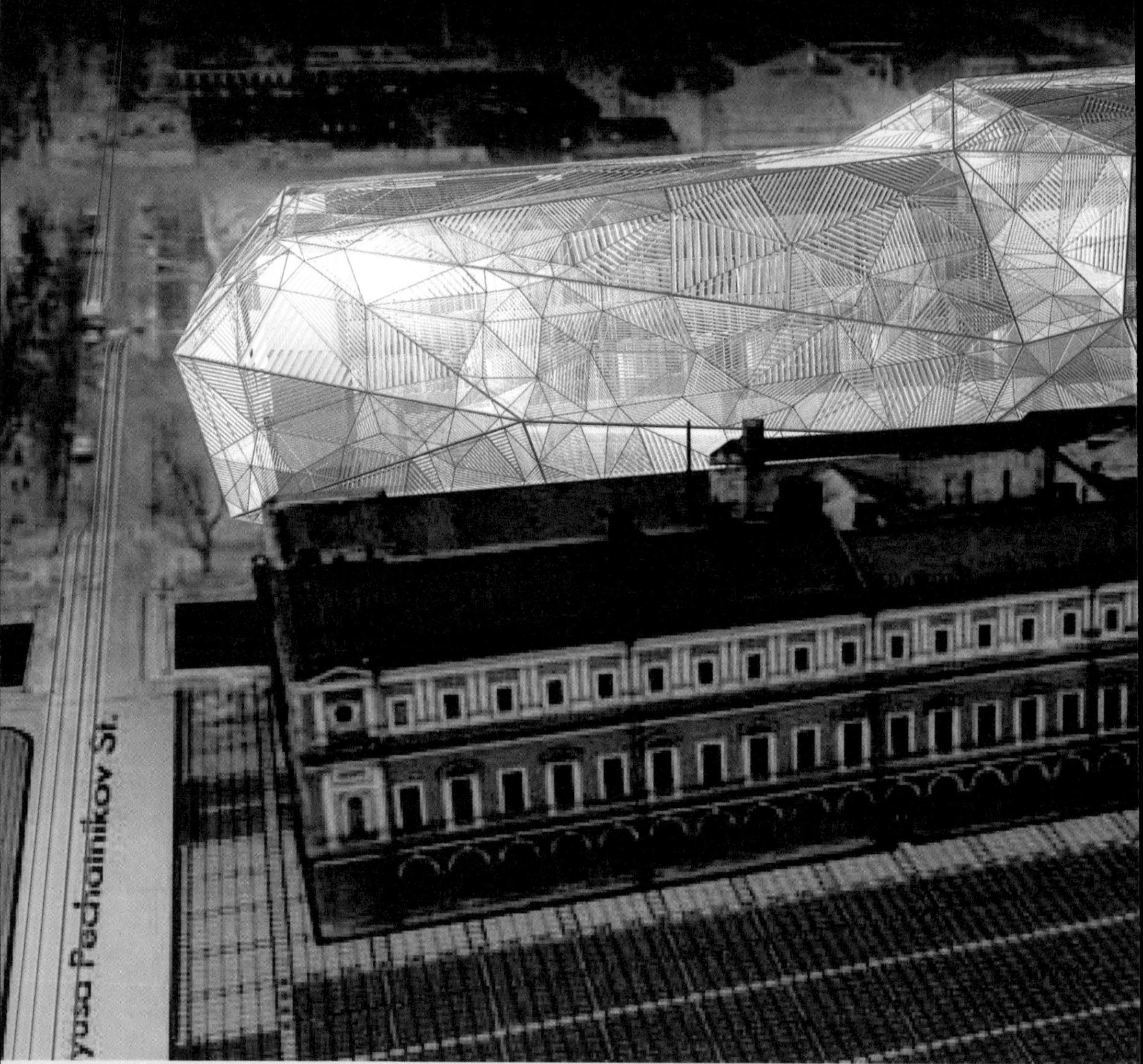

La cohabitation se révèle incroyablement juste. Refusant, comme à l'accoutumée, l'idée du contexte, l'architecte développe un concept idéalement adéquat.

Cohabitation proves to be so incredibly right. Refusing, as usual, the idea of context, the architect develops a concept that fits perfectly.

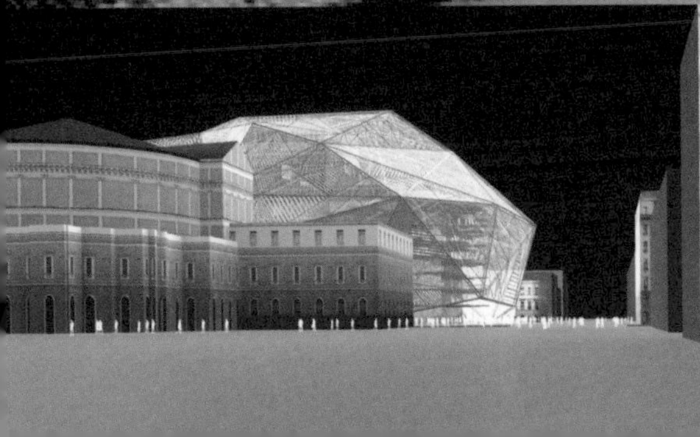

Rapidité de conception, simplicité de projection, complexité de contenu, diversité d'expression, toutes les obsessions de Perrault sont au rendez-vous.

Speed of conception, simplicity of design, complexity of content, diversity of expression; all of Perrault's obsessions are present.

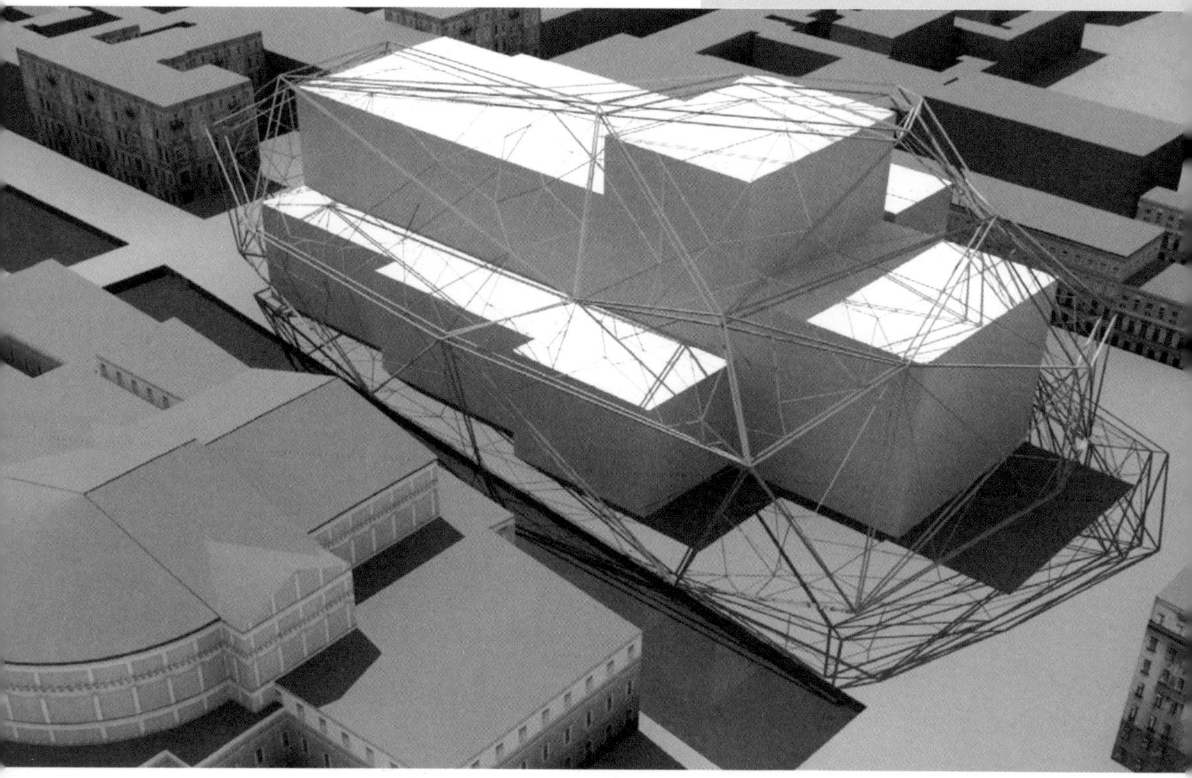

avec des effets de vent, de pluie, de soleil, de forêt qui, en permanence, transcrivent la vie du lieu et la modification de ses usages. »
Las, ce que Perrault appelle la « montagne » et que l'on pourrait considérer comme un géant revêtu d'une armure chinoise réticulée dont les nervures formeraient comme un réseau changeant, mouvant et vibrant, ne verra pas le jour.
Mais Perrault ne désarme pas pour autant. Comme tous les architectes de sa génération, il est habitué à la valse des concours : dix de perdus, un de retrouvé...
Et le voilà invité, tout début 2003, à participer à un concours en tous points stimulant qui l'oppose, entre autres, à l'Américain Éric Owen Moos, à l'Autrichien Hans Hollein, au Japonais Arata Isozaki et au Suisse Mario Botta. Il s'agit, l'année du tricentenaire, de concevoir pour Saint-Pétersbourg une salle d'opéra de 2 000 places, située derrière le théâtre Mariinsky, de l'autre côté du canal

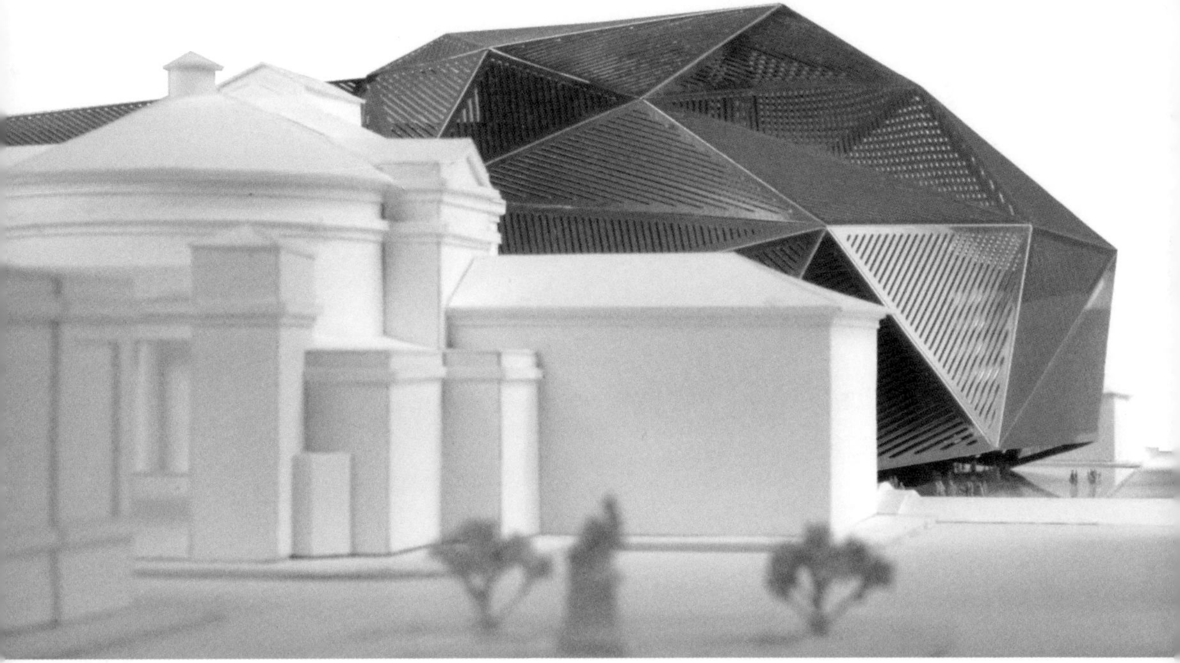

Finland, the Neva, interlacing canals; a strange, icy, frosted light; a city where one is unsure whether it is authentically 18th century, Baroque, Palladian, Rococo, Neoclassical or, quite simply, a bizarre pastiche of all of these. Saint Petersburg, with its long perspectives and its wind-whipped squares, named the "golden city" thanks to the gold-leaf covered onions, domes and cupola. "Saint Petersburg's architecture confounds me. It reflects all styles, schools, fashions," wrote Dostoyevsky.

Perrault tackles Saint Petersburg with determination. Not that history or the architecture of the past are his territories of choice, but still, it is Saint-Petersburg after all! He imagines a city that resembles a stage set, since he must design an opera. Traveling through the streets, perspectives, esplanades and quays, one crosses traces of French architects who have preceded him: Jean-Baptiste Leblond, to whom we owe structure and the tangle of canals; Vallin de La Mothe, who designed the

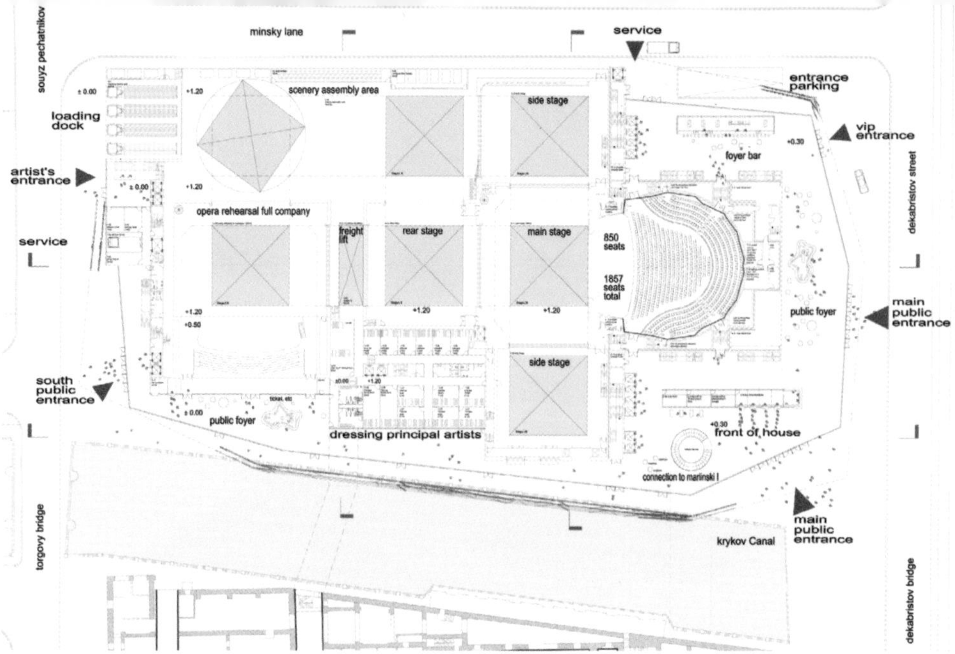

Krykov, et qui prendra, sans doute, le nom de Mariinsky II.

Saint-Pétersbourg, ville mythique, ville magique. Le golfe de Finlande, la Neva, l'entrelacs des canaux. Une lumière étrange, glacée, givrée. Une ville dont on ne sait si elle est authentiquement XVIIIe, baroque, palladienne, rococo, néoclassique ou, tout simplement, un bizarre métissage de tout cela. Saint-Pétersbourg, avec ses longues perspectives et ses places battues par les vents, que l'on appelait la « ville dorée » à cause des bulbes, dômes et coupoles passés à la feuille d'or... « L'architecture de Saint-Pétersbourg me confond. Elle est le reflet de tous les styles, de toutes les écoles, de toutes les modes... », écrivait Fedor Dostoïevski. Perrault s'attaque à Saint-Pétersbourg avec détermination. Non pas que l'histoire ou l'architecture du passé soient ses territoires d'élection, mais Saint-Pétersbourg quand même ! Il imagine une ville qui lui semble un immense décor de théâtre, ce qui ne tombe décidément pas si mal puisqu'il doit concevoir un opéra. Là-bas, au fil des rues, des perspectives, des esplanades et des quais, on croise le souvenir des architectes français qui l'ont précédé ici : Jean-Baptiste

church of Saint Catherine, Ricard de Montferrand (Perrault, born in Clermont-Ferrand is amused by this encounter) who built Saint Isaacs cathedral; Etienne Falconnet, the sculptor of the equestrian statue of Peter the Great, the city's symbol...

And all the way to the "old" Mariinsky, currently being renovated by Xavier Fabre. This curious monument was founded in 1783, dedicated exclusively to opera in 1803, renovated on several occasions and completely rebuilt in 1883 and 1896 by an architect named Schroeder. There, from the stage, he contemplates the tsar's great box: a masterpiece of gold leaf, moldings and folds. This day-dreaming will exert a greater influence upon him than he believes. With the Mariinsky, Perrault realizes that an opera is always the same: a frontal relation, a narthex-like entrance, then the grand staircase, and finally the hall, always small when compared with the monumentality of the whole. That, he thinks, must be corrected, other solutions found, other uses imagined.

In the plane that would have brought him home to Paris, if he had made a visit to the

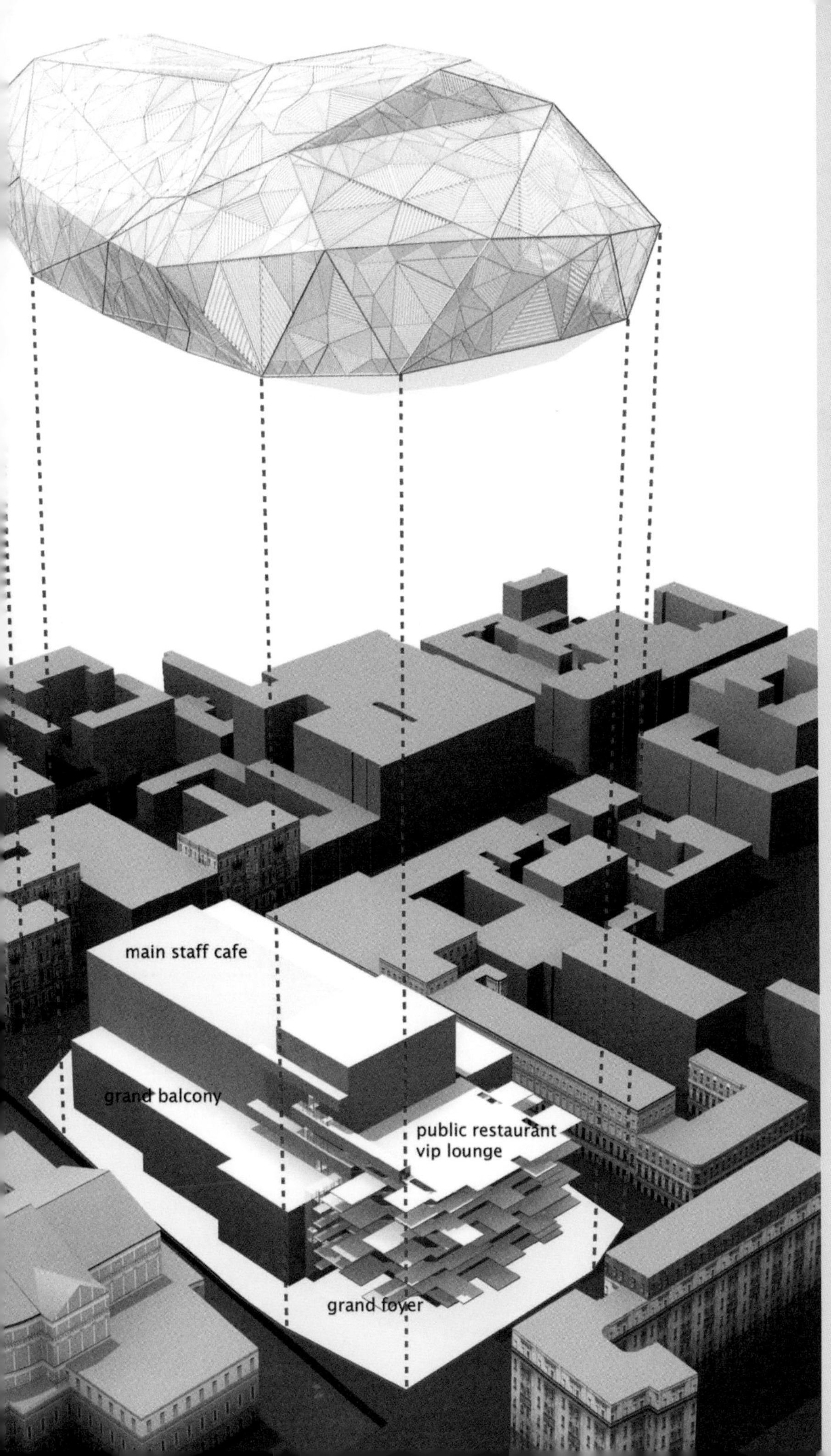

Une distribution simplifiée, des cubes qui s'organisent en un ordre faussement aléatoire et que vient chapeauter une sorte de coque dorée souple et vibratile.
A simplified organization, cubes organized in a falsely random manner and which are crowned by a kind of flexible and vibrating golden shell.

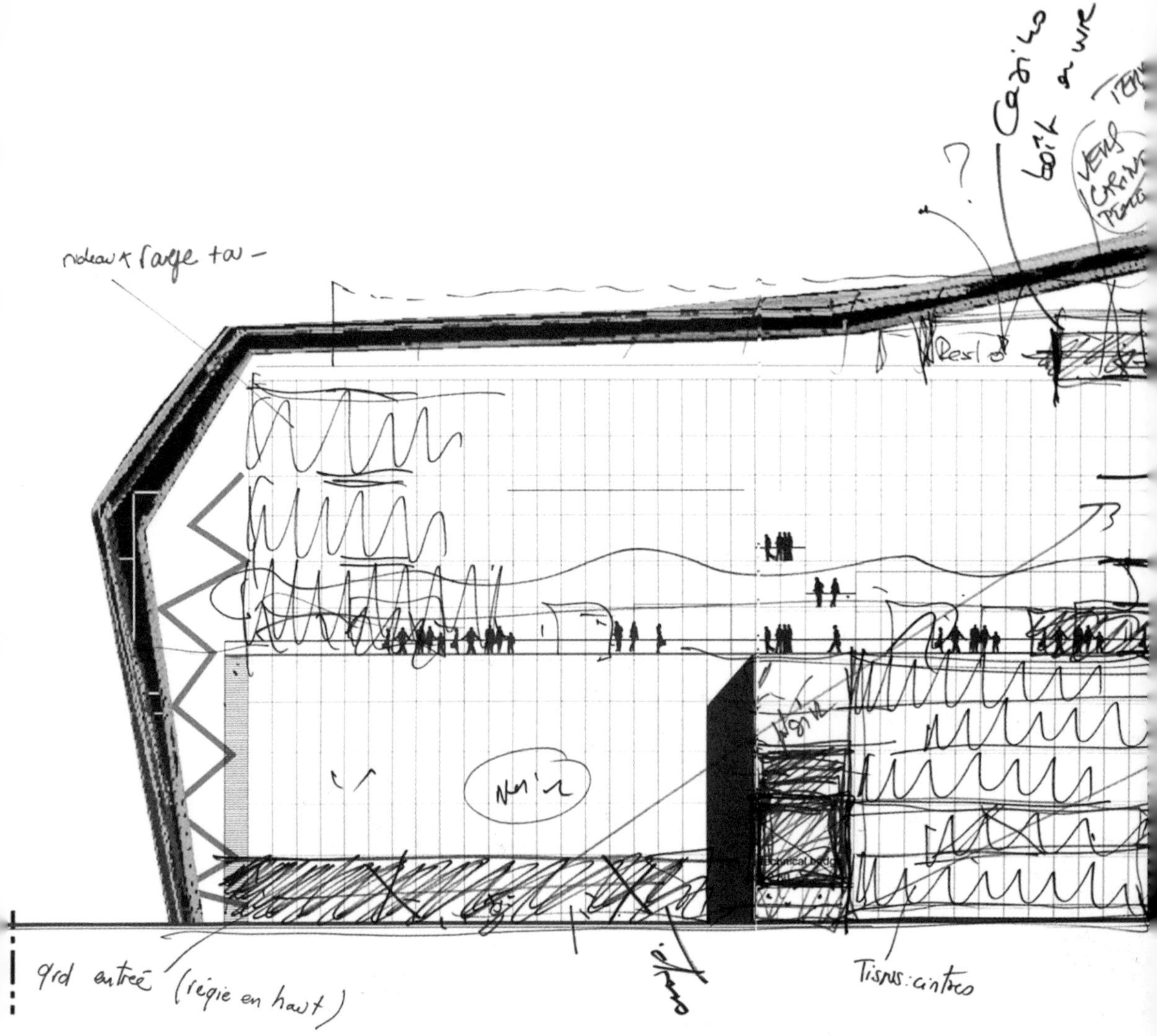
grd entrée (régie en haut)
Tissus: cintres

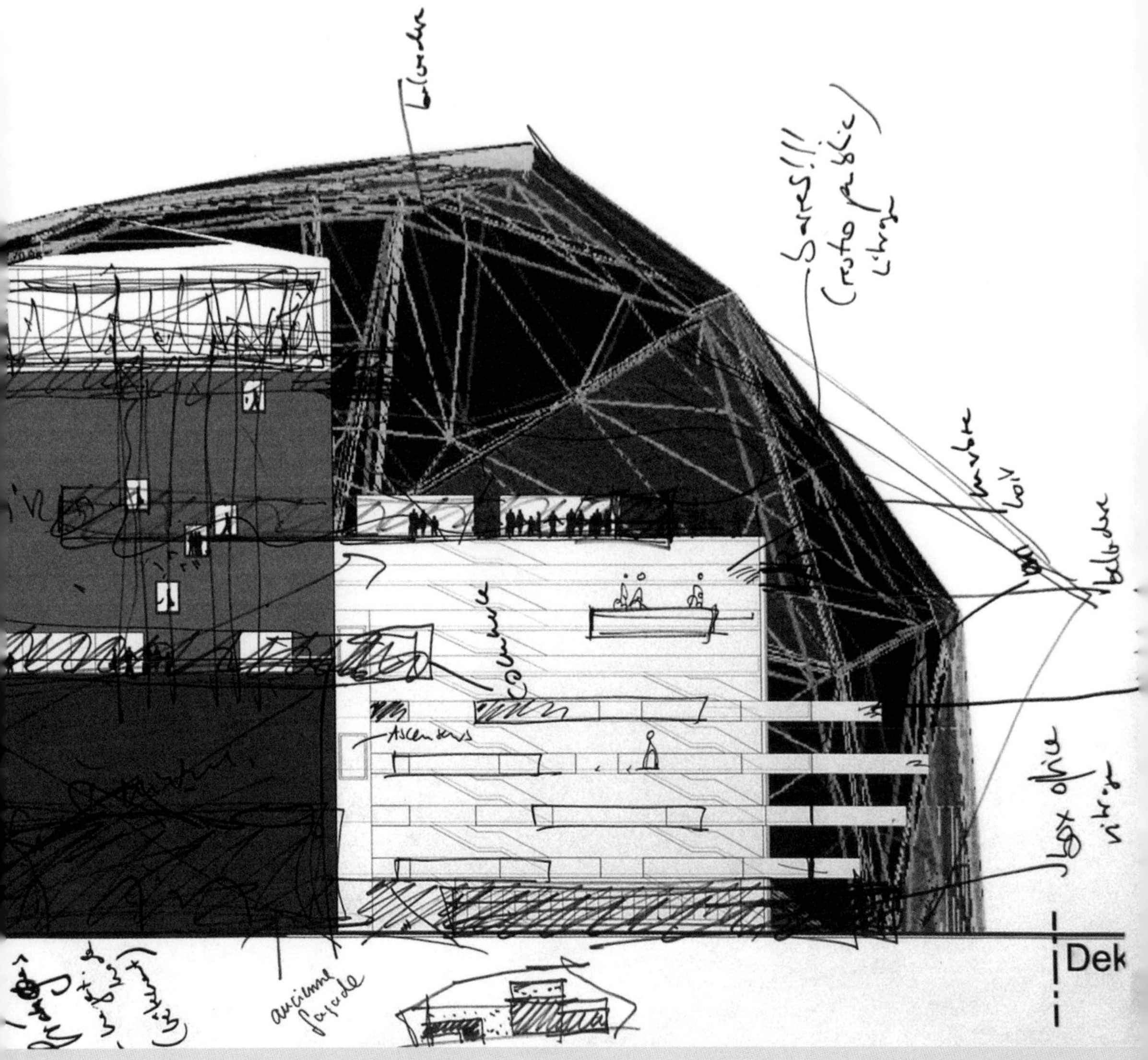

Perrault ne dessine pas.
Il préfère les schémas
de structure aux croquis
d'ambiance. Celui-ci
n'est pas fait pour séduire,
mais pour réaliser
a maquette volume
du Mariinsky II.

*Perrault does not draw.
He prefers structural diagrams
to the charm of sketches
and artistic renderings.
This drawing is not intended
to seduce, but to help build
a maquette of the
Mariinsky II's volume.*

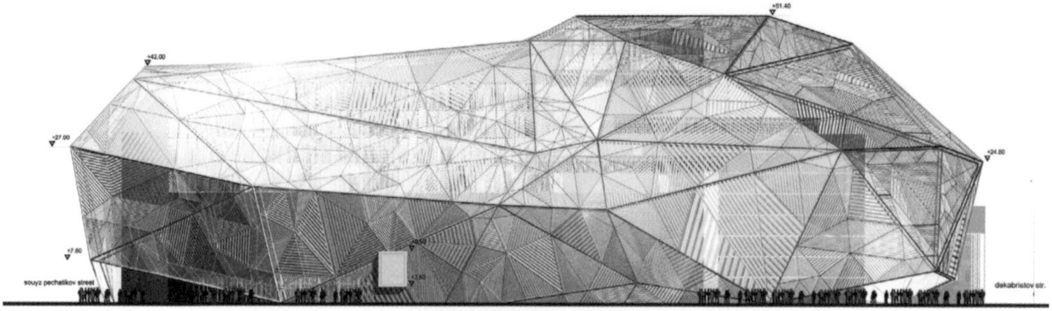

east elevation

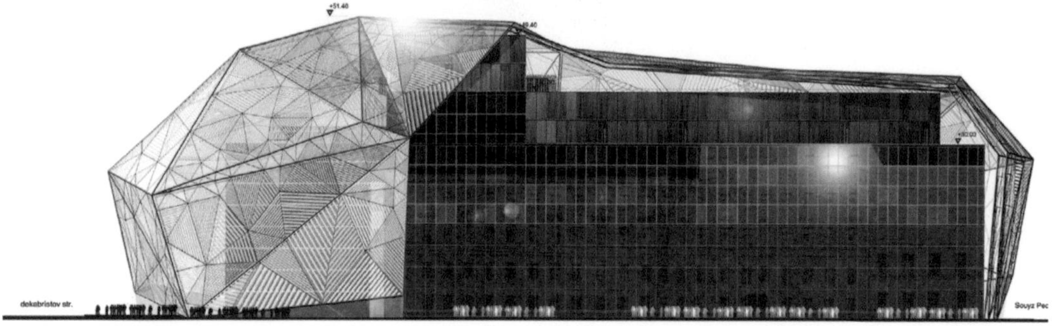

west elevation

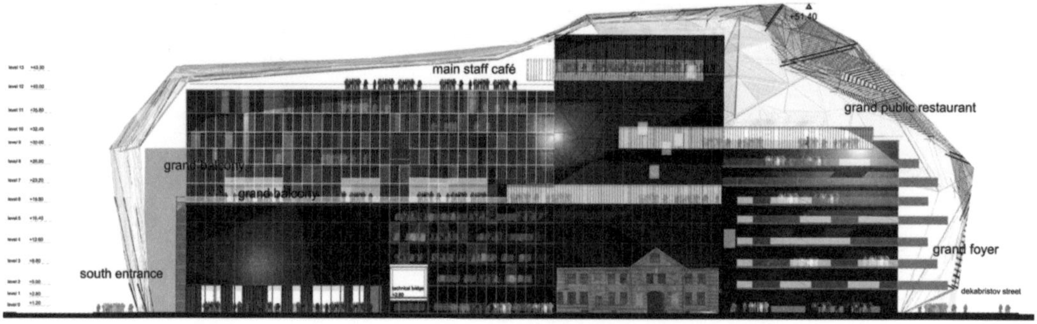

al section / interior elevation

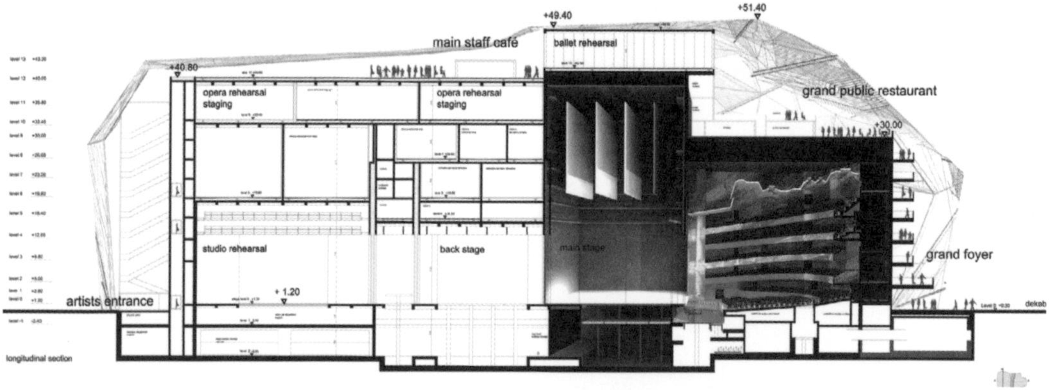

longitudinal section

Le projet est double : il s'agit de mettre en place l'opéra proprement dit, et de laisser les publics pénétrer au plus profond de l'édifice sans nécessairement « aller à l'opéra ».
The project is two-fold: installing the opera as such, and allowing the public to penetrate into the very heart of the building without necessarily "going to the opera".

Leblond, à qui on doit les plans et l'écheveau des canaux, Vallin de La Mothe qui signa l'église Sainte-Catherine, Ricard de Montferrand (Perrault, né à Clermont-Ferrand s'amuse fort de cette rencontre), qui édifia la cathédrale Saint-Isaac, Étienne Falconet, auteur de la statue équestre de Pierre le Grand, symbole de la cité... Et jusqu'au vieux Mariinsky, actuellement en cours de réhabilitation par le français Xavier Fabre. Curieux monument du reste, fondé en 1783, consacré au seul art lyrique en 1803, plusieurs fois remanié et même totalement reconstruit entre 1883 et 1896 par un certain Schroeder. Là, il envisage longuement, depuis la scène, la grande loge du tsar : un chef-d'œuvre de dorures, de moulures, de plissés. Avec le Mariinsky, Perrault prend conscience qu'un opéra, c'est toujours pareil : une relation frontale, l'entrée comme un narthex, puis le grand escalier et enfin la salle, toujours si petite par rapport à la monumentalité de l'ensemble. Il faudra, pense-t-il, corriger cela, trouver d'autres solutions, imaginer d'autres usages.

site (Perrault never visits the site before conceiving a project; for him, the concept precedes the context), Perrault would have been vibrating with the reflections, shimmering brilliance and flashes of gold that continuously punctuate Saint Petersburg's skyline. Nevertheless, he wonders about the way to insert a work, a contemporary work, and a work for the future, into this heritage fabric, protected like a precious national and world treasure.
A compelling idea: a sole and unique opera does not suffice. The proposition must be broadened, not limited to a single project, but conceived as two; linked, made indissociable. It is to be a double project then, an answer on the one hand to the need for installing an opera, and beyond this need, the desire to allow the public to penetrate into the very heart of this architecture without having to "go to the opera." Again, cubes are arranged in a falsely random fashion, wrapped in a sort of flexible and vibrating golden shell. Like an immense beetle

Jouer de la tradition consiste, pour Dominique Perrault, à créer un saisissant effet de trompe-l'œil projeté sur les sièges, les balcons, les murs et les plafonds. Ainsi, le rêve et la poésie, les ors et les pourpres sont-ils préservés.
Playing with tradition consists of creating a gripping trompe l'œil *effect projected onto the seats, balconies, walls and ceilings. In this way, the dream and poetry, the purple and gold, are preserved.*

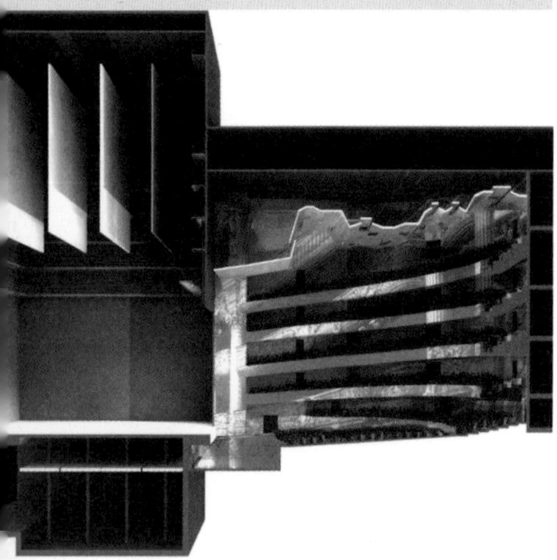

Dans l'avion qui l'aurait ramené vers Paris s'il s'était rendu sur place, Perrault aurait vibré encore des reflets, des brillances, des miroitements, des éclats d'or qui scandent en permanence Saint-Pétersbourg. Mais Perrault ne visite jamais le site avant de concevoir ses projets : une fois encore, pour lui, le concept précède le contexte. Il s'interroge néanmoins sur la façon d'insérer une œuvre contemporaine, une œuvre pour le futur, dans ce tissu patrimonial, protégé comme un précieux trésor national et mondial.

Le programme l'impose : un seul et simple opéra ne suffit pas. Il faut élargir la proposition, non pas se cantonner à un projet univoque, mais en concevoir deux, les lier, les rendre indissociables, leur donner une véritable unicité.

Un double projet donc, répondant d'une part à la nécessité de mettre en place l'opéra proprement dit, et, débordant cette nécessité, la volonté de laisser tous les publics pénétrer au plus profond de cette architecture sans nécessairement « aller à l'opéra. »

À nouveau des cubes qui s'organisent en un ordre faussement aléatoire et que vient enrober une sorte de coque dorée souple et vibratile. Comme un immense scarabée dont la carapace déborde les formes du bâtiment, englobe sans les toucher les berges du canal, prolonge l'espace public à l'intérieur de l'édifice en une succession de foyers formant une généreuse galerie couverte et offrant boutiques, restaurants, cafés...

whose carapace overhangs the building, encompassing it entirely but without touching the banks of the canal, and prolonging the public space to the interior of the edifice in a series of foyers forming a broad covered gallery with boutiques, restaurants and cafés.
Taking full advantage of the distance between envelope and edifice, this covered space transforms into terraces, balconies, belvederes. One emerges above the rooftops, and through the veil, perceives the presence of the city. The building's upper levels are accessible to everyone, day and night, during performances, rehearsals, set building and dismantling. They are the tip of the iceberg, the available part, where you can wander and visit, a place for encounters, where people arrange to meet.
This openness, this permeability, in no way detracts from the opera's mystery. Once inside the golden veil, the visitor is confronted with

Profitant de cette distance entre enveloppe et bâtiment, les dessus de l'édifice se transforment en terrasses, en balcons, en belvédères. On émerge au-dessus des toits et l'on perçoit, au travers du voile, la présence de la ville. Ces hauts du bâtiment sont accessibles à tous, de jour et de nuit, pendant l'événement, pendant les répétitions, les montages et les démontages. Ils constituent la partie émergée de l'iceberg, celle mise à disposition, où l'on se promène, que l'on visite, où l'on se rencontre, où l'on se donne rendez-vous.

Cette ouverture, cette perméabilité n'altère en rien le mystère de l'opéra. Passé le voile doré, le visiteur est confronté à un imposant volume de marbre noir. Au-delà, la grande salle qui, à sa façon très singulière, joue à plein de la tradition. Le rouge et l'or si spécifiques de l'opéra sont bien là, présents, mais en un parfait trompe-l'œil, littéralement projetés sur les sièges, les balcons, les murs et le plafond. Le visiteur pénètre, en réalité, dans une peinture qui, plus vraie encore que nature, va le projeter au plus profond du rêve et de la poésie.

Mariinsky I et Mariinsky II, même combat, celui de l'opéra et du nom partagé. Mais ceci ne suffit pas. Le programme stipule que les deux entités doivent être reliées organiquement, physiquement. Pour ce faire, Perrault projette, au-dessus du canal Krykov, une passerelle technique télescopique dont la transparence absolue ne vient en rien gêner la perspective vers l'église Saint-Nicolas-des-Marins toute proche, ni perturber le paysage du canal.

Cette coupole molle, qui participe pleinement de la manière Perrault, rompt néanmoins avec son vocabulaire formel. Si on retrouve dans ses rythmes de vagues références à un Vasarely première manière, elle exhale comme une tentation au baroque. La carapace du scarabée, aux mouvances dorées, abrite bien un de ces « lieux » chers à Perrault. Mais avant tout, et bien inscrite en cela dans la réalité baroque, elle constitue une saisissante scénographie urbaine.

Le lieu est accessible en tout temps et à toute heure. La distance entre le voile, l'enveloppe, et le bâtiment proprement dit, est l'opportunité de promenades et d'activités multiples.
The place is always accessible. The space between the veil, the envelope, and the building itself affords an opportunity for strolls and many other activities.

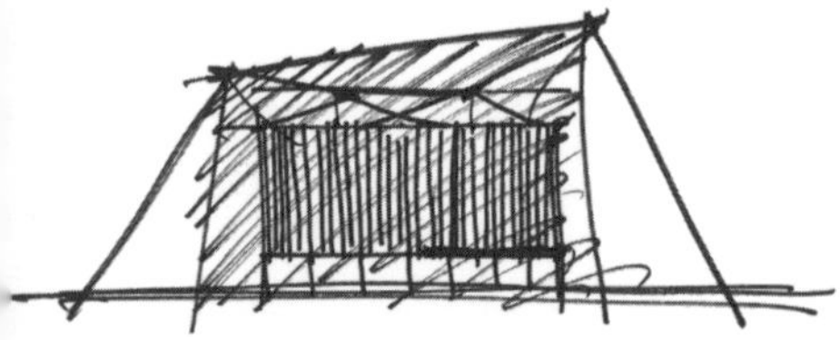

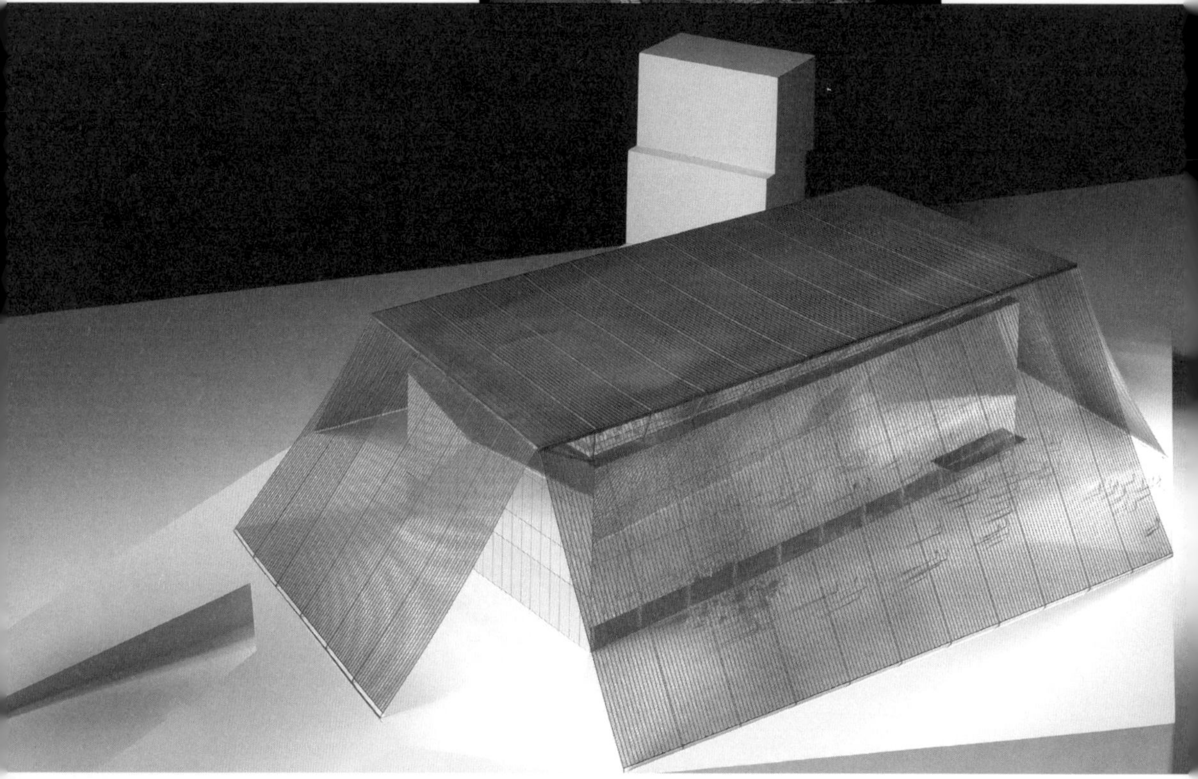

Une stratégie qui va s'imposer de façon éclatante puisque Perrault gagne le concours « dans un fauteuil ». Son projet emporte les suffrages et il gagne par onze voix sur treize. L'idée de la décentralisation qui agite la France (dont le jacobinisme fut inventé et appliqué bien avant la Révolution de 1789) depuis quelques décennies prend, parfois, des formes spectaculaires.
Et notamment la décentralisation culturelle qui s'affirme, en 2003, avec l'annonce de la création d'un deuxième Centre Pompidou à Metz. Une consultation internationale s'organise, qui débouche sur le choix de six équipes d'architectes appelées à concourir. En l'occurrence, les Londoniens de FOA (Foreign Office Architects), l'équipe constituée par Shigeru Ban, Jean de Gastines et Philip Gumuchdjian, les Bâlois Herzog et de Meuron, les Parisiens Stéphane Maupin et Pascal Cribier, les Hollandais de Nox Architekten et, naturellement, Dominique Perrault.

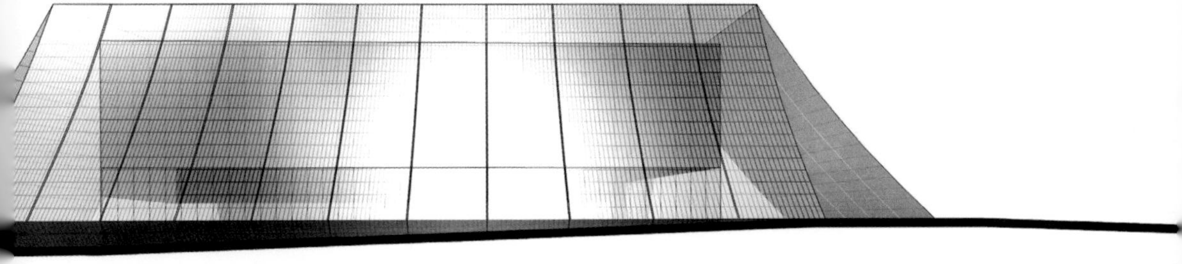

En 2003, le Centre Pompidou décide de se décentraliser et de créer une antenne à Metz. Invité à concourir, Perrault propose à nouveau un jeu de cubes pris dans une tenture métallique.

In 2003, the Centre Pompidou decided to decentralize and to create a new branch in Metz. Invited to compete, Perrault proposes a new game of cubes, draped with a metallic tent.

an imposing volume of black marble. Beyond, one enters the great hall, which in its very singular way gives full reign to tradition. The red and gold so specific to opera are definitely present, but in perfect *trompe l'œil*, literally projected onto the rows of seats, the balconies, the walls and the ceiling. Actually, the visitor penetrates into a painting, more real than nature, being projected deeply into a dreamlike and poetic universe.

Mariinsky I and Mariinsky II share a function and a name. But that is not enough. The program requires the two entities be linked organically, physically. To do this, Perrault projects a telescoping technical footbridge above the Krykov canal, whose absolute transparency in no way disturbs the perspective of the nearby Saint Nicolas church, nor troubles the canal's landscape.

This soft cupola, which belongs fully to Perrault's style, nevertheless breaks with his formal vocabulary. If one identifies in its rhythms vague references to early Vasarely, it also exudes a sort of temptation towards the Baroque. The beetle's carapace, with its golden rustlings, shelters one of the "places" dear to Perrault. But above all, and thus partaking of a Baroque reality, it constitutes a striking urban scenography; a strikingly compelling strategy, since Perrault won the competition hands down. His project won the vote by eleven out of thirteen votes.

The notion of decentralization which has been agitating France for several decades (the country where Jacobinism was invented and applied well before the 1789 Revolution), sometimes manifests itself in spectacular ways.

And notably, it is the decentralization of culture that is picking up speed in 2003, with the announcement of the creation of an ancillary Centre Pompidou in Metz. An international consultation has resulted in six architectural teams being invited to compete. Including in this case, Foreign Office Architects, the team formed of Shigeru Ban, Jean de Gastines and Philip Gumuchdjian; Herzog and de Meuron; Stéphane Maupin and Pascal Cribier; Nox Architekten and, naturally, Dominique Perrault.

Ce dernier s 'engage alors, tout comme avec l'hôtel industriel Berlier, le vélodrome et la piscine olympique de Berlin, l'usine Aplix ou encore le Mariinsky II, dans un projet résolument manifeste. Cette succession de manifestes témoigne au demeurant d'une vitalité inextinguible. De quoi s'agit-il ? D'un prisme élémentaire recouvert d'une fine couche argent comme un miroir sans tain, qui, à l'image d'un instrument d'optique, difracte la lumière et le mouvement pour mieux affirmer sa présence. Le « jeu de cubes », l'exercice de construction-déconstruction s'organise ici, à l'intérieur. Les salles et les déambulatoires se succèdent et s'interpénètrent à la manière d'un labyrinthe alternant les rues sur la ville et sur les expositions.
Mais ce qui saisit le plus violemment, c'est l'immense tenture métallique qui recouvre, à la manière d'une tente, le prisme élémentaire. Non seulement l'édifice, mais également une part de l'espace public, ménageant ainsi un entre-deux entre l'espace ouvert de l'esplanade et l'espace clos du musée .
Et, fonction de l'heure ou de la saison, la tenture glisse du scintillement à l'ombre chinoise, du miroitement au contre-jour en un effet, habituel chez Perrault, d'apparition-disparition, de matérialisation-dématérialisation, en tous points émouvant.
Projet manifeste donc, mais littéral tout autant en ce qu'il exprime admirablement la nature même et les enjeux de l'art contemporain.
Et qui rappelle à Perrault ces mots de René Char : « Entre le monde de la réalité et moi, il n'y a plus aujourd'hui d'épaisseur triste. »

Perrault commits, just as with the Hôtel Industriel Berlier, the velodrome and Olympic swimming pool in Berlin, the Aplix factory or the Mariinsky II, to a manifesto. This series of statements bear witness to an inextinguishable vitality. What is the concept? It is an elementary prism, covered with a fine layer of silver, like a two-way mirror, which diffracts light and movement, like an optical instrument, to better assert its presence. The "set of cubes," the exercise in construction-deconstruction takes place inside. Exhibition rooms and ambulatories flow one into the other, in a labyrinth, alternating views onto the city streets and the exhibitions.
The most violently striking, however, is the metallic curtain, functioning like a tent, covering the basic prism. It not only covers the edifice, but also a part of the public space, thereby creating an "in-between," between the open space of the esplanade and the closed space of the museum.
And, depending on the weather and the season, this tent shifts from a scintillating surface into a Chinese shadow, from mirroring to back-lighting; one of Perrault's recurring effects, appearance/ disappearance, materialization/ dematerialization – in every sense moving.
It is a statement then, but also very literal in that it expresses so admirably the nature and issues of contemporary art. This inspires Perrault to quote René Char: "Between the world of reality and me, today there is no longer a melancholy thickness."

Intérieur/extérieur, jour/nuit, la tenture glisse sans cesse du scintillement à l'ombre chinoise, du miroitement au contre-jour, jouant la partition, chère à Perrault, de l'apparition/disparition.
Interior/exterior, day/night, the tent quavers, ceaselessly scintillating, like a Chinese shadow, shimmering against the sunlight, playing with the division, so dear to Perrault, between appearance/disappearance.

Un prisme élémentaire recouvert d'une fine couche argent comme un miroir sans tain qui, à la manière d'un instrument d'optique, diffracte la lumière et le mouvement.
An elementary prism covered with a fine layer of silver, like a two-way mirror, which diffracts light and movement like an optical instrument.

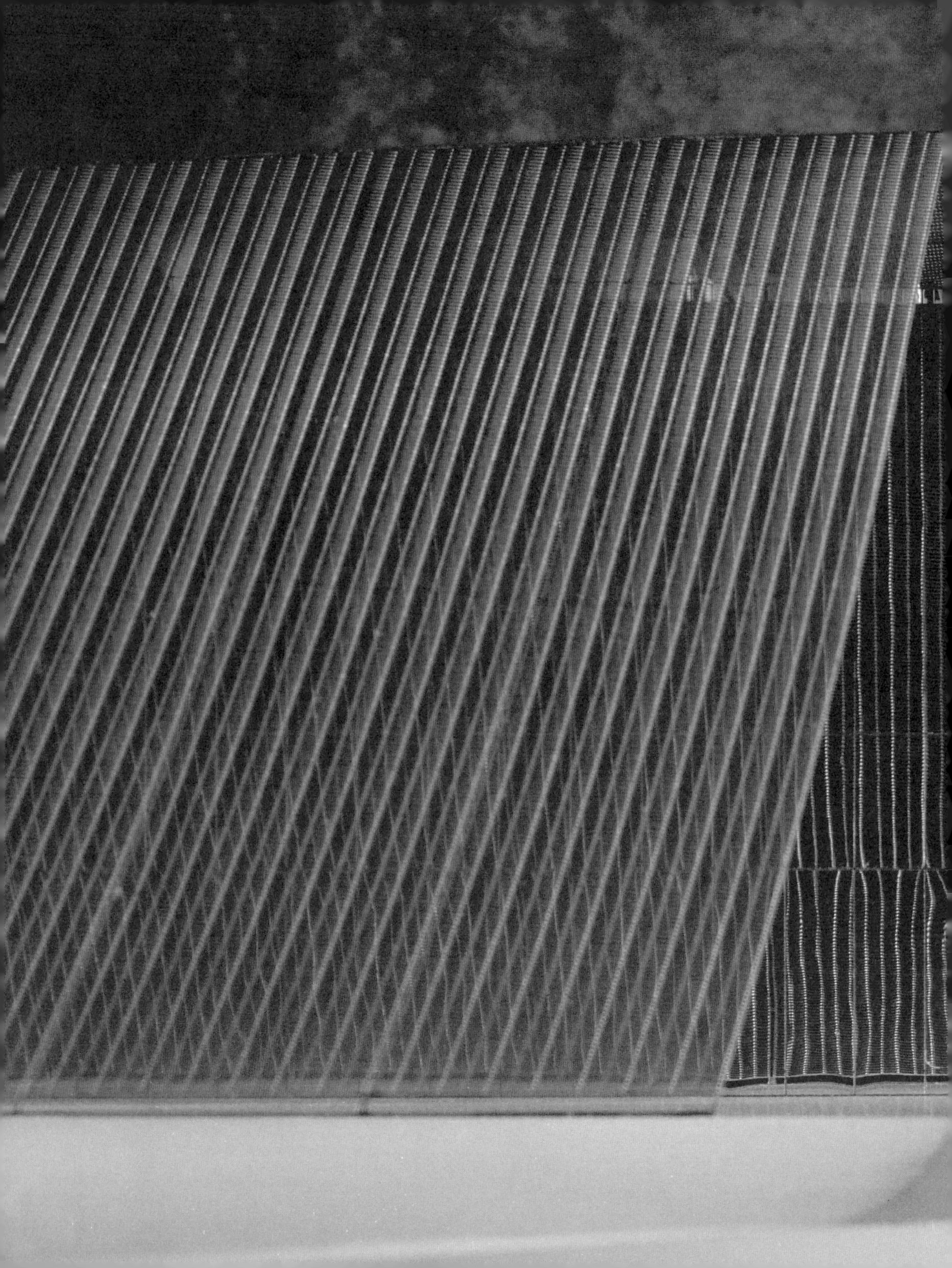

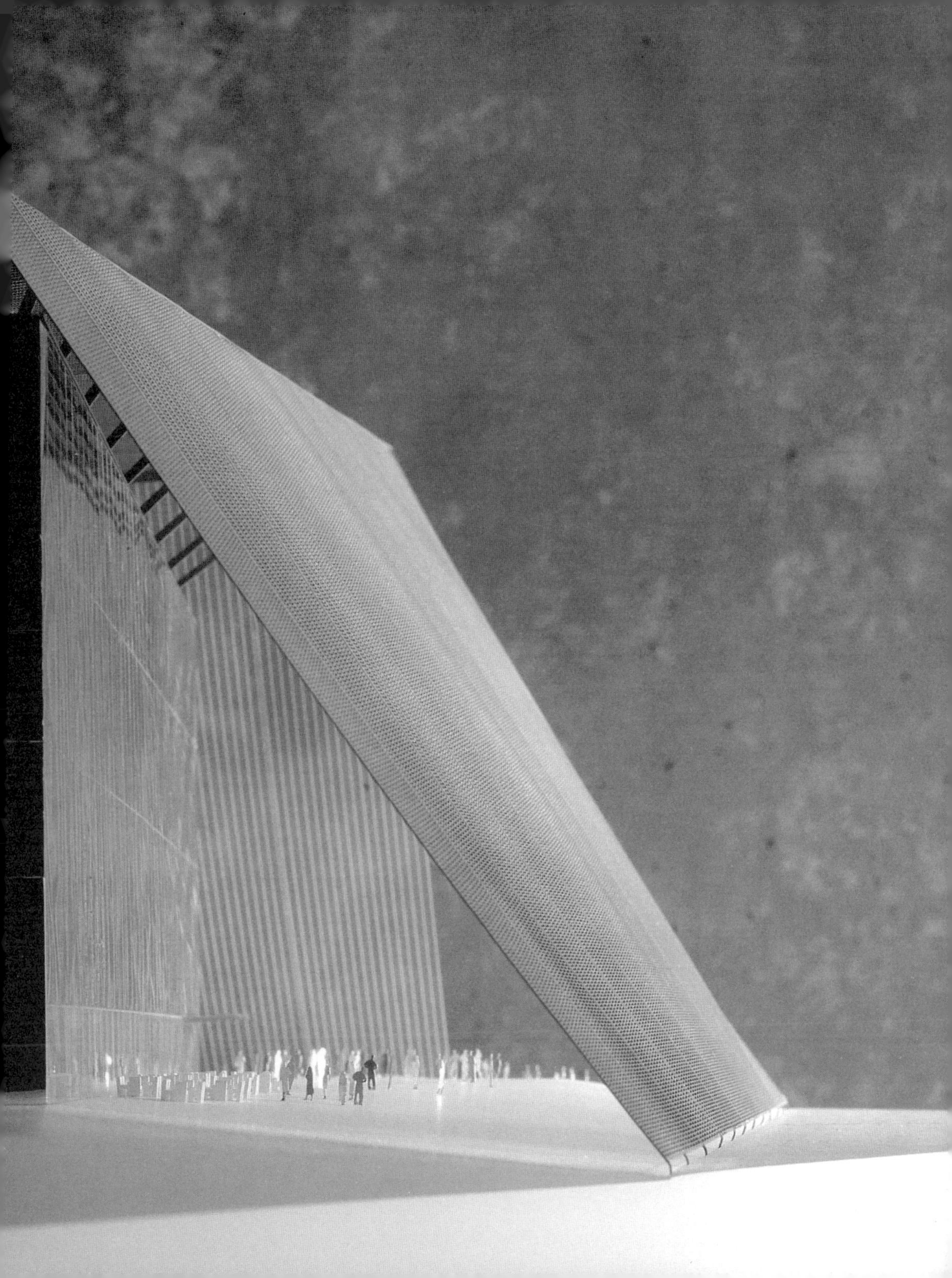

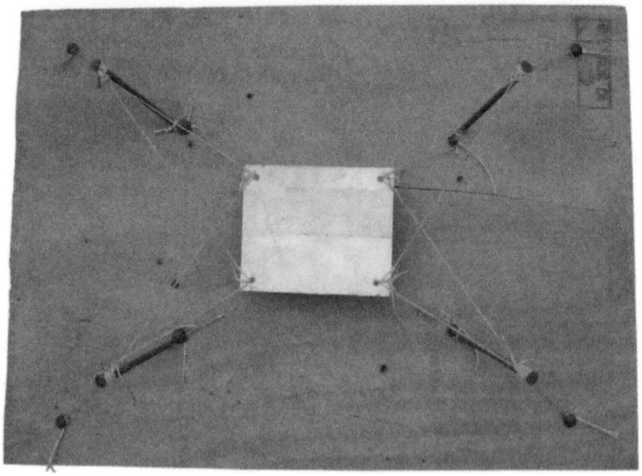

DPA - Dominique Perrault Architecte

Perrault architecte en France
avec/Perrault Projets
Aude Perrault architecte
26, rue Bruneseau
F-75013 Paris

Perrault architecte en Allemagne
avec RPM Rolf Reichert Architekten
Franz-Joseph-Straße 38
D-80801 München

Perrault architecte en Italie
avec Luca Bergo
Piazza Castello 15
I-20121 Milano

Perrault architecte au Luxembourg
avec Bohdan Paczowski & Paul Fritsch
7, côte d'Eich
L-1450 Luxembourg

Perrault architecte en Espagne
avec AIA, Salazar - Navarro
Plaça de Sant Pere 3
E-08003 Barcelona

Perrault architecte en Espagne
avec Virginia Figueras
Avion Plus Ultra
N° 12 Planta Baja
E-08017 Barcelona

Perrault architecte aux Etats-Unis
avec Ziger / Snead LLP Architects
1006 Morton Street
Baltimore, Maryland 21201

L'équipe Dominique Perrault
Paris avril 2004
Dominique PERRAULT architecte DPLG - urbaniste SFU
Aude PERRAULT architecte DESA, direction administrative et financière
Gaëlle LAURIOT-PREVOST architecte designer OPQAI, direction artistique et design
Guy MORISSEAU ingénieur ECAM direction technique

Architectes :
Caroline BARAT, architecte DPLG [F]
Thomas BARRA, architecte DIPL.-ING. [A]
Alain CHIFFOLEAU, architecte DESA [F]
Claudia DIELING, architecte DIPL.-ING. [A]
Stefan FELBER, architecte DIPL.-ING. [A]
Juan FERNANDEZ ANDRINO, architecte ETSAM-UPM [E]
Stefan GOEDDERTZ, architecte DIPL.-ING. [A]
Florian HARTMANN, architecte DIPL.-ING. [A]
Anna-Inés HENNET, architecte DIPL.-ING. [A]
Pascal LEGRAND, architecte d'intérieur, ENSAD-BOULLE [F]
Ralf LEVEDAG, architecte Bartlett [GB]
Michael LEVY, architecte Yale University [EU]
Shigeki MAEDA, architecte Osaka University [J]
Mark-Alexander MARTEN, architecte DIPL.-ING. [A]
Yves MOREAU, architecte CTH [S]
Caroline NACHTIGALL-MARTEN, architecte DIPL.-ING. [A]
Céline PERRET, architecte DPLG [F]
Astrid RAPPEL, architecte DOTT. SSA Arch. [I]
Dolores RUIZ, architecte [E]
Jérôme SANTEL, architecte DPLG [F]
Gentaro SHIMADA, architecte DPLG [F]
Suren SIMONIAN, architecte EACE [ARM] et urbaniste ENPC [F]
Anne SPEICHER, architecte DIPL.-ING. [A]
Marie-Pierre VANDEPUTTE, designer BOULLE [F]
David TAJCHMAN, architecte [B] et designer Master Londres [GB]

Autres compétences :
Jérôme THIBAULT, Infographiste
Nina GRIGORIEVA, assistante de direction
Christiane LAJEUNE, assistante administrative et financière
Ekatérina BELOZEROVA, secrétaire

Visualisation :
Didier Ghislain, perspectives
Marie Clérin, photographe
George Fessy, photographe
André Morin, photographe
Jean-Louis Courtois, maquettes
Patrice Debois, maquettes
Etienne Follenfant, maquettes

Dès son arrivée à l'école d'architecture, en 1972, Dominique Perrault conçoit et réalise la maquette d'un tout premier projet, libre. Et déjà, tout est là, tout est dit.
Immediately upon entering architecture school, in 1972, Dominique Perrault conceived and built a model of his very first project: "free". Already, everything is there, everything has been said.

Crédits Photographiques
Photographic Credits

Jean Ber : couv. haut/cover up, 115, 116, 117, 121

Marie Clérin : 34, 35

Michel Denancé : 5, 12, 32, 33, 36, 38, 39, 40, 41, 43, 44, 45, 46, 48, 50, 52, 53, 54, 55, 57, 58, 71, 84, 114, 126, 130, 132, 158, 159, 160, 161, 162, 169, 187, 189, 190, 191, 230, 238, 239, 241

Georges Fessy : couv. bas/cover down, 9, 14, 15, 17, 30, 31, 56, 59, 66, 67, 68, 69, 70, 73, 74, 75, 76, 77, 80, 85, 86, 87, 92, 93, 94, 96, 97, 101, 103, 107, 110, 111, 112, 113, 114, 115, 119, 120, 124, 125, 133, 134, 135, 136, 137, 139, 140, 141, 142, 144, 145, 148, 152, 153, 157, 165, 166, 167, 170, 171, 172, 173, 174, 175, 176, 177, 178, 179, 180, 181, 182, 186, 199, 210, 213, 215, 218, 219, 221, 222, 223, 224, 225, 227, 228, 230, 231, 232, 233, 234, 235, 236, 237, 242, 244, 245, 250, 251, 252, 253, 258, 260, 261, 262, 264, 265, 267, 268, 280, 285, 291, 296, 299, 300, 301

Roland Halbe : 254, 255

Werner Huthmacher : couv. arrière-plan/cover background, 61, 63, 72, 78, 79, 138

Gaëlle Lauriot-Prévost : 13, 109, 137, 143, 302, 303

Jean-Christophe Marmara : 10

André Morin : 62, 83, 98, 99, 100, 101, 102, 118, 126, 127, 128, 129, 136, 146, 147, 209, 212, 214, 217, 220, 226, 248, 254, 256, 257, 271

Erik-Jan Ouwerkerk : 64, 65, 69, 70, 184, 185

Aude Perrault : 18

Perrault Projets : 25, 88, 89, 90, 104, 105, 106, 107, 122, 123, 150, 151, 154, 188, 192, 193, 194, 195, 196, 197, 198, 199, 200, 201, 202, 203, 204, 206, 207, 211, 249, 258, 259, 270, 274, 275, 277, 278, 279, 281, 282, 283, 284, 287, 288, 289, 290, 292, 293, 294, 295, 296, 297, 298 (Frédéric Chartier, Cyril Lancelin, Yves Moreau, Jérôme Santel, Gentaro Shimada...)

Markus Robinson : 29

Philippe Ruault : 168, 246, 247

Deidi von Schaewen : 243

Droits réservés : 11, 20, 21, 22, 24, 25, 26, 27, 82, 149, 155, 163, 188, 230, 281
AFP / Jean-Pierre Muller : 26

Imprimé par Grafiche Zanini - Bologne, ITALIE
Avril 2004